suhrkamp taschenbuch
wissenschaft 2388

Was bedeutet das Ziel der Nachhaltigkeit für unsere Demokratie? Angeblich besteht ein Gegensatz zwischen dem Anspruch auf individuelle Freiheit einerseits und der ökologischen Notwendigkeit der kollektiven Selbstbeschränkung andererseits. Um einen Weg aus diesem vermeintlichen Dilemma aufzuzeigen, greift Felix Heidenreich in seinem grundlegenden Buch auf die republikanische Tradition der Demokratietheorie zurück. Wo der Liberalismus die Freiheit als individuelle Ungebundenheit feiert, konzipiert der Republikanismus Freiheit als kollektive Selbstbindung. Demokratie besteht dann nicht darin, einem Minimum an Regelungen unterworfen zu sein, sondern sich selbst als Koautor:in kollektiver Selbstbindungen zu verstehen, die den Aufbau nachhaltiger Lebenswelten ermöglichen.

Felix Heidenreich ist wissenschaftlicher Koordinator am Internationalen Zentrum für Kultur- und Technikforschung (IZKT) der Universität Stuttgart und chercheur associé am CEVIPOF in Paris. Zusammen mit Angus Nicholls hat er im Suhrkamp Verlag herausgegeben: Hans Blumenberg, *Präfiguration. Arbeit am politischen Mythos* (2014).

Felix Heidenreich

Nachhaltigkeit und Demokratie

Eine politische Theorie

Suhrkamp

Klimaneutral
Druckprodukt
ClimatePartner.com/14438-2110-1001

2. Auflage 2023

Erste Auflage 2023
suhrkamp taschenbuch wissenschaft 2388
Originalausgabe

Umschlag nach Entwürfen
von Willy Fleckhaus und Rolf Staudt
Druck und Bindung: C. H. Beck, Nördlingen
Printed in Germany
ISBN 978-3-518-29988-3

www.suhrkamp.de

Inhalt

Vorwort

Als Greta Thunberg am 20. August 2018 einen »Schulstreik für das Klima« ausrief, begann eine neue globale Bewegung. Thunberg formulierte in kompromissloser Schärfe, was alle wussten oder wissen konnten: dass der globale Ressourcenverbrauch des Menschen für die Biosphäre untragbar ist und der in zahllosen Reden beschworene Umstieg auf einen nachhaltigen Lebenswandel so schnell wie möglich vollzogen werden muss. Zwar war dieser Aufruf an uns alle als Individuen adressiert, aber richtig ist auch, dass die daraus entstandene *Fridays-for-Future*-Bewegung zum *politischen* Handeln aufruft, zu Entscheidungen, die nicht nur individuell, sondern *kollektiv bindend* sind. Auch wenn seit Januar 2020 die Corona-Pandemie die öffentlichen Debatten dominierte und seit Februar 2022 mit dem Angriff der Russischen Föderation auf die Ukraine eine weitere aktute Krise die öffentliche Aufmerksamkeit in Beschlag nimmt, dürfte unstrittig sein, dass die langfristig größte Herausforderung für die Politik darin besteht, den Transformationsprozess hin zu einer nachhaltigen Lebensweise zu gestalten. Weniger konsensfähig ist indes die These, dass diese Transformation umfassende Folgen für die Praxis und den Begriff der Demokratie impliziert.

In diesem Buch möchte ich den Versuch unternehmen, diese Implikationen zumindest zu skizzieren. Dazu werde ich relevante Einsichten und Forschungsergebnisse aus sehr verschiedenen Wissens- und Forschungsfeldern zusammenführen und zur Beantwortung der Frage, was der Umbau hin zu einer nachhaltigen Wirtschafts- und Lebensweise für die Vorstellungen und Praktiken der Demokratie bedeutet, synthetisierend verwenden. Dies nötigt zu einer inter- beziehungsweise transdisziplinären Arbeitsweise, ohne dass damit der Anspruch auf Stringenz und Konsistenz, der mit der Ausbildung spezifischer Methoden seit der neuzeitlichen Ausdifferenzierung der Wissenschaften verbunden ist, verabschiedet wird: Inter- und Transdisziplinarität darf nicht zur Disziplinlosigkeit werden. Und dennoch zwingt das Thema dazu, über Fächergrenzen hinweg zu denken.

Dass die Frage, wie Nachhaltigkeit und Demokratie auszusöhnen sind, nur in einem Zugang zu behandeln ist, der verschiedene methodische Ansätze zu Rate zieht, ist unmittelbar einleuchtend. Gerade die Komplexität und die Fülle des potenziell diskutierbaren Materials verführt nicht selten dazu, auch die Antwort sehr umfangreich ausfallen zu lassen. Ohne dieses Vorgehen kritisieren zu wollen, will ich im Folgenden doch einen anderen Weg beschreiten: nicht den einer im Doppelsinn *erschöpfenden* Diskussion des komplexen Themas, sondern den der Verdichtung. Dies führt dazu, dass Aussparungen und zusammenfassende Querverweise unvermeidlich werden und in vielen Fällen auf die ausführliche Darstellung von Argumentationen in vorliegenden Publikationen verwiesen werden muss. Den Leserinnen und Lesern soll auf diese Weise eine möglichst klare und lesbare Auseinandersetzung mit dem Thema geboten werden.[1]

1 Das zum Zweck der leichteren Lesbarkeit verwendete generische Maskulinum schließt selbstverständlich alle Leser:innen ein.

I
Einleitung: Unser Haus brennt

Mit zunehmender Vehemenz machen sich die Anzeichen und Vorboten einer fundamentalen Krise bemerkbar, die in den Peripherien der Weltgesellschaft schon jetzt dramatische Ausmaße annimmt. Aber auch in den OECD-Ländern sind die katastrophalen Auswirkungen des Klimawandels in Gestalt extremer Wetterlagen, neuer Formen der Klimamigration, der Ausbreitung tropischer Krankheiten in der gemäßigten Zone und zahlreicher anderer Indikatoren nicht zu übersehen.[1] Es besteht kein Zweifel mehr: Unser Haus brennt. Verfalls- und Untergangsszenarien, die ihrerseits die Emotionalisierung und den Populismus befördern, haben Hochkonjunktur. Der Umbau hin zu einer anderen Form des Wirtschaftens und Lebens wird allseits beschworen und gefordert, auch wenn die Konkretisierungen nur langsam vorankommen. Die keineswegs neue »unbequeme Wahrheit« (Al Gore) lautet: Der Ressourcenverbrauch, der Lebensstil, die Konsumgewohnheiten der »Ersten Welt« sind erkennbar nicht nachhaltig.

Die Wissenschaft hat durchaus reagiert. Längst entstehen mit den Transformationswissenschaften und der Nachhaltigkeitswissenschaft[2] eigene Disziplinen, Fachgebiete und Studiengänge, die sich meist in einem transdisziplinären Rahmen damit beschäftigen, wie ein Umbau hin zu einer nachhaltigen Gesellschaft möglich ist.[3] Allerdings stehen sie häufig tief im Feld der Klima-, Landwirtschafts-, Mobilitäts- und Energiepolitik und beschäftigen sich hauptsächlich mit »empirischen« Themen wie etwa Wasserversorgung, Urbanisierung oder demografischem Wandel, so dass weder

1 Es ist bezeichnend, dass der 2006 publizierte *Stern-Report* des ehemaligen Chefökonomen der Weltbank Nicholas Stern besondere Aufmerksamkeit auf sich zog, weil er die ökonomischen Kosten des Klimawandels auf 5 % des weltweiten Bruttosozialprodukts bezifferte.

2 Vgl. die ausführliche Darstellung in: Harald Heinrichs, Gerd Michelsen (Hg.), *Nachhaltigkeitswissenschaften*, Berlin, Heidelberg 2014.

3 Einen hilfreichen Überblick mit aktuellen Informationen zu hochschulpolitischen Fragen bietet das Portal ⟨www.nachhaltigewissenschaft.de⟩, letzter Zugriff am 16.7.2022.

Raum noch Zeit bleibt für die Bearbeitung der grundlegenden demokratietheoretischen Fragen: Wie lassen sich Nachhaltigkeit und Demokratie aussöhnen? Wie lässt sicht die Transformation hin zu einer nachhaltigen Gesellschaft so gestalten, dass normative Ansprüche an unser Gemeinwesen weder durch einen ökologischen Nanny-State noch durch eine Expertokratie ausgehöhlt werden? Wie passen Nachhaltigkeit und Demokratie zusammen? Es liegt nahe, ihre Beantwortung der Politikwissenschaft und der Politischen Theorie zu übertragen, die sich jedoch nach wie vor primär auf begriffliche Grundlagen oder ideengeschichtliche Entwicklungen konzentrieren und bestenfalls am Rande für die praktische Seite nachhaltiger Entwicklung interessieren.

Dass die Problemstellung nach einer systematischen Begegnung von Theorie und Empirie verlangt, liegt auf der Hand.[4] Bereits die Idee der nachhaltigen Entwicklung hat einerseits eine empirisch messbare, deskriptiv operationalisierbare und nüchtern analysierbare Dimension und andererseits den Charakter eines moralischen oder sozialen Telos, einer »regulativen Idee« im Sinne Kants, einer performativ zu affirmierenden Richtschnur.[5] Gerade auf einer abstrakten Ebene besteht ein erstaunlich breiter, in zahllosen Par-

4 Einen Meilenstein für die systematische Integration des Nachhaltigkeitsthemas nicht nur in die Policy-Forschung (wo Umweltschutzpolitik natürlich seit ihren Anfängen wissenschaftlich begleitet wurde), sondern in die Politische Theorie stellt vor diesem Hintergrund das *Oxford Handbook of Environmental Political Theory* dar: Tina Gabrielson u. a. (Hg.), *The Oxford Handbook of Environmental Political Theory*, Oxford 2016. Vgl. auch: Dieter Birnbacher, May Thorseth (Hg.), *The Politics of Sustainability. Philosophical Perspectives*, London 2015. Für die deutschsprachige Debatte besonders bedeutsam: Suzanne Schüttemeyer (Hg.), *Politik im Klimawandel. Keine Macht für gerechte Lösungen?*, Baden-Baden 2011. Und erst kürzlich ist erschienen: Basil Bornemann, Henrike Knappe, Patrizia Nanz (Hg.), *The Routledge Handbook of Democracy and Sustainability*, London 2022. Leider konnte ich diesen wichtigen Band nicht mehr berücksichtigen.

5 Die Mehrdimensionalität des Begriffs »Nachhaltigkeit« wird deutlich bei: Ortwin Renn, Jürgen Deuschle, Alexander Jäger, Wolfgang Weimer-Jehle, *Leitbild Nachhaltigkeit. Eine normativ-funktionale Konzeption und ihre Umsetzung*, Wiesbaden 2007. Vgl. auch: Armin Grunwald, Jürgen Kopfmüller, *Nachhaltigkeit. Eine Einführung*, Frankfurt/M. ²2012. Ich lege im Folgenden die klassische Definition des Brundtland-Berichts (*Our Common Future*) der Weltkommission für Umwelt und Entwicklung von 1987 zugrunde, wonach eine nachhaltige Entwicklung dann gegeben ist, wenn die Bedürfnisse der Gegenwart befriedigt werden, ohne künftigen Generationen die Befriedigung ihrer Bedürfnisse unmöglich zu machen.

teiprogrammen, Sonntags-, Kirchentags- und Parlamentsreden beschworener Konsens darüber, dass der Übergang zu einer nachhaltigen Entwicklung die zentrale Herausforderung der entstehenden Weltgesellschaft im 21. Jahrhundert darstellt.

Gerade der konsensuale Charakter des Ideals »Nachhaltigkeit« sollte indes zu denken geben. Längst ist »Nachhaltigkeit« als Topos oder bloße Phrase selbst zum Objekt empirischer Forschungen der Linguistik geworden.[6] In vielen Fällen droht der Begriff die Zielkonflikte zu verbergen, die eigentlich einer genuin politischen Auseinandersetzung bedürften, um umfassend legitimierte, kollektiv bindende Entscheidungen zu treffen.[7] In diesem Fall wird die Rede von der Nachhaltigkeit zu einem Instrument der Entpolitisierung, ja, sie kann zu einer regelrechten Ideologie werden, wenn die Zielsetzungen und die Wahl der Mittel als alternativlos dargestellt werden.[8]

Niklas Luhmanns Einwände gegen abstrakte Werte wie »Gerechtigkeit« könnten dann auch für »Nachhaltigkeit« gelten: Werte, so Luhmann, seien wie Luftballons; an Feiertagen würden sie aufgeblasen, während an Werktagen unauffällig die Luft herausgelassen werde.[9] Zur Handlungsorientierung in komplexen, funktional ausdifferenzierten Gesellschaften seien sie nur als rhetorisch notwendige, aber beinahe inhaltsleere »Kontingenzformeln« zu gebrauchen.[10]

Ich möchte hingegen einen Beitrag zur Repolitisierung des

6 Michael Rödel, »Die Invasion der ›Nachhaltigkeit‹ – Eine linguistische Analyse eines politischen und ökonomischen Modeworts«, in: *Deutsche Sprache. Zeitschrift für Theorie, Praxis, Dokumentation* 2 (2013), S. 115-141.

7 In diesem Sinne auch Sighard Neckel u. a., *Die Gesellschaft der Nachhaltigkeit. Umrisse eines Forschungsprogramms*, Bielefeld 2018.

8 Eine solche kritische Perspektive auf die Nachhaltigkeitsdebatte findet sich z. B. bei Timmo Krüger, »Das Hegemonieprojekt der ökologischen Modernisierung«, in: *Leviathan* 41:3 (2013), S. 422-456.

9 Werte gleichen, so Luhmann, nicht »Fixsternen, sondern eher Ballons, deren Hüllen man aufbewahrt, um sie bei Gelegenheit aufzublasen«. Niklas Luhmann, *Die Gesellschaft der Gesellschaft*, 2 Bde., Frankfurt/M. 1997, S. 341 f. Werte stellen aus dieser Perspektive das Ergebnis des Versuchs dar, sich nachträglich einen Reim auf das eigene Verhalten zu machen.

10 Dass Luhmanns Sicht auf Moral und Ethik selbst aus systemtheoretischer Perspektive unterkomplex ist, scheint heute Konsens zu sein. Zu dieser bis in die 1970er Jahre reichenden Debatte vgl. auch: Niklas Luhmann, *Die Moral der Gesellschaft*, hg. von Detlef Horster, Frankfurt/M. 2008.

Nachhaltigkeitsbegriffs leisten und in diesem Buch der Frage nachgehen, welche demokratietheoretischen Folgen sich aus dem Ziel einer nachhaltigen Entwicklung ergeben.[11] Die leitende These lautet, dass das Ziel der nachhaltigen Entwicklung gegenüber den demokratischen Strukturen, Institutionen, Verfahren, ja selbst gegenüber fundamentalen demokratietheoretischen Begriffen wie »Freiheit« nicht neutral ist. Eine nachhaltige Gesellschaft wird nicht auf dieselbe Art und Weise politisch operieren und sich politisch verstehen können wie eine nichtnachhaltige. Vielmehr gibt es eine Art Rückkopplungseffekt, der von der Ebene der *policy* auf die Ebenen von *polity* und *politics* durchschlägt und den es genauer zu verstehen gilt, und zwar im Lichte der bereits thematisierten Verschränkung von empirischer und normativer Perspektive, ohne die Ebenen einfach zu vermischen. Dabei soll im Einzelnen ausgeführt werden, inwiefern normative Ziele konkrete politische Programme notwendig machen, die ihrerseits auf das Verständnis von Demokratie zurückwirken.

1.1 Nachhaltigkeit – demokratieneutral?

Mit meiner leitenden These widerspreche ich einer dominanten Sichtweise, die Nachhaltigkeit als primär technische Herausforderung versteht und in den entsprechenden Debatten und Diskursen eine im weitesten Sinne ingenieurwissenschaftlich-technische Rahmung der gesellschaftlichen Auseinandersetzung erzeugt: Nachhaltigkeit, so eine verbreitete Vorstellung, sei wie ein »End-of-Pipe«-Problem zu behandeln, bei dem durch technische Innovationen, Effizienzsteigerungen und die Erschließung neuer Ressourcen der Umbau zu einer nachhaltigen Lebensweise sozusagen auf der Hinterbühne der Gesellschaft erfolgen könne, ohne für die Bürgerinnen und Bürger wahrnehmbar zu sein. Diese technomorphe Verkürzung des Nachhaltigkeitsbegriffs führt dazu, dass die Nachhaltigkeitsdebatte heute in weiten Teilen ohne eine Beteiligung der Politischen Theorie stattfindet.[12] Während ingenieurwissenschaft-

11 Eine solche Repolitisierung der Nachhaltigkeitsdebatte fordert prominent auch Armin Grunwald in: »Statt Privatisierung: Politisierung der Nachhaltigkeit«, in: *GAIA* 20:1 (2011), S. 17-19.

12 Auf die wichtigen Ausnahmen werde ich weiter unten ausführlich eingehen. An

liche, ökonomische, rechtswissenschaftliche und soziologische Perspektiven sehr systematisch miteinander verzahnt werden, bleibt die Frage nach den demokratietheoretischen Implikationen des Begriffs »Nachhaltigkeit« meist ausgeklammert.[13] Im Folgenden möchte ich zunächst drei mögliche Gründe für diese Situation anführen, um genauer zu erläutern, warum eine Repolitisierung der Nachhaltigkeitsdebatte dringend geboten ist und gegen welche strukturellen Hindernisse diese erarbeitet werden muss.

(a) Der *erste* strukturelle Grund für die vergleichsweise schwache Präsenz demokratietheoretischer Überlegungen in der Nachhaltigkeitsdebatte hängt mit einer These zusammen, die viele normative und empirische Demokratietheorien unausgesprochen voraussetzen. Ihr zufolge sind die Begriffe und Begründungen der Demokratietheorie gegenüber den konkreten Inhalten und Politikfeldern neutral. Wenn beispielsweise John Rawls nach den »Grundstrukturen« einer gerechten Gesellschaft fragt oder Jürgen Habermas Bedingungen für gelingende demokratische Deliberation formuliert, so geschieht dies als Erläuterung *formaler* Bestimmungen unter Absehung von *inhaltlichen* Themen. Nach diesem Schema kann die Politische Theorie »Grundlagen«, »Formen«, Verfahren oder institutionelle Settings angeben, deren inhaltliche Füllung in einem zweiten Schritt erfolgen soll. Rawls' Prinzipien oder Habermas' Deliberationsregeln müssen auf Diskussionen über Gesundheitspolitik, Bildungspolitik oder Steuerpolitik gleichermaßen anwendbar sein. Bezogen auf die Frage der Nachhaltigkeit heißt das: Um den Umbau zu einer nachhaltigen Lebensweise zu gestalten, werden moderne Demokratien zwar vieles ändern müssen, zum Beispiel die Energiepolitik, den Ressourcenverbrauch und das Mobilitätsverhalten der Bürgerinnen und Bürger; was sie aber nicht ändern

dieser Stelle seien bereits stellvertretend genannt: John S. Dryzek, *The Politics of the Earth. Environmental Discourses*, Oxford [2]2005; John Barry, »Greening Liberal Democracy: Practice, Theory and Political Economy«, in: ders., Marcel Wissenburg (Hg.), *Sustaining Liberal Democracy. Ecological Challenges and Opportunities*, New York 2001, S. 59-88; John Barry, »Towards a Green Republicanism: Constitutionalism, Political Economy, and the Green State«, in: *The Good Society* 17:2 (2008), S. 1-12; ders., *The Politics of Actually Existing Unsustainability*, Oxford 2012; Bernward Gesang (Hg.), *Kann Demokratie Nachhaltigkeit?*, Wiesbaden 2014; Birnbacher, Thorseth (Hg.), *The Politics of Sustainability.*

13 Diese ließe sich z. B. an den Curricula entsprechender neuer, interdisziplinärer Studiengänge im Einzelnen belegen.

müssen, sind die Begriffe und Verfahren des demokratischen Willensbildungsprozesses. Diese Neutralität gegenüber einzelnen *policies* muss vorausgesetzt werden, wenn die Politische Theorie *allgemeine* Aussagen über die Legitimation politischer Institutionen und Verfahren erbringen will.[14] Die Frage eines Umbaus moderner Wirtschaftskreisläufe hin zu einem nachhaltigen Wirtschaften ist dann ein Problem unter vielen, ja vor allem: ein Problem *wie andere auch*.

Eine solche Perspektivierung des Problems ergibt sich sowohl für Rawls' »ideale« Gerechtigkeitstheorie als auch für Habermas' Konzept deliberativer Demokratie. Auch Axel Honneths Theorie demokratischer Sittlichkeit, Michael Walzers Kommunitarismus und Philip Pettits Neorepublikanismus behandeln beinahe ausschließlich die *Beziehungen zwischen Menschen* und setzen dabei deren Beziehung zu ihrer Umwelt einfach voraus.[15] »Gerechtigkeit«, »Herrschaft«, »Anerkennung« – alle diese Leitbegriffe der Politischen Theorie sind Relationsbegriffe, die sich auf die Beziehungen zwischen Menschen beziehungsweise zwischen Bürgerinnen und Bürgern beziehen, nicht auf ein System, in dem Mensch und Umwelt in Wechselwirkung gedacht werden.[16] Die Vorstellung, diese sozialen Beziehungen ließen sich in einem ersten Schritt *formal* ordnen, um dann in einem zweiten Schritt mit konkreten *Inhal-*

14 Die *polity*, ja selbst noch die Form der *politics* müssen gegenüber den *policies* unabhängig sein: Wenn die Demokratietheorie nach der Form demokratischer Institutionen und Prozesse fragt, muss es ihr egal sein, *worüber* in diesen gerade debattiert und entschieden wird.

15 Siehe exemplarisch: John Rawls, *Theorie der Gerechtigkeit*, Frankfurt/M. 1979; Jürgen Habermas, *Faktizität und Geltung. Beiträge zur Diskurstheorie des Rechts und des demokratischen Rechtsstaats*, Frankfurt/M. 1998; Axel Honneth, *Das Recht der Freiheit. Grundriß einer demokratischen Sittlichkeit*, Berlin 2011; Michael Walzer, *Sphären der Gerechtigkeit. Ein Plädoyer für Pluralität und Gleichheit*, Frankfurt/M. 1992; Philip Pettit, *Republicanism. A Theory of Freedom and Government*, Oxford 1999.Vor allem die Debatte über Tierrechte hat dazu beigetragen, die anthropozentrische Tradition der Politischen Theorie systematisch zu hinterfragen. Vgl. zu den politiktheoretischen Implikationen der Tierrechtsdebatte z. B. Sue Donaldson, Will Kymlicka, *Zoopolis. Eine politische Theorie der Tierrechte*, Berlin 2013.

16 Eine Ausnahme bildet hier Hartmut Rosas Begriff der *Resonanz*, der in expliziter Abgrenzung zu Honneths Begriff der *Anerkennung* auch Verhältnisse von Mensch und Natur mit einschließen soll. Siehe Hartmut Rosa, *Resonanz. Eine Soziologie der Weltbeziehung*, Berlin 2016.

ten gefüllt zu werden, gewinnt ihre Plausibilität nicht zuletzt durch die Nähe politischer Ordnungsvorstellungen zum Verfassungsrecht.

Auch hier findet sich seit dem Konstitutionalismus des 18. Jahrhunderts das Schema einer in Grundrechten und einer ausformulierten Verfassung definierten *formalen* Ordnung, die den politischen Willensbildungsprozess für die konkrete *inhaltliche* Bestimmung definiert.[17] Disziplinär reflektiert die Rechtswissenschaft diese Vorstellung in der Ausdifferenzierung von Staatsrecht, Strafrecht und Zivilrecht. Während das Staatsrecht gewissermaßen ein Gefäß darstellt, für dessen Umgestaltung besonders hohe Hürden gesetzt sind, können die Inhalte von Straf- und Zivilrecht einfacher geändert werden. Spielregeln einerseits und Spielzüge andererseits stehen sich hier scheinbar unvermittelt gegenüber.[18]

Das oben genannte Schema könnte man auf die Formel der *Demokratieneutralität der Nachhaltigkeit* bringen: Die »große Transformation«, von der der damalige Leiter des Potsdam-Instituts für Klimaforschung (PIK) Hans Joachim Schellnhuber im Zusammenhang mit dem Umbau zu einem nachhaltigen Wirtschaften sprach,[19] würde aus dieser Sicht unsere Demokratietheorie, unsere politischen Grundbegriffe (zum Beispiel Freiheit, Gleichheit, Men-

17 Zu den Differenzen zwischen verschiedenen Traditionen vgl. die klassischen Arbeiten von Ulrich K. Preuß, insbesondere: Ulrich K. Preuß, »Der Begriff der Verfassung: Analyse der allgemeinen Grundlagen«, in: ders. (Hg.), *Zum Begriff der Verfassung. Die Ordnung des Politischen*, Frankfurt/M. 1994, S. 7-33.

18 *Scheinbar* ist dieser Gegensatz insofern, als de facto immer auch Verfassungsänderungen – oder im Falle der USA Verfassungsergänzungen (*amendments*) – möglich waren und sind. Die dabei zugrunde liegende philosophische Frage betrifft die Dialektik von Form und Inhalt, wie sie von Hegel in der *Wissenschaft der Logik* in Abgrenzung zu Kant entwickelt wird: G.W.F. Hegel, *Wissenschaft der Logik II*. Erster Teil: Die objektive Logik, Zweites Buch, Zweiter Teil: Die subjektive Logik, Frankfurt/M. 1986, S. 94-96. Vgl. auch ders., *Enzyklopädie der philosophischen Wissenschaften I*, Frankfurt/M. 1970, bes. die Ausführungen in § 133, wo Hegel die beiden Kategorien dem »reflektierenden Verstand« zuordnet. Homers *Ilias* und Shakespeares *Romeo und Julia* dienen ihm zur Veranschaulichung der These, dass der Inhalt unangemessen zusammengefasst ist, wenn dabei über die Form nichts gesagt wird. Zu Hegels Dialektik von Form und Inhalt vgl. Emil Angehrn, *Freiheit und System bei Hegel*, Berlin 1977, S. 94 ff.

19 Wissenschaftlicher Beirat der Bundesregierung Globale Umweltveränderungen (WBGU), *Welt im Wandel. Gesellschaftsvertrag für eine Große Transformation (Hauptgutachten)*, Berlin 2011.

schenwürde) unberührt lassen. Die nachhaltige Gesellschaft würde sich demnach technisch und vielleicht auch ökonomisch von der gegenwärtigen unterscheiden, nicht jedoch politisch. Eine *politische* Theorie nachhaltiger Lebenswelten wäre aus dieser Sicht gar nicht nötig, weil technische, soziologische oder städteplanerische Antworten die Transformation vollständig zu bewältigen in der Lage sind.

(b) Zur unterstellten Demokratieneutralität kommt *zweitens* eine sozialstrukturelle Komponente hinzu, die die Sonderstellung ökologischen Denkens im Spektrum politischer Ideologien aus einer wissenssoziologischen Perspektive verständlich macht. Anders als Begriffe wie »Tradition«, »Nation«, »Freiheit« oder »soziale Gerechtigkeit« hatte das Anliegen der Nachhaltigkeit keine weltanschaulich oder sozialstrukturell eindeutig zuzuordnenden Trägergruppen.[20] Konservatives Gedankengut konnte bei Grundbesitzern, Landwirten oder in Kirchenkreisen auf Unterstützung hoffen; liberale Ideen fanden ihre Bannerträger unter dem aufstrebenden Bürgertum, bei Selbstständigen und Unternehmern; die Lösung der sozialen Frage hatte mit den Industriearbeitern über einen gewissen Zeitraum eine Trägergruppe, bei der ebenfalls Ideen und Interessen konvergierten. Die ökologische Bewegung indes war seit ihren Anfängen eine heterogene Ansammlung verschiedenster Anhänger, deren Spektrum von linken Anarcho-Spontaneisten über adelige Grundbesitzer bis hin zu romantisch-konservativen Naturschützern reichte.[21] Man könnte dieses lose Band zwischen nachhaltiger Politik und denjenigen, die sich für sie einsetzen, auch so beschreiben, dass »Nachhaltigkeit« ein zu abstraktes Interesse darstellt, um tatsächlich politische Gruppen systematisch zu mobilisieren. Es gibt keine sozialen Gruppen, deren Interesse an Nachhaltigkeit *spezifisch* begründbar ist – während es sehr wohl Gruppen geben kann, die ein genuines Interesse an freien Märk-

20 Zu diesem Verhältnis vgl. die klassische wissenssoziologische Studie: Karl Mannheim, *Ideologie und Utopie* (1929), Frankfurt/M. [8]1995.

21 Bekanntlich drückte sich dies in dem Satz aus: »Ökologisch ist weder links noch rechts, sondern vorne.« Zur komplexen und von großer sozialer Heterogenität geprägten Geschichte der Umweltbewegung in Deutschland vgl. Ludger Vollmer, *Die Grünen. Von der Protestbewegung zur etablierten Partei – Eine Bilanz*, München 2009. Den interationalen Kontext arbeitet Serge Audier in einer breiten Diskursgeschichte auf: Serge Audier, *La société écologique et ses ennemis*, Paris 2017.

ten oder umfassender Sozialgesetzgebung haben. Anders als reaktionäres, konservatives, liberales oder sozial-emanzipatives Denken stieß eine mögliche politische Theorie der Nachhaltigkeit nicht auf eine durch soziale Milieus strukturierte Nachfrage. Erst die Fridays-for-Future-Bewegung leitete hier bis zu einem gewissen Grad einen Paradigmenwechsel ein: Es ist das Alter, die Zugehörigkeit zu einer Generation der (zukünftig) Betroffenen, die eine verbindende Motivation herstellt.

(c) Zu der nur lockeren Beziehung zwischen inkohärentem Ideenhaushalt und heterogener Trägergruppe kommt ein *dritter* Aspekt hinzu, der mit dem Zeitpunkt zusammenhängt, an dem sich so etwas wie ein ökologisches Bewusstsein zu formieren begann. Während die anderen Familien politischer Ideologien – Liberalismus, Konservativismus, Sozialismus – ihre Wurzeln im 17., 18. und 19. Jahrhundert haben (man denke an die wegweisenden Arbeiten von John Locke, Edmund Burke und Karl Marx), setzt die Verbreitung ökologischer Ideen zu einem Zeitpunkt ein, an dem »Weltbilder« oder »Meistererzählungen« bereits in eine Krise gerieten.[22] Jean-François Lyotards *La condition postmoderne* beschrieb 1979 eine bereits weitverbreitete Skepsis gegenüber den »méta-récits«.[23] Schon zu Beginn der 1970er Jahre ließ sich nicht mehr, wie noch im 19. Jahrhundert, ein schlüssiges Gesamtkonzept, eine in die Breite wirkende politische Theorie mit ideologisch-motivierender Kraft entwickeln. Konservativismus, Sozialismus und Liberalismus verfügten als politische Ideologien über entsprechende politische My-

22 Aus den großen Auseinandersetzungen, die das »Zeitalter der Ideologien« (Klaus von Beyme) auszeichneten, scheinen ja alle Trägergruppen mit spezifischen Gewinnen hervorgegangen zu sein: Der Konservativismus erhielt Sonderkonditionen für religiöse Gemeinschaften, den Schutz der Familie, den Denkmalschutz, die weitgehende Absicherung des Privateigentums etc. Der Liberalismus hat insofern gesiegt, als die Freiheiten des privaten Lebensstils ebenso unwidersprochen sind wie die des Unternehmertums. Und auch die »soziale Frage« scheint heute durch die progressive Einkommenssteuer, den Kündigungs- und Mieterschutz sowie die Mechanismen der sozialen Grundsicherung in ihrer Dramatik entschärft. Dass alle diese Antworten immer von den einen als unzureichend, von den anderen als unzeitgemäß kritisiert werden, ist unbestritten. Aber der Modus der entsprechenden Auseinandersetzung scheint in den gefundenen Bahnen demokratischer Willensbildung halbwegs zu funktionieren.

23 Jean-François Lyotard, *Das postmoderne Wissen. Ein Bericht*, Wien 1986 (überarbeitete Neuausgabe; das frz. Orig. erschien 1979).

then und literarisch ausgemalte Utopien – die Ökologiebewegung indes konnte sich nur in Ansätzen auf ähnliche Elemente beziehen.[24] Zum Zwecke der Motivation konnte die Umweltbewegung vor allem auf Dystopien verweisen, auf Szenarien von Atomkatastrophen, saurem Regen, Waldsterben oder die schleichende Vergiftung von Natur und Mensch. Positive Szenarien mussten sich hingegen meist auf recht vage Vorstellungen einer künftigen Harmonie zwischen Mensch und Natur oder gar auf eine Rückkehr zu einer imaginierten ursprünglichen Einfachheit beschränken (vgl. unten, 2.5).

Die drei genannten Faktoren – die dominante These von der Demokratieneutralität der Nachhaltigkeit, die heterogene soziale Trägergruppe des Nachhaltigkeitsthemas und der Eintrittszeitpunkt des Themas in den Diskurs der Moderne – machen plausibel, warum die Politische Theorie die Frage der Nachhaltigkeit meist als nur *ein* Thema *unter anderen* behandelt. Warum und inwiefern das Thema Nachhaltigkeit auch eine demokratietheoretische Dimension enthält, ist vor diesem Hintergrund begründungsbedürftig. Eine solche Begründung werde ich einleitend dadurch leisten, dass ich die Bedeutung des politischen Ziels der Nachhaltigkeit für die *Lebenswelten* der Bürgerinnen und Bürger aufzeige. In einem ersten Problemaufriss ist herauszuarbeiten, dass eine nachhaltige Entwicklung nicht nur technische Innovationen, sondern auch einen kulturellen Wandel, ja eine Transformation der Lebenswelt in den industrialisierten Gesellschaften unvermeidlich macht. Dazu ist es jedoch nötig, zunächst einer auf die Dimension der Technik verkürzten Lesart des Begriffs der Nachhaltigkeit zu widersprechen.

1.2 Nachhaltigkeit: technisch, kulturell, lebensweltlich

Unter der Annahme der Demokratieneutralität von Nachhaltigkeit wird das Ziel der Nachhaltigkeit als bloß technische Herausforderung behandelt. Die Aufgaben des Ressourcenschutzes, des Klimaschutzes, ja der Nachhaltigkeit insgesamt sind aus dieser Sicht mit

24 Man denke z. B. an die in den 1970er Jahren berühmt gewordene Weissagung (»Erst wenn der letzte Baum gerodet, der letzte Fluss vergiftet, der letzte Fisch gefangen ist, werdet ihr merken, dass man Geld nicht essen kann.«), die angeblich auf den Indianerhäuptling Seattle zurückgehen soll.

den Ideen, Begriffen und Institutionen, die seit Mitte des 18. Jahrhunderts entstanden sind, vollumfänglich zu bewältigen. Da die problematischen langfristigen Wirkungen menschlichen Handelns vor allem durch technische Innovationen möglich geworden sind, sei es auch eine technische Herausforderung, diese Wirkungen wieder zu minimieren. Heilen soll also jene Waffe, die die Wunde schlug. Wie bereits erwähnt, gibt es aus dieser Perspektive keinen strukturellen Unterschied, ob ein Parlament über die Gesundheitspolitik, die Verteidigungspolitik oder eben die Klimapolitik debattiert: Immer und überall sind Probleme komplex, durch internationale Verflechtung gekennzeichnet und betreffen mehr als eine Generation. Steuerreformen, Bildungspläne und die Frage des Klimaschutzes würden dann allesamt zu ein und derselben Kategorie von Entscheidungen gehören. Und die Hoffnung wäre, dass auch die »große Transformation« zumindest auf lange Sicht mit demselben Erfolg und mit ähnlich geringen Folgen für die demokratischen Institutionen bewältigt werden könnte wie andere Herausforderungen.

Diese Perspektive auf das Verhältnis von Nachhaltigkeit und Demokratie beansprucht mit Nachdruck einige Plausibilität. Ist Nachhaltigkeit nicht vielleicht doch ein »End-of-Pipe«-Problem, die Rede von der »großen Transformation« also eine bloße Übertreibung? Dann wäre Nachhaltigkeit tatsächlich »ein Fall für die Experten«, wie der FDP-Vorsitzende Christian Lindner behauptete.

In vielen Bereichen hat die Umweltpolitik in der Tat spektakuläre Erfolge erzielt, die vor wenigen Jahrzehnten undenkbar schienen. Die Luftqualität hat sich in vielen entwickelten Ländern rasant verbessert, das Wasser vieler Binnengewässer ist wieder trinkbar, das Waldsterben scheint wenn nicht gestoppt, so doch kontrollierbar geworden zu sein und das Ozonloch verkleinert sich, wenn auch sehr langsam.[25] Es ist also durchaus verständlich, dass jene, die einen technisch begründeten Optimismus verbreiten und die zahlreichen Beispiele für erfolgreiche Innovationen auflisten, öffentliche Aufmerksamkeit auf sich ziehen.[26] Nichtsdestotrotz ist die These,

25 Allerdings trüben das Sterben der Insekten, die Belastung des Grundwassers mit Nitrat und die Verschmutzung der Weltmeere mit Mikroplastik usw. die vorgeblich positive Bilanz der Umweltpolitik doch deutlich ein, die zudem häufig unter einem »nationalen Blick« leidet.

26 Vor allem die steigende Lebenserwartung wird oft als Beleg dafür herangezo-

dass der Umbau hin zu einer nachhaltigen Gesellschaft die demokratischen Institutionen, Begriffe und Verfahren unangetastet lässt, falsch. Nachhaltigkeit, so meine Behauptung, ist keine Herausforderung *wie andere auch*. Damit sind wir beim wohl entscheidenden demokratietheoretisch relevanten Streitpunkt angelangt. Er betrifft die Frage, ob technische Innovationen tatsächlich ausreichende Effizienzgewinne ermöglichen, um eine nachhaltige Wirtschaftsweise ohne massive Veränderungen des Lebenswandels zu bewerkstelligen. Die Debatte zwischen den Effizienztheoretikern und den Suffizienztheoretikern ist hier einschlägig.[27]

Es ist vor allem der Verweis auf die empirisch nachweisbaren Rebound-Effekte, der deutlich macht, dass technische Effizienzgewinne das Problem endlicher Ressourcen zwar verschieben, aber nicht beheben können.[28] Solange die Nachfrage schneller wächst, als die Effizienz gesteigert wird, ist nachhaltiges Wirtschaften unmöglich. Armin Grunwald ist daher zuzustimmen, wenn er seine ausführliche Diskussion dieser Frage mit dem Fazit schließt, die Hoffnung auf eine rein technische Lösung des Nachhaltigkeitsproblems bleibe illusionär.[29] Für alle zentralen Politikfelder wie die Klimapolitik, den Ressourcenschutz oder die Finanzpolitik lasse sich zeigen, dass weder der hohe Ressourcenverbrauch in den entwickelten Ländern noch das Konzept einer beständigen Steigerung von Produktion und Konsumption durch technische Innovationen nachhaltig zu

gen, dass technische Innovationen die Weltgesellschaft auf den richtigen Weg bringen. Besonders prominent formuliert dieses Narrativ der dänische Gesundheitswissenschaftler Hans Rosling, siehe Hans Rosling, Anna Rosling Rönnl, *Factfulness. Wie wir lernen, die Welt so zu sehen, wie sie wirklich ist*, Berlin 2018.

27 Idealtypisch lassen sich Ralf Fücks (*Intelligent wachsen. Die grüne Revolution*, München 2013) und Postwachstumstheoretiker wie Niko Paech (*Befreiung vom Überfluss. Auf dem Weg in die Postwachstumsökonomie*, München 2012) hier gegeneinanderstellen. In Frankreich hat die Postwachstumsdebatte schon seit längerem die Form einer Sozialbewegung angenommen. Zu den Pionieren gehört hier der Ökonom Serge Latouche.

28 Vgl. z. B. Ines L. Azevedo u. a., »The Rebound Effect: Implications of Consumer Behaviour for Robust Energy Policies. A Review of the Literature on the Rebound Effect in Energy Efficiency and Report from Expert Workshops«, IRGC *Report*, 2013; Manuel Frondel, Jörg Peters, Colin Vance, »Identifying Rebound. Theoretical Issues and Empirical Evidence from a German Household Panel«, *RWI Discussion Papers* No. 57, Essen 2007.

29 Armin Grunwald, »Ökomodernismus ist verantwortungsethisch nicht haltbar«, in: GAIA 24 (2015) 4, S. 249-253.

gestalten sind. *Technische* Innovationen können die »große Transformation« zwar begünstigen (und tun dies auch in erheblichem Maße); solange jedoch die *soziale* Innovationsfähigkeit dahinter zurückbleibt und nicht zugleich eine *Kultur der Nachhaltigkeit* ausgebildet wird, werden alle Effizienzgewinne durch steigenden Konsum zunichtegemacht.[30] Besonders deutlich wird das Scheitern der Effizienzrevolution im Flugverkehr, wo die Effizienzsteigerungen minimal sind (und aufgrund der langen Betriebszeiten von Flugzeugen sehr langsam erfolgen), während die Nachfrage weiter wächst. Zudem muss man davon ausgehen, dass die Versuche der Effizienzsteigerung im Flugverkehr schon bald an physikalische Grenzen stoßen werden.[31]

Vor diesem Hintergrund ist es nicht erstaunlich, dass in der Nachhaltigkeitsdebatte mittlerweile ein zumindest von den Fachleuten (weniger vielleicht von der breiten Öffentlichkeit) geteilter Konsens darüber besteht, dass eine nachhaltige Entwicklung nur durch eine *Kultur der Nachhaltigkeit* möglich sein wird. Das von Claus Leggewie und Harald Welzer am Kultuwissenschaftlichen Institut (KWI) in Essen durchgeführte Projekt »Klimakulturen« hat diesen Umstand nicht nur öffentlichkeitswirksam zum Gegenstand gemacht, sondern durch zahlreiche Teilprojekte und Aktivitäten auch Wege aufgezeigt, wie eine Transformation der Kultur möglich ist.[32] Eine *Kultur der Nachhaltigkeit* – und in dieser Hinsicht ist der Begriff der »großen Transformation« sehr ernst zu nehmen – bedeutet dann aber einen epochalen Wandel, der wohl am ehesten

30 Am Beispiel des Individualverkehrs illustriert dies bspw. Stephan Rammler, *Schubumkehr. Die Zukunft der Mobilität*, Frankfurt/M. 2014. Siehe auch unten, Kap. 6.2.

31 Dies ergab auch eine Expertendiskussion im Rahmen der Projektreihe *Nachhaltige Lebenswelten* am Internationalen Zentrum für Kultur- und Technikforschung (IZKT) in Stuttgart am 27.6.2016 unter Beteiligung von Andreas Stohmayer, dem Leiter der Abteilung Flugzeugentwurf am Institut für Flugzeugbau der Universität Stuttgart.

32 Zu den wichtigsten Publikationen aus diesem Forschungskontext gehören: Claus Leggewie, Harald Welzer, *Das Ende der Welt, wie wir sie kannten. Klima, Zukunft und die Chancen der Demokratie*, Frankfurt/M. [3]2011; vgl. auch den grundlegenden Beitrag von Ludger Heidbrink, »Kultureller Wandel. Zur kulturellen Bewältigung des Klimawandels«, in: Harald Welzer, Hans-Georg Soeffner, Dana Giesecke (Hg.), *KlimaKulturen. Soziale Wirklichkeiten im Klimawandel*, Frankfurt/M., New York 2010, S. 49-64.

mit dem Übergang von der hierarchisch stratifizierten Gesellschaft der europäischen Feudalordnung zur funktional ausdifferenzierten Gesellschaft moderner, rechtsstaatlich verfasster, demokratisch geordneter Marktwirtschaften zu vergleichen ist. Der Umbau hin zu einer nachhaltigen Gesellschaft betrifft dann nicht nur die Produktionsweise, Stoffkreisläufe und Infrastrukturen, sondern auch die Gewohnheiten, die Erwartungen und die Selbstideale der Bürgerinnen und Bürgern, also die – in der treffenden Terminologie Harald Welzers – »mentalen Infrastrukturen«,[33] die impliziten Gewohnheiten und Standards in Konsum, Mobilität und Verhalten. Der Vergleich zur »Sattelzeit« (Reinhart Koselleck) des 18. Jahrhunderts wirft dann die Frage auf, ob diese Transformation revolutionär oder evolutionär, gesteuert oder emergent erfolgen wird. Um mein Projekt einer politischen Theorie nachhaltiger Lebenswelten in diesem Kontext zu verorten und die einleitend aufgerufene Herausforderung einer nachhaltigen Entwicklung präziser zu umreißen, möchte ich als Nächstes zwei Szenarien skizzieren, die zusammengenommen als Denkbild zur Konzeption des Transformationsprozesses dienen können.

1.3 Zwei Szenarien: Absturz oder weiche Landung

Vorhersagen über die Zukunft stehen in der Regel im Ruf, unwissenschaftlich zu sein. Nur in engen Teilgebieten wie der Demografie, der Klimawissenschaft oder der Epidemiologie können Modelle einen gewissen Grad an Zuverlässigkeit für sich beanspruchen, während technische Innovationen, soziale Verwerfungen oder eskalierende Konflikte und ihre Eigendynamiken nur schwer angemessen zu modellieren sind. Dies bedeutet aber nicht, dass sich die Sozialwissenschaften einer Beteiligung an der Identifikation von Zukunftsrisiken und Herausforderungen einfach enthalten können. Insbesondere die Politische Theorie bedarf auch eines »Möglichkeitssinnes« (Robert Musil), nicht nur eines Wirklichkeitssinnes. Um die Relevanz der in diesem Buch angestellten Überlegungen deutlich zu machen, reicht es, sich zwei idealtypische Szenarien vor

33 Harald Welzer, *Mentale Infrastrukturen. Wie das Wachstum in die Welt und in die Seelen kam*, Berlin 2011.

Augen zu führen, die mögliche Formen einer Transformation zu einer nachhaltig operierenden (Welt-)Gesellschaft entwerfen. Sie heißen »Absturz« und »weiche Landung« und können im Rahmen einer reflektierten Analogie veranschaulicht werden.[34] Dazu stelle man sich die Weltgesellschaft als ein fliegendes Flugzeug vor, angetrieben und abhängig von endlichen Ressourcen wie karbonen Energieträgern (Erdöl und Erdgas), Metallen, Phosphat etc. Das System funktioniert, solange »Treibstoff«, also natürliche Ressourcen, und Externalisierungsoptionen in ausreichender Menge vorhanden sind. Politische Legitimation wird hier durch Rekurs auf gesellschaftlichen Wohlstand oder dessen Wachstum hergestellt;[35] die Gesellschaft operiert im Modus »dynamischer Stabilisierung«.[36]

Wie könnte die »Landung« dieses Flugzeugs (sprich: die Transformation der Weltgesellschaft) aussehen? Hier gibt es zwei Möglichkeiten: Entweder es gelingt, während des Flugs den Verbrauch drastisch zu senken und den Treibstoff zugleich durch erneuerbare Energien zu ersetzen oder in eine Kreislaufwirtschaft zu überführen; oder aber die Ressourcen gehen zu Ende, der Treibstoff ist irgendwann verbraucht, die Motoren setzen aus und das Flugzeug stürzt ab. Die »Grenzbegriffe«[37] dieses Denkbildes wären dann eine kaum spürbare, weiche Landung einerseits und der Crash, also der Kollaps oder Teilkollaps staatlicher Strukturen andererseits, der

34 Unter dem Begriff »reflektierte Analogie« fasse ich den instrumentellen Einsatz von Analogien oder Metaphern, die die Implikationen des gewählten Denkbildes explizieren und dadurch kontrollieren. »Reflektierte Analogie« ist, insofern sie lediglich *operative* Latenzen produzieren soll, ein Gegenbegriff zu Blumenbergs Konzept der absoluten Metapher, die die Weltsicht von Akteuren unhintergehbar steuern soll. Zu diesen metapherntheoretischen Fragen vgl. auch meine Überlegungen in: Felix Heidenreich, »Der Schatten der Philosophie. Neuere Literatur zum Phänomen der Metapher«, in: *Philosophische Rundschau* 51 (2004), S. 212-233.

35 Felix Heidenreich, »Ökonomismus – eine Selbstgefährdung der Demokratie? Über Legitimation durch Wohlstand«, in: André Brodocz, Marcus Llanque, Gary S. Schaal (Hg.), *Bedrohungen der Demokratie*, Wiesbaden 2008, S. 370-384.

36 Hartmut Rosa, Beschleunigung. *Die Veränderung der Zeitstrukturen in der Moderne*, Frankfurt/M. 2005.

37 Das Konzept des »Grenzbegriffs« geht auf Kant zurück. Vgl. Johannes Haag, »Grenzbegriffe und die Antinomie der teleologischen Urteilskraft«, in: ders., Markus Wildt (Hg.), *Übergänge – diskursiv oder intuitiv? Zu Eckart Försters* Die 25 Jahre der Philosophie, Frankfurt/M. 2013, S. 141-172. In diesem Kontext ist mit »Grenzbegriff« das Ende eines möglichen Kontinuums gemeint.

durch Stürme, Dürren, Überschwemmungen, Hungersnöte, Verteilungskämpfe, Klimamigration, ja inner- oder zwischenstaatliche »Klimakriege« provoziert würde.[38]

Dieses Bild ist in der Tat suggestiv und wie jede Analogie grundsätzlich hinterfragbar. Die im Szenario des Absturzes implizierte These lautet, dass es sich bei der ökologischen und sozialen Krise der Gegenwart in entscheidender Hinsicht um die Risikostruktur der Blase handelt. Diese bezeichnet einen langsamen Aufbau des Risikos (die Luft in der Blase wird allmählich mehr; die Haut der Blase allmählich dünner) – bis es zu einer schlagartigen Auslösung des Risikofalls kommt (plötzliches Zerplatzen). Diese Risikostruktur kennen wir von Aktienbörsen oder Immobilienmärkten, wo Blasen über Jahre aufgebaut werden und in vielen Fällen innerhalb weniger Stunden oder Tage zusammenbrechen. Andere Beispiele wären Felsstürze, Erosionslawinen oder in spezifischen Fällen Wassernot.[39] Bezogen auf die Abhängigkeit von karboner Energie und anderen natürlichen Ressourcen wie Phosphat würde dies bedeuten, dass die Abhängigkeit über Jahrzehnte oder gar Jahrhunderte aufgebaut wird, die Versorgung mit diesen Ressourcen jedoch abrupt abbricht.

Das zweite Szenario, das der »weichen Landung«, operiert mit der Hoffnung, dass die Verknappung von Ressourcen und die sich aus dem Klimawandel ergebenden Probleme nicht schlagartig eskalieren, sondern sich graduell ankündigen und daher in kleinen Schritten zu einer Reaktion nötigen. Steigende Energiepreise würden nach diesem Szenario langfristig den Ausbau erneuerbarer Energien attraktiver machen, zum schonenden Umgang mit Ressourcen anleiten, in kleinen und deshalb erträglichen Schritten

38 Zu den sicherheitspolitischen Folgen des Klimawandels vgl. Harald Welzer, *Klimakriege. Wofür im 21. Jahrhundert getötet wird*, Frankfurt/M. [3]2008; Gwynne Dyer, *Schlachtfeld Erde. Klimakriege im 21. Jahrhundert*, Stuttgart 2010.

39 Durch die »systemische Verknüpfung« verschiedener Risiken kann diese Struktur zusätzlich verstärkt werden. Vgl. Ortwin Renn, *Das Risikoparadox. Warum wir uns vor dem Falschen fürchten*, Frankfurt/M. 2014. S. 327-329. Besonders deutlich ist diese Blasenstruktur des Risikos wohl im Bereich der Wasserversorgung, wenn nämlich ein Grundwasserbestand über Jahrzehnte auf intransparente Weise abgeschöpft wird und plötzlich kein Wasser mehr da ist. Anders liegt der Fall bei Speicherseen, wo der Rückgang des Wasservorrats für alle erkennbar und wo, wie in z. B. Kapstadt geschehen, der *day zero* berechenbar ist und daher vermieden werden konnte.

einen neuen Lebenswandel herbeiführen. Nur am Rande sei darauf verwiesen, dass ein solches Szenario genau dann wahrscheinlicher wird, wenn die Sensibilität, die Wahrnehmung und wissenschaftliche Erforschung der künftigen Probleme gestärkt und diese öffentlich wirksam diskutiert werden.[40]

Es ist sinnvoll, sich die theoretischen Annahmen, die den beiden Szenarien zugrunde liegen, noch einmal genauer anzusehen, denn beide basieren, so scheint es, nicht nur auf unterschiedlichen wissenschaftlichen oder empirischen Einzelannahmen, sondern auch auf konkurrierenden Weltmodellen. Die leitende Hypothese des Szenarios »Absturz« besagt, dass Prozesse – sowohl soziale als auch biologische und physikalische – eine Eigendynamik entwickeln können, die sich der Steuerung entzieht. Blasen, Kipppunkt-Effekte, Phänomene sozialer Emergenz sind gefährlich, weil in ihnen Quantität in Qualität umschlägt.[41] Entsprechende Eigendynamiken befürchten viele Klimaforscher für das Klimasystem der Erde. Zu den möglichen Effekten der Selbstverstärkung gehören der Austritt von Methangas durch das Abschmelzen der Permafrostböden, der Kollaps des Golfstroms oder die Versalzung der Ozeane.[42] Auch hier gilt: Das Problem wächst zunächst quantitativ, scheint kalkulierbar – und kippt dann plötzlich durch einen qualitativen Sprung um in eine nicht mehr revidierbare, nicht mehr kontrollierbare Eigendynamik. Gerade die Komplexität des Phänomens des Klimawandels macht daher seine Gefährlichkeit aus. Dies gilt auch für die sozialen Folgen. Wie Menschen auf einen sinkenden Grundwasserspiegel und

40 Die normative Dimension dieser Unterscheidung ist evident: Die Variante einer »weichen Landung« ist normativ wünschenswerter, alles, was zu einer »weichen Landung« beiträgt, ist wünschenswert, wohingegen alles, was den »Absturz« wahrscheinlicher macht, gefährlich ist.

41 Vgl. z. B. Malcom Gladwell, *Tipping Point. Wie kleine Dinge Großes bewirken können*, Berlin 2000.

42 Vgl. die Darstellungen in den Berichten des Intergovernmental Panel on Climate Change (IPCC). Vgl. auch die Darstellung von »Kipppunkten im Erdsystem« bei: Hans Joachim Schellnhuber, »Tipping elements in the Earth System«, in: *Proceedings of the National Acadamey of the United States of America* 106:49 (2009), S. 20561-20563. Eine kondensierte Übersicht über Kipppunkt-Effekte liefert das Umweltbundesamt: *Kipp-Punkte im Klimasystem. Welche Gefahren drohen? Hintergrundpapier*, Dessau 2008 (auch unter ⟨https://www.umweltbundesamt.de/sites/default/files/medien/publikation/long/3283.pdf⟩, letzter Zugriff am 17. 7. 2022).

Nahrungsverknappung reagieren, ist ebenso schwer vorherzusagen, wie die physikalischen Prozesse in ihrer Komplexität nur schwer modellierbar sind.[43] Aufgrund der Komplexität, der kaum zu überblickenden Interaktion der Faktoren, sind diese Systeme also nichtlinear. Festzustellen, welche Wirkungen eine Handlung zeitigt, ist enorm anspruchsvoll. Will Steffen spricht daher zu Recht von einem »wahrhaft komplexen und teuflischen Policy-Problem«.[44]

Schauen wir nun auf die Vorannahmen des Szenarios »weiche Landung«. Hier wird implizit davon ausgegangen, dass die entscheidenden Prozesse linear ablaufen und in einem noch überschaubaren Tempo. Daher seien sie sowohl kalkulierbar als auch kontrollierbar und gestatteten entsprechende Anpassungen »während des Fluges«. Die unterstellte Linearität von Prozessen lässt zudem Raum für die regulierende Kraft von Marktmechanismen. Um ein Beispiel zu nennen: Eine wachsende Knappheit von Wasser bei steigender Nachfrage führt nur dann zu höheren Wasserpreisen und steigenden Investitionen in die Wassergewinnung, wenn diese Knappheiten keine qualitativen, sondern nur quantitative Veränderungen provozieren. Die Nachfrage nach Wasser darf in diesem Szenario also wachsen, aber sie darf ihren Artikulationsmodus nicht qualitativ verändern, beispielsweise indem Präferenzen mit Waffen statt mit Geld durchgesetzt werden.

Es lässt sich leicht sehen, wie sehr diese konkurrierenden Szenarien samt den ihnen zugrunde liegenden ontologischen Annahmen die Bewertung von Marktmechanismen beeinflussen.[45] Wer kon-

43 Um dies in aller Deutlichkeit zu sagen: Die Tatsache, dass diese Modellbildung extrem anspruchsvoll ist, spricht keineswegs gegen ihre Wissenschaftlichkeit, wie die Lobby der Klimawandelleugner behauptet.

44 Will Steffen, »A Truly Complex and Diabolical Policy Problem«, in: John S. Dryzek, Richard B. Norgaard, David Schlosberg (Hg.), *The Oxford Handbook of Climate Change and Society*, Oxford 2013, S. 21-36.

45 In gewisser Weise handelt es sich bei der Konkurrenz dieser Weltsichten um eine Analogie zu jenen theologischen Debatten, die in der Spätscholastik zwischen Nominalisten und Realisten geführt wurden. Während die Nominalisten (nach dominanter Lesart) die Ungebundenheit und daher Unkalkulierbarkeit des göttlichen Willens betonten, gingen die Realisten davon aus, dass Gott das »Buch der Welt« in der Sprache der Mathematik geschrieben habe und dem Menschen eine rational verstehbare Welt zur Lektüre anbietet. Ob tatsächlich nur eine nominalistische Sicht auf die Welt den Menschen zur »Selbsterhaltung« im modernen Sinne anleitet, ist fraglich.

stante Wirkungsketten annimmt, kann darauf hoffen, dass Marktprozesse immer auf einen Mittelwert tendieren. Blasenbildungen sind aus dieser Sicht zwar unschön, aber prinzipiell nichts weiter als ruckartige Marktanpassungen. Soziale Ordnung ist aus dieser Perspektive möglich, weil soziale Interaktion auf linearen Mechanismen basiert; sie kann daher den Individuen relativ große Verhaltensspielräume lassen, weil diese wie in einem Rückkopplungssystem steuernd reagieren können. Abweichungen von der Norm sind tolerabel, weil deren allmähliche Rückanpassung an den Mittelwert zu erwarten ist. Geht man jedoch davon aus, dass soziale wie physikalische Prozesse stets Gefahr laufen, der Steuerbarkeit vollends zu entgleiten, erhöht sich die Legitimation, diesen Moment zu verhindern. Wo soziale Emergenz droht, ist soziale Steuerung nötig und legitim; Panik ist dann beispielsweise durch entsprechende Infrastrukturen systematisch zu vermeiden.[46]

Zweifelsohne finden wir in der Welt – in der physikalischen ebenso wie in der sozialen – sowohl lineare als auch nichtlineare Prozesse, die in einem Wechselverhältnis stehen. Daher kann es keine abschließende wissenschaftliche Antwort auf die Frage geben, welches Szenario wahrscheinlicher ist. Die beiden Grenzbegriffe »weiche Landung« und »Absturz« können indes verdeutlichen, warum die politiktheoretische Reflexion der nachhaltigen Entwicklung dringend geboten ist und worin ihre Aufgabe besteht: aus der Perspektive der Demokratietheorie zu einer »weichen Landung« beizutragen.

1.4 Ziel, methodische Vorbemerkungen und Struktur des Buches

Wenn die These von der Demokratieneutralität der Nachhaltigkeit falsch ist, wenn also richtig ist, dass sich vielmehr Form und Inhalt wechselseitig beeinflussen, ergeben sich zahlreiche Konsequenzen. Es ist damit zu rechnen, dass die Zielsetzung des nachhaltigen Lebenswandels sich auf die Struktur von Demokratien auswirken wird, dass neue Institutionen und Verfahren entstehen und etablierte Ordnungsvorstellungen zweifelhaft werden. Die Demokratie-

46 Ähnlich wie bei Besucherleitsystemen in Fussballstadien.

theorie steht damit vor einer enormen Herausforderung und muss Antworten auf Fragen wie die folgenden liefern: Wie kann Demokratie Nachhaltigkeit umsetzen? Welche demokratischen Verfahren, Institutionen und Leitbilder tragen dazu bei, die Umsetzung von Nachhaltigkeit wahrscheinlich zu machen? Und welche sind in dieser Hinsicht eher hinderlich? Dazu ist es jedoch nötig, dass die Demokratietheorie ihr tradiertes begriffliches Instrumentarium, das im Wesentlichen aus dem 19. Jahrhundert stammt, grundlegend überdenkt. Dies betrifft nicht nur verfassungsrechtliche Grundbegriffe wie »Souveränität« und »Legitimation«, sondern auch kulturell so fest verankerte Begriffe wie »Freiheit«.

Die erforderliche Neuausrichtung der Demokratietheorie auf Nachhaltigkeit lässt sich auf zwei verschiedene Weisen bewerkstelligen. Die *erste* besteht in der Modellierung einer »idealen Theorie« nachhaltiger Demokratie. Hier greifen allerdings sofort jene Argumente, die im Rahmen einer breiten Debatte gegen »ideale Demokratietheorien« vorgetragen wurden, zum Beispiel von Raymond Geuss, der mit seiner Polemik gegen die Weltfremdheit der normativen politischen Theorie im Gefolge Rawls' die Debatte ins Rolle gebracht hat, aber auch von Amartya Sen, der an Modellbildungen kritisiert, dass sie sich nicht für die Bedingungen ihrer Umsetzung interessieren.[47] Und gerade beim Thema »Nachhaltigkeit« besteht die Gefahr, durch die Konstruktion idealer Modelle eine Art nachhaltiges Wolkenkuckucksheim zu entwerfen, das sich nicht oder nur in außergewöhnlichen Einzelprojekten umsetzen lässt.[48] Solche »Leuchtturmprojekte«, die zeigen sollen, was möglich ist, sind aber nur dann sinnvoll, wenn die entsprechenden Lösungen auf die Gesellschaft insgesamt hochskaliert werden können.[49] Es gilt, was Honneth mit Blick auf Rawls' Gerechtigkeitstheorie gezeigt hat: Sobald nach ihrer »Umsetzung« oder »Anwendung« gefragt wird,

47 Raymond Geuss, *Philosophy and Real Politics*, Princeton 2008; Amartya Sen, *The Idea of Justice*, London 2009.

48 Hier könnte das Format der Reallabore, in denen Modellbildung und Anwendung *unmittelbar* verknüpft sind, nützlich sein.

49 Dies betrifft beispielsweise auch Modelle nachhaltiger Architektur, die aufgrund ihrer enorm teuren Hightech-Ansprüche unmöglich als Modell für alle Bewohner der OECD-Länder taugen, geschweige denn des Globus insgesamt. Die Herausforderung besteht darin – dies zeigt das von Werner Sobek entwickelte »Aktivhaus®B10« –, *skalierbare* Modelle zu entwickeln. Siehe ⟨https://www.wernersobek.com/de/projekte/b10/⟩, letzter Zugriff am 17.7.2022.

werden ideale Modelle oder Theorien genau um diejenigen Aspekte relativiert, die zuvor als ihr Abstraktionsgewinn ausgegeben wurden.[50]

Vielversprechender als der Weg der »idealen Theorie« ist eine *zweite* Herangehensweise, die dem *Sein* nicht ein abstraktes *Sollen* gegenüberstellt (ein Vorwurf, der klassischerweise gegen Kants praktische Philosophie erhoben wird), sondern vielmehr erfolgreiche Beispiele in der Wirklichkeit aufspürt und deren Erfolgsfaktoren abstrahierend herausarbeitet. Eine solche »Rekonstruktion« hat dann zwar kein vollständiges, kohärentes, in sich geschlossenes Modell zum Ergebnis, bietet jedoch einen Werkzeugkasten, gefüllt mit diversen realistischen Optionen.[51] Sie hat zudem den Vorteil, dass sie die Bedingungen ihrer Umsetzung nicht *nachträglich* einpreisen muss, sondern von Anfang an in Rechnung stellt.[52] Anders als in Honneths »normativer Rekonstruktion« oder Hans Joas' »positiver Genealogie« werde ich im Folgenden versuchen, dabei mit einem Minimum an heuristischen Voraussetzungen zu arbeiten.[53]

Ich wende mich mit meinen in diesem Buch präsentierten Überlegungen außerdem gegen die durchaus verbreitete pessimistische Sicht, die unter Hinweis auf verschiedene Merkmale von Demokratien behauptet, Demokratie und Nachhaltigkeit seien schlicht inkompatibel.[54] Demokratien könnten keine Nachhaltigkeit, so wird

50 »[...] was gegenwärtig betrieben wird, um die Mängel einer kantianischen institutionenvergessenen Gerechtigkeitstheorie zu überwinden, besteht fast immer in der hermeneutischen Rückanpassung der normativen Prinzipien an existierende Institutionengefüge oder herrschende Moralüberzeugungen, ohne daß dabei der zusätzliche Schritt unternommen würde, deren Gehalt selbst als vernünftig oder gerechtfertigt auszuweisen.« (Honneth, *Das Recht der Freiheit*, S. 16.)

51 In diesem Sinne auch: Mark E. Warren, »A Problem-Based Approach to Democratic Theory«, in: *American Political Science Review* 1 (2017), S. 39-53.

52 Charles Taylor hat an diesem Merkmal eine sehr präzise Unterscheidung zwischen Politischer Theorie und Politischer Philosophie festgemacht: Letztere interessiere sich nicht für die Bedingungen ihrer Umsetzung. In diesem Sinne handelt es sich bei der vorliegenden Arbeit ganz explizit um Politische Theorie und nicht um politische Philosophie. Vgl. Charles Taylor, »Was ohne Deutung bleibt, ist leer«, in: *Frankfurter Allgemeine Zeitung* vom 16. 1. 2016.

53 Zum Verhältnis von Konstruktion, Dekonstruktion und Rekonstruktion in der Politischen Theorie vgl. ausführlicher: Gary S. Schaal, Felix Heidenreich, *Einführung in die Politischen Theorien der Moderne*, Opladen, Toronto ^{3}2016, S. 33-36.

54 Vgl. Mark Beeson, »The Coming of Environmental Authoritarianism«, in: *Environmental Politics* 19:2 (2010), S. 276-294.

behauptet, wegen der kurzfristigen Orientierungen politischer Eliten entlang von Legislaturperioden und aufgrund eines dominanten Schemas der »Legitimation durch Wohlstand«, aber auch weil sie durch zu viele Veto-Spieler gelähmt, zu unerträglich langsamen Verfahren gezwungen und durch die Garantie individueller Freiheitsrechte, die auch klimaschädliche Formen der Selbstentfaltung schütze, gebunden seien.[55]

Diese Inkompatibilitätsthese wird in zwei Varianten vertreten. Die *erste* Variante wird von einer Bewegung vertreten, die unter dem Begriff »Survivalism« bekannt geworden ist und dafür plädiert, bestimmte demokratische Verfahrensweisen zur Stärkung der Effizienz zumindest temporär auszusetzen.[56] Die in diesem Umfeld formulierten Szenarien entfalten ein Amalgam aus Plädoyer und Prognose, beschreiben und fordern gleichermaßen ein stärker autoritäres Regieren, um das Überleben der Menschheit zu sichern. Im Hintergrund scheint dabei eine Gedankenfigur zu stehen, die aus dem Dezisionismus Carl Schmitts bekannt ist: Im Ausnahmezustand, in der akuten Gefahrensituation, ist es wichtiger, *dass* gehandelt wird, als *was* getan wird. Da die ökologische Krise auf diesen Punkt zusteuere, sei damit zu rechnen, dass früher oder später ein solcher Aufstieg autoritärer Regime beginnen werde. Diese erste Variante würde auf einen »harten Autoritarismus« hinauslaufen – mit kompromisslosen Grenzregimen, erzwungenen Impfungen, strikter Rationierung von Versorgungsgütern und präemptiver Umsiedlung potenzieller Flutopfer (inklusive ihrer Zwangsenteignung).[57]

Die *zweite* Variante ist weicher und lässt sich als »postdemo-

55 Diese These findet sich ganz explizit in den Statements der expertokratisch ausgerichteten Regierungen Singapurs und der Volksrepublik China. Vgl. hierzu die Analyse in: Stephan Ortmann, Mark R. Thompson, »China and the ›Singapore Model‹«, in: *Journal of Democracy* 27:1 (2016), S. 39-48.

56 Eine ausführliche Darstellung des Survivalism bietet John S. Dryzek, *The Politics of the Earth. Environmental Discourses*, Oxford [2]2005, S. 27-50.

57 Völlig unrealistisch sind diese Szenarien keineswegs, wie man an den Resilienzplänen der Niederlande sehen kann. Regelmäßig aktualisierte Berichte über die Maßnahmen der niederländischen Regierung stellt das Zentrum für Niederlande-Studien der Westfälischen Wilhelms-Universität Münster bereit, siehe ⟨https://www.uni-muenster.de/NiederlandeNet/⟩, letzter Zugriff am 17. 7. 2022. Über den Stand der Umsetzung des Energy and Climate Change Action Plan des US-Bundesstaates Florida informiert systematisch das Georgetown Climate Center, siehe ⟨www.georgetownclimate.org⟩, letzter Zugriff am 17. 7. 2022.

kratisch« bezeichnen. Unter »Postdemokratie« versteht man in der Regel die Aushöhlung formal funktionierender demokratischer Institutionen durch eine primär *ökonomische* Elitenherrschaft.[58] Nach dieser Lesart sind es schon jetzt die großen Konzerne, die »institutionellen Anleger« (also große Investmentfonds und Versicherungsgesellschaften) sowie parademokratische Institutionen wie etwa die Weltbank, die die Demokratien steuern, ohne dass dies durchweg transparent würde. Daher ist in dieser Variante mit einer Ausweitung »weicher« Expertenherrschaft, mit sanfter Expertokratie zu rechnen, die sich eher nicht in spürbarer exekutiver Autoritätsausübung äußert (inklusive der Einschränkung von Bürgerrechten), sondern vielmehr Formen der weichen Steuerung annimmt, vor allem aber der verstärkten Input-Kanalisierung. Demokratische Wahlen werden dann darüber entscheiden, *wer* die Weisungen von Expertengremien, Kommissionen und Beiräten umsetzt, nicht so sehr, *ob* man es tut. Während der »harte Autoritarismus« eine Art erkennbare Ökodiktatur darstellen könnte, würde diese Variante einer schleichenden Entdemokratisierung vor allem mit technisch-wissenschaftlicher Legitimation arbeiten. Diese oder jene Maßnahme, Verhaltens-, Ernährungs- oder Arbeitsweise ist dann eben »alternativlos« und wird mehr oder weniger unauffällig anempfohlen oder anerzogen.[59]

Ziel dieses Buches ist die Entwicklung einer Alternative zu diesen beiden Varianten, das heißt einer *dritten* Variante, die zeigt, unter welchen Bedingungen die Transformation zu einem nachhaltigen Wirtschaften die Demokratie in der Tat transformiert, dabei aber die Qualitätsansprüche an Demokratie erhöht und nicht absenkt. Zu diesen Bedingungen gehört zwingend die Beteiligung der Bürgerinnen und Bürger und sie impliziert die Demokratisierung von gesellschaftlichen Bereichen, die bisher demokratischer Kontrolle entzogen waren, wie in Kapitel 6 deutlich werden wird. Eine solche Weiterentwicklung von Demokratie durch das Ziel der Nachhaltigkeit hat jedoch bestimmte Voraussetzungen, die neue normative, institutionelle und konzeptionelle Fragen aufwerfen. Deren ausführliche Diskussion (Kapitel 4) soll den Blick für jene

58 So bei Colin Crouch, *Postdemokratie*, Frankfurt/M. 2008.

59 So entfaltet beispielsweise Harald Welzer die Dystopie eines digital aufgerüsteten Nanny-State: Harald Welzer, *Die smarte Diktatur. Der Angriff auf unsere Freiheit*, Frankfurt/M. 2017.

Prozesse schärfen, an denen sich beobachten lässt, wann die Herausforderung der Nachhaltigkeit und die sich bereits ankündigende Ressourcenverknappung *katalytisch* auf positive Tendenzen in der Demokratieentwicklung wirken. Dazu werde ich die breiten und ausdifferenzierten Debatten der Politischen Theorie mit jenen Diskursen und Praktiken in Verbindung setzen, die in der globalen Nachhaltigkeitsbewegung zu finden sind (Kapitel 5.5).

Die Frage, warum trotz wachsenden Bewusstseins die Transformation hin zu einer nachhaltigen Gesellschaft so langsam vonstattengeht, ja in manchen Bereichen gar nicht abzusehen ist, hat die Sozialwissenschaften seit den 1970er Jahren beschäftigt. Das diesbezügliche *value-action gap* betrifft hier nicht mehr nur Individuen, sondern ganze Gesellschaften. In Kapitel 2 werde ich zunächst fünf idealtypisch zugespitzte Antworten auf diese Frage rekapitulieren: eine *philosophische*, die auf eine »Fernstenethik« (Hans Jonas) abhebt (2.1), eine *systemtheoretische*, die die Differenz zwischen gegebenem Problembewusstsein und nicht gegebener Handlungsbereitschaft mit der funktionalen Ausdifferenzierung moderner Gesellschaften erklärt (2.2), eine *spieltheoretische*, die das Problem der Nachhaltigkeit aus der Perspektive der Theorie der rationalen Wahl als ein Exempel des Gefangenendilemmas konzipiert (2.3), eine *sozialpsychologische*, die den Blick auf teils unbewusste gewohnheitsmäßige Verhaltensmuster lenkt (2.4), und schließlich eine im weiten Sinne *ideologiekritische*, die auf gesellschaftliche Blockaden hinweist, die unter anderem auf das Konto des expressiven Individualismus gehen (2.5).

Im Anschluss daran werde ich in Kapitel 3 einen synthetisierenden Vorschlag unterbreiten, der mittels des Begriffs einer *nachhaltigen Lebenswelt* das Zusammenspiel von Akteur, Anreizstruktur und Kultur nachvollziehbar machen soll. In Abgrenzung zu den in der Philosophie und in den Sozialwissenschaften üblichen Verwendungsweisen von »Lebenswelt« – bei Edmund Husserl und Hans Blumenberg einerseits, bei Alfred Schütz und Jürgen Habermas andererseits (3.1.) – soll der Begriff hier die Wechselwirkung zwischen Akteur und soziotechnischem System konzeptualisieren, die anhand dreier Schlüsseltexte von Denis Diderot, Günther Anders und Bruno Latour veranschaulicht wird (3.2). Die entscheidende Pointe dieser Begriffsbildung besteht darin, die Vorstellung von einem neutralen Staat, der die Frage nach dem guten Leben in die private Verfügung der Bürgerinnen und Bürger entlassen kann, als unplausibel auszuweisen (3.3) und die Grenzen des liberalen Paradigmas im Kontext der Nachhaltigkeitsfrage aufzuzeigen.

Um diese Grenzen jedoch exakt ziehen zu können, werde ich in Kapitel 4 zwei demokratietheoretische Großparadigmen auf ihre Eignung hin prüfen, die »große Transformation« zu einer nachhaltigen Gesellschaftsordnung zu bewerkstelligen. Dazu werde ich zunächst die Leitunterscheidung von liberalen und republikanischen politischen Ordnungsvorstellungen rekonstruieren (4.1) und Argumente vortragen, die zu dem Ergebnis führen, dass die republikanische Grundintuition die besseren Karten hat. Auf der Basis einer Differenzierung zwischen statischem und dynamischem Republikanismus lässt sich dann deutlich machen, unter welchen Umständen nachhaltige Lebenswelten durch republikanische und deliberative Mechanismen einer kollektiven Selbstbindung gestaltbar werden (4.2).

Der Umriss eines *Republikanismus der Nachhaltigkeit* muss jedoch auch auf seine Aporien hin befragt werden. Das geschieht in Kapitel 5. Zu den zentralen Elementen dieser Perspektive gehört eine Neudeutung des Begriffs der Freiheit (5.1), die, um nachhaltig zu sein, auf die Qualität, nicht die Quantität von Optionen zielen muss. In einer Auseinandersetzung mit verschiedenen Fassungen des Freiheitsbegriffs werde ich zeigen, inwiefern sich Freiheitsideale bereits heute verändern und eine Konzeption republikanischer Freiheit präsentieren, die bereits gelebte Praxis ist. Im Anschluss daran widme ich mich dem Verhältnis von Wahrheit und Demokratie und der Frage, wie sich das konflikthafte Verhältnis zwischen Bürgern und Expertinnen institutionell so gestalten lässt, dass eine fruchtbare Dynamik entsteht (5.2). Danach diskutiere ich verschiedene institutionelle Settings zur Bearbeitung des Zielkonflikts zwischen *quality* und *equality* (5.3) und setze die daraus gewonnenen Erkenntnisse abschließend erneut in Bezug zum normativen Ideenhaushalt des Republikanismus (5.4).

In Kapitel 6 werde ich dann anhand von drei Politikfeldern durchexerzieren, welche Konsequenzen die eingenommene Perspektive entfalten kann. In den Themengebieten der Konsumentendemokratie (6.1), der Mobilitätspolitik (6.2) und bezogen auf den Prozess der Digitalisierung (6.3) wirft die Theorie nachhaltiger Lebenswelten neues Licht auf aktuelle Fragen. Auf allen drei Policy-Feldern soll anhand erfolgreicher Projekte rekonstruiert werden, wie nachhaltige Demokratie gelingen kann und inwiefern die Perspektive des Republikanismus der Nachhaltigkeit dazu beiträgt, Probleme und Zielkonflikte in einer spezifischen Art und Weise zu beschreiben.

Das abschließende Kapitel 7 wird die Ergebnisse zusammenfassen und in der Form eines Ausblicks skizzieren, welche weiteren Forschungsfelder sich aus der in diesem Buch entwickelten Perspektive ergeben. Zudem werden die erarbeiteten Resultate zu möglichen Positionen in der Frage nach der Zukunft der Demokratie ins Verhältnis gesetzt. Dabei ist unter anderem wichtig, dass die Analysen dieses Buches ein neues Licht auf die Ambivalenz des Nachhaltigkeitsbegriffs werfen, der dazu dienen kann, politische Entscheidungen durch Verweis auf Sachzwänge zu entpolitisieren (7.1). Zum anderen ist eine Demokratie der Nachhaltigkeit als *Gouvernementalität der Nachhaltigkeit* auch daraufhin zu untersuchen, inwiefern sie Bürgerinnen und Bürger auf spezifische Weise »subjektiviert« und welche Machtbeziehungen in ihr wirken (7.2). Vor dem Hintergrund einer unbestreitbaren Krise der liberalen Demokratien, die von Populismus, neuem Nationalismus, autoritärem Denken und einer Sehnsucht nach einfachen Lösungen heimgesucht werden, wird abschließend die Frage nach der Nachhaltigkeit der Demokratie aufgeworfen. Was bedeutet es für unser Verständnis von Demokratie, wenn wir diese nicht nur als Mittel zur Gewinnung von Nachhaltigkeit, sondern auch als nachhaltig schützenswertes Gebilde verstehen (7.3)?

2
Warum geschieht so wenig? Fünf idealtypische Antworten

Längst ist der Nachhaltigkeitsdiskurs in der breiteren Öffentlichkeit fest etabliert und wird durch viele staatliche, nichtstaatliche und parastaatliche Institutionen, NGOs, Nachhaltigkeitsbeiräte (wie den Rat für Nachhaltige Entwicklung [RNE] in Deutschland), aber auch durch politische Stiftungen und von der Politik selbst vorangetrieben. In großer Zahl benutzen Zeitschriften, Fernsehsender und Bürgerbeteiligungsformate das Wort »Nachhaltigkeit« werbewirksam in ihren Selbstdarstellungen. Und auch im wissenschaftlichen Feld werden die möglichen Konsequenzen einer Transformation zu einer nachhaltigen Gesellschaft intensiv diskutiert, insbesondere im Rahmen der Debatte um die »Transformationswissenschaft«.[1] Es handelt sich also um einen beinahe unüberschaubaren Diskurs, den ich in diesem Kapitel ein wenig entwirren möchte, indem ich fünf idealtypische Antworten herausarbeite, und zwar auf die Frage, warum angesichts der sich anbahnenden ökologischen Krise so wenig geschieht und wie man das ändern könnte. Meine Rekonstruktion zielt in keiner Hinsicht auf Vollständigkeit, zumal die Debatten in den jeweiligen nationalstaatlich verfassten Öffentlichkeiten unter je spezifischen Bedingungen stattfinden, sondern auf systematische Nützlichkeit. Sie soll ein geordnetes Spektrum an Problembeschreibungen und daraus resultierenden Handlungsoptionen präparieren und zugleich die entsprechenden Ansätze auf ihre Plausibilität prüfen.

1 Hierzu einschlägig: Uwe Schneidewind, Mandy Singer-Brodowski, *Transformative Wissenschaft. Klimawandel im deutschen Wissenschafts- und Hochschulsystem*, Marburg 2013.

2.1 Antwort 1: Fernstenethik als Moral für die technisierte Welt (Jonas)

Ein erster Typus von Ansätzen interpretiert die ökologische Krise der Gegenwart als Ausdruck einer *moralischen* Krise.[2] Sie liege darin begründet, dass in den hochentwickelten Gesellschaften der Gegenwart die technischen Möglichkeiten, das Niveau sozialer Komplexität und die ethischen Leitvorstellungen nicht mehr zusammenpassen. Paradigmatisch formuliert wird diese These von Hans Jonas in seinem berühmten Werk *Das Prinzip Verantwortung* von 1979, das international bis heute eine herausragende Wirkung entfaltet.[3]

Die historische Diagnose, die Jonas in diesem Buch formuliert, lautet, dass es gegenwärtig (das heißt: Mitte des 20. Jahrhunderts) im Wesentlichen zwei Moralkonzeptionen gibt, die mit Blick auf die aktuellen Problemlagen gleichermaßen unbefriedigend bleiben.[4] Das ist zum einen die Nächstenethik tribal organisierter Gesellschaften, welche die Verantwortung auf jene Personen bezieht, die dem Handelnden bekannt oder direkt präsent sind. Der Aufruf,

2 Die Differenz von Ethik und Moral kann hier nicht ausführlich diskutiert werden. Anders als Luhmann, der Ethik als Reflexion von Moral konzipiert, wird im Folgenden die klassischere Begrifflichkeit zugrunde gelegt, wonach die Ethik im Sinne Aristoteles' *teleologisch* nach der Form des »guten Lebens« fragt, während die Moral im Sinne Kants die *deontologischen* Pflichten thematisiert, zu denen wir als Mensch gegenüber anderen Menschen verpflichtet sind, und zwar unabhängig von Traditionen oder historisch gewachsenen Sitten.

3 Vor allem in Frankreich hat seit einigen Jahren eine breite Diskussion über Jonas eingesetzt. Vgl. z. B. die Beiträge in Catherine Larrère, Eric Pommier (Hg.), *L'éthique de la vie chez Hans Jonas*, Paris 2013. Eine (wenn auch nicht sehr systematische) Aufarbeitung der englischsprachigen Jonas-Rezeption leistet Theresa Morris, *Hans Jonas's Ethic of Responsibility. From Ontology to Ecology*, New York 2013. Zur deutschen Debatte vgl. Dietrich Böhler (Hg.), *Ethik für die Zukunft. Im Diskurs mit Hans Jonas*, München 1994; Eva Buddeberg, »Verantwortung nach Hans Jonas: Prinzip, Diskurs und politische Institutionen«, in: Jürgen Nielsen-Sikora, John-Stewart Gordon (Hg.), *Hans Jonas. Zur Diskussion seiner Denkwege*, Berlin 2017, S. 231-255.

4 Hans Jonas, *Das Prinzip Verantwortung. Versuch einer Ethik für die technologische Zivilisation*, Frankfurt/M. 1979, S. 222-233.

gegenüber dem Nächsten gut zu handeln oder die eigene *polis* auch unter Einsatz des eigenen Lebens gegen äußere Feinde tapfer zu verteidigen, ist jedoch nur unter der Bedingung linearer, übersichtlicher, ja »anschaulicher« Kausalketten erfolgversprechend. Der Handelnde muss den Nächsten sehen, auf ihn einwirken können (in der neutestamentlichen Variante einer Nächstenethik); er muss wissen, wer Feind und wer Freund ist und welche Tugendvorstellungen in seiner Gemeinschaft gelten (in der Aristotelischen Variante einer Nächstenethik). Diese Bedingung ist in hochkomplexen modernen Gesellschaften nicht mehr gegeben. Sowohl die christliche als auch auf Aristoteles zurückgehende antike Tugendethik können folglich nur unter vormodernen Bedingungen als Skript sozialer Koordination dienen, so Jonas.

Die zweite Moralkonzeption im Angebot ist die Prinzipienethik, die laut Jonas in Reaktion auf gewisse Schwächen der Nächstenethik entstanden ist. Wenn in Platons *Politeia* unklar wird, was genau es heißt, *jedem das Seine* zu geben, müssen Ideen, abstrakte Prinzipien an die Stelle einer intuitiv verfahrenden Nächstenethik rücken. Gerechtigkeit besteht dann darin, der Idee des Guten entsprechend zu verfahren und dafür auch negative praktische Folgen in Kauf zu nehmen, also beispielsweise einen Justizirrtum zu ertragen, wie es Sokrates in der literarischen Inszenierung durch Platon in der *Apologie* und den Dialogen *Kriton* und *Phaidon* vorlebt. Dass Cicero den Begriff der Pflicht (*officium*) unter den Bedingungen eines komplexer werdenden römischen Imperiums einführt, kann Jonas zufolge ebenfalls als Indiz dafür gelesen werden, dass vor allem die Zunahme an sozialer Komplexität die Umstellung von einer folgenzentrierten Nächstenethik auf eine die Folgen tendenziell ignorierende Prinzipienethik nötig macht. Kants praktische Philosophie stellt nach Jonas den modernen Idealtypus einer solchen Prinzipienethik dar, die ganz explizit den Blick auf die unübersichtlichen empirischen Verhältnisse verweigert, stattdessen *kategorisch* argumentiert und daher die Folgen des eigenen Handelns nur bezogen auf die ethischen Prinzipien berücksichtigen muss. Dass Kant in seiner Replik auf Benjamin Constant »Über ein vermeintes Recht aus Menschenliebe zu lügen« vorschlägt, lieber die »Menschheit überhaupt« zu retten (indem man unter allen Umständen die Wahrheit sagt) als einen einzelnen Menschen (indem man lügt), kann nach den historischen Erfahrungen des 20. Jahrhunderts nur als Indiz für die Schwierigkeiten einer Prinzipienethik gedeutet werden.[5]

Jonas schlägt vor diesem Hintergrund eine Art Synthese aus folgenprüfender Nächstenethik und universalistischer Moral vor, die er *Fernverantwortung* beziehungsweise *Fernstenethik* nennt. Die Fernstenethik ist universalistisch, insofern sie die Menschheit als Ganzes im Auge hat, und sie ist eine Verantwortungsethik, insofern sie die konkreten, empirischen Folgen für die lebenden und künftig lebenden Menschen (nicht für die »Menschheit überhaupt«) im Auge behält. Gerade was die empirischen Folgen des menschlichen Handelns betrifft, hat die moralphilosophische Perspektive eine stark zeitdiagnostische Ausrichtung: Die Tragödie besteht darin, so Jonas, dass wir die Folgen unseres Handelns in vielen Fällen nicht oder nur unzureichend überschauen. Für Jonas war es vor allem die Kernenergie, an der sich zeigt, dass in modernen Hochtechnologiegesellschaften der Zusammenhang zwischen Handlung und Handlungsfolge(n) zeitlich und räumlich ins Unüberschaubare entgrenzt ist. Ähnliches lässt aber auch über klimabezogenes Handeln sagen.

Im Rahmen seiner Verantwortungsethik entwickelt Jonas einen neuen, für die »technologische Zivilisation« adaptierten kategorischen Imperativ, der zur Fernverantwortung anleiten soll. Er lautet: »Handle so, daß die Wirkungen deiner Handlung verträglich sind mit der Permanenz echten menschlichen Lebens auf Erden!«[6] Unklar bleibt indes, an wen genau sich dieser Imperativ richtet.[7] In der Tat wechselt Jonas oft zwischen einem »Ich« und einem »Wir« der Verantwortung. Sein neuer kategorischer Imperativ richtet sich rein grammatisch zwar an ein einzelnes Subjekt, aber Jonas schreibt: »Es ist ferner offensichtlich, daß der neue Imperativ sich viel mehr an öffentliche Politik als an privates Verhalten richtet, welches letztere nicht die kausale Dimension ist, auf die er anwendbar ist.«[8] Die ausführliche Diskussion des »Staatsmanns« im dritten Kapitel

5 Immanuel Kant, »Über ein vermeintes Recht aus Menschenliebe zu lügen«, AA VIII, S. 423-430.

6 Jonas, *Das Prinzip Verantwortung*, S. 36.

7 Eva Buddeberg kommt in ihrer Analyse zu dem Schluss, Jonas' Theorie sage »letztlich gar nichts« zu der Frage, wer genau als verantwortliches Subjekt angesprochen werde, das Individuum, die politische Gemeinschaft oder die Menschheit (Buddeberg, »Verantwortung nach Hans Jonas«, S. 242).

8 Jonas, *Das Prinzip Verantwortung*, S. 37.

von *Das Prinzip Verantwortung* legt nahe, dass sich Jonas an verantwortliche Politiker richtet.[9] Mögliche politische und institutionelle Konsequenzen deutet er lediglich an, ohne sie wirklich zu entfalten.

Ich habe bereits auf die enorme Wirkung hingewiesen, die Jonas' Überlegungen bis heute entfalten. Seine moralphilosophische Perspektive prägt insbesondere eine Strömung des aktuellen Nachhaltigkeitsdiskurses, deren international bekanntester Vertreter der Philosoph Vittorio Hösle ist. Hösle appelliert nicht nur seit den 1980er Jahren an die individuelle Verantwortung – beispielsweise in seinen stark rezipierten *Moskauer Vorlesungen* – und wirbt für eine Suffizienzrevolution, die vor allem durch die Zügelung der Bedürfnisse der Individuen angestoßen werden soll, wobei in diesem Zusammenhang die Auseinandersetzung mit Hans Jonas eine zentrale Rolle spielt.[10] Er zieht auch explizit die politiktheoretische Konsequenz aus einer moralphilosophischen Perspektive auf die Nachhaltigkeitsfrage, indem er Politik und Moral entgegen ihrer Ausdifferenzierung zu Beginn der Neuzeit wieder zusammenführen will und für eine Remoralisierung der Politik wirbt.[11]

Es ist vielleicht kein Zufall, dass diese Perspektive bei Philosophen wie Vittorio Hösle oder auch Robert Spaemann oft im Kontext religiöser Überzeugungen diskutiert wird. Im Nachhaltigkeitsdiskurs werden Appelle an die individuelle Verantwortung (gegenüber dem Nächsten, den Fernsten aber auch der Natur selbst) nicht selten von Vertretern von Religionsgemeinschaften formuliert. Diese Absender machen die Appelle an sich weder illegitim noch sinnlos, könnten jedoch ein Indiz dafür sein, dass gewisse theoretische Vorentscheidungen nötig sind, um eine solche Perspektive plausibel erscheinen zu lassen. Die zentrale Voraussetzung

9 Ebd., S. 184-198. In diese Richtung deutet auch seine Rede von der »Staatskunst«, ebd., S. 214 ff.

10 Vittorio Hösle, *Philosophie der ökologischen Krise. Moskauer Vorträge*, München 1994; ders., »Ontologie und Ethik bei Hans Jonas«, in: Böhler, Dietrich (Hg.), *Ethik für die Zukunft*, S. 105-125. Siehe auch: Viana C. Wellistiny, *Das Prinzip Verantwortung von Hans Jonas aus der Perspektive des objektiven Idealismus der Intersubjektivität von Vittorio Hösle*, Würzburg 2010.

11 Vittorio Hösle, *Moral und Politik. Grundlagen einer politischen Ethik für das 21. Jahrhundert*, München 1997. Hösle knüpft hierbei an MacIntyres Moderne-Theorie an. Siehe Alasdair MacIntyre, *Der Verlust der Tugend. Zur moralischen Krise der Gegenwart*, Frankfurt/M. 1995.

betrifft die Handlungs- und Wirkungsfähigkeit des Einzelnen. Jonas, Spaemann, Hösle und die anderen Theoretiker einer genuin *moralischen* Lesart des Nachhaltigkeitsproblems setzen voraus, dass Subjekte vor halbwegs transparenten, das heißt in ihren Konsequenzen überschaubaren Handlungsoptionen stehen, unter denen sie frei wählen können, sich dann aber womöglich aus Willensschwäche für die falsche entscheiden.[12] In der Soziologie spricht man diesbezüglich von einem *value-action gap* – einem Auseinanderklaffen von Wertvorstellung und Handlung.[13] Eine zentrale Aufgabe der Philosophie besteht dann beispielsweise nach Hösle nicht nur in der Entwicklung überzeugender Theorien, sondern auch in der Formulierung konkreter Umsetzungsvorschläge für »gerechte Politik«. Nur durch die Klärung dieser philosophischen Fragen könne »die Politik« ihre »wichtigtuerische Hilflosigkeit«[14] überwinden. Der appellative Charakter, den die Philosophie dann annimmt, wird deutlich, wenn Hösle auf die selbstgestellte Frage antwortet: »Was also tun? Wenig. Der Mensch muß lernen, viel zu unterlassen, Geduld zu üben und auf alle Anzeichen der Bildung des neuen, möglichst universellen Ehos zu achten, in dem sich vielleicht die meisten tradierten Sittlichkeiten, hoffentlich auch diejenige der Moderne, wiederentdecken können.«[15]

Nun ist es zweifelos richtig, dass der Widerspruch zwischen Werthaltung und Handlung ein zentrales Problem darstellt. Und Moralappelle haben durchaus eine soziale Funktion. Die Schwierigkeit mit dieser Sicht der Dinge ist also nicht, dass ihre Problembeschreibung abwegig ist und/oder ihr Lösungsvorschlag naiv. Problematisch sind die zugrunde liegenden Annahmen bezüglich der handelnden Subjekte. Wie anspruchsvoll diese sind, wird besonders deutlich, wenn man den moralphilosophischen Ansatz durch die Brille derjenigen soziologischen Theorie betrachtet, die eine solche akteurszentrierte Perspektive als »alteuropäisch« zurückgewiesen

12 Bei allen drei hier genannten Philosophen steht, so scheint mir, letztlich ein Begriff der Sünde im Hintergrund. Eine politische Theorie nachhaltiger Lebenswelten versucht hingegen durch Ökoroutinen ein solches Szenario der existenziellen Entscheidung zu überwinden.

13 Vgl. z. B. James Cohen, Mark Murphy, *Exploring Sustainable Consumption. Environmental Policy and the Social Sciences*, Oxford 2001.

14 Hösle, Vittorio, *Moral und Politik*, S. 14.

15 Ebd., S. 765.

hat: der Systemtheorie (siehe unten, 2.2). Dass moralische Appelle oft nicht fruchten, legt jedenfalls nahe, dass die Annahmen zu anspruchsvoll sind, dass also manche Vertreter der Moralphilosophie systematisch die Handlungsfähigkeit einzelner Subjekte – ihre Übersicht, ihre Freiheit – überschätzen.

Ein weiteres Problem von Jonas' Philosophie der Fernstenethik ist ihr Zeitindex. Jonas ging nämlich davon aus, dass die zentrale Herausforderung für die Moralphilosophie im 21. Jahrhundert darin bestehen würde, die Intransparenz des Verhältnisses zwischen Handlung und Handlungsfolge(n) zu kompensieren. Aus seiner Sicht war für die »technologische Zivilisation« vor allem charakteristisch, dass in ihr die einzelnen Akteure die Fernwirkungen ihres Handelns nicht vollständig überschauen können: Sie überblicken nicht, welche sowohl räumlich als auch zeitlich entfernten Wirkungen beispielsweise eine von ihnen an einem bestimmten Ort zu einer bestimmten Zeit getätigte Kaufentscheidung nach sich ziehen kann. Ich werde (in Kapitel 3 und 5) noch ausführlicher auf diese Zusammenhänge eingehen, will aber hier schon festhalten, dass sich diese Zeitdiagnose Jonas' mittlerweile mehr oder weniger überlebt hat, vor allem durch die Digitalisierung. Es ist im Grunde genau das Gegenteil von dem eingetreten, was Jonas befürchtete: Technik – und vor allem die Informationstechnik – macht im 21. Jahrhundert den Zusammenhang zwischen Handlung und Handlungsfolge wieder ein Stück weit transparenter. In Sekundenschnelle lässt sich der CO_2-Ausstoß des Urlaubsfluges berechnen (und gegebenenfalls sogar kompensieren), mit wenigen Klicks können wir uns über die Herkunft und Herstellungsbedingungen von Produkten informieren. Ökobilanzen und Wirkungsanalysen waren noch nie so leicht zu erstellen und zu verbreiten wie heute.[16]

Allerdings ist unschwer zu sehen, dass derartige Transparenzgewinne unter den herrschenden Bedingungen großer Komplexität nur auf kooperativer Basis zu erreichen sind – als gemeinsame Anstrengung zahlreicher gesellschaftlicher Akteure, nicht aber als individuelles Projekt. Es bedarf also entsprechender Strukturen, Institutionen und politischer Setzungen, die Kooperationen im Sinne der Nachhaltigkeit ermöglichen und fördern. Eine auf das Individuum fokussierte Moralphilosophie, die sich darauf be-

16 Dazu mehr in Kap. 6.3.

schränkt, die Überwindung der Willensschwäche zu fordern und an die individuelle Verantwortung zu appellieren, kann hier wenig beitragen.[17] Denn auch wenn moralische Infrastrukturen für den Aufbau nachhaltiger Lebenswelten unverzichtbar sind: Nachhaltigkeit lässt sich nicht allein durch Moralisierung der individuellen Lebensführung herstellen. Jonas' Verantwortungsethik ist aus meiner Sicht nur dann zu retten, wenn sie zu einer Theorie politischer Institutionen weiterentwickelt oder um eine solche ergänzt wird und wenn jene Aspekte seines Werkes akzentuiert werden, die über eine individualethische Perspektive hinausweisen.[18]

2.2 Antwort 2: Ausdifferenzierung und Umweltwahrnehmung (Luhmann)

»Die verbreitete Neigung, in dieser Lage ›Verantwortung‹ anzumahnen, kann nur als Verzweiflungsgeste beobachtet werden«,[19] schreibt Niklas Luhmann in erkennbarer Anspielung auf Hans Jonas' Bestseller *Das Prinzip Verantwortung*. Was aber macht aus Sicht Luhmanns »diese Lage« aus, in der wir uns befinden? 1986 geht Luhmann in *Ökologische Kommunikation* von der Beobachtung aus, dass über ökologische Probleme zwar sehr viel kommuniziert wird, zugleich jedoch augenscheinlich sehr wenig geschieht.[20] Die These von der funktionalen Ausdifferenzierung moderner Gesellschaften dient ihm als Erklärung dafür, dass die Umweltproblematik gleichzeitig zu viel und zu wenig Resonanz in der Gesellschaft auslöst: zu viel, blickt man auf die apokalyptischen Szenarien, die in der Öffentlichkeit kursieren, zu wenig hingegen, was konkrete Reaktionen angeht. So entsteht nach Luhmann im politischen System *loose talk*, leeres Gerede, das nicht in konkrete, kollektiv bindende Entscheidungen umgesetzt werden müsse. Denn über Erfolg oder Nichterfolg von Personen oder Programmen werde in den verschie-

17 Jonas' Buch enthält hier nur vage Andeutungen.

18 Nach Hösle setzt das allerdings eine Transzendenz der Moral voraus.

19 Niklas Luhmann, *Die Gesellschaft der Gesellschaft*, Frankfurt/M. 1997, S. 133.

20 Niklas Luhmann, *Ökologische Kommunikation, Kann die moderne Gesellschaft sich auf ökologische Gefährdungen einstellen?*, Wiesbaden 1990.

denen Funktionssystemen nach ganz unterschiedlichen Kriterien entschieden. Politiker zielen auf Wahlen, Unternehmer auf Gewinne, Forscher auf Erkenntnisse. Die »Umwelt« aber sei stumm und nicht imstande, ihre Interessen selbst vorzubringen.

Luhmanns prononciert staatsskeptische Perspektive wird bereits Mitte der 1980er Jahre in seinen Schriften erkennbar. In Abgrenzung zum Planungsoptimismus des Jahrzehnts zuvor sieht er den Staat nur noch als Adresse von Steuerungs*fiktionen*.[21] In einer berühmten Auseinandersetzung mit Fritz W. Scharpf erläutert er dann seine Sicht ausführlicher und begründet seine Verabschiedung vom Begriff der Steuerung. Aufgrund der funktionalen Ausdifferenzierung könnten sich Funktionssysteme bestenfalls gegenseitig »irritieren«, nie aber »steuern«. Wie Luhmann in der aus dem Nachlass edierten Monografie *Die Politik der Gesellschaft* genauer ausführt, sei das politische System zwar in der Lage, dem Wirtschaftssystem durch Besteuerungen oder Konjunkturprogramme irritierende Impulse zu setzen, es könne aber keinesfalls erfolgreich antizipieren, wie in der Wirtschaft auf entsprechende Interventionen reagiert werden wird.[22]

Entsprechend ergibt sich auch bezüglich der Nachhaltigkeitsproblematik für die Systemtheorie eine fatalistische Diagnose, die die funktionale Differenzierung zum Grund für eine gewisse Blindheit gegenüber dem Thema erklärte: Weil alle Funktionssysteme nur die eigenen Umwelten wahrnehmen und nur die eigene Systemzukunft berücksichtigen können, kann es keinen »Plan« und keine Zielvorgaben für die Gesellschaft als Ganzes geben – und folglich auch keine Nachhaltigkeitspolitik.

Die breite Rezeption Luhmanns in der Politischen Theorie, die vor allem durch die Publikation von *Die Politik der Gesellschaft* im

21 Besonders heftig fällt diese Polemik in *Die Wirtschaft der Gesellschaft* aus, wo er dem Thema ein eigenes Kapitel widmet: Niklas Luhmann, *Die Wirtschaft der Gesellschaft*, Frankfurt/M. 1988, Kap. 10, »Grenzen der Steuerung«, S. 324-349. Bereits der erste Satz dieses Kapitels enthält die zentrale These: »Gesellschaftspolitisch hat der Begriff der Steuerung *noch immer* Konjunktur.« (Ebd., S. 324; meine Hervorh., F. H.) Luhmann versucht zu zeigen, dass es sich dabei um einen semantischen Überhang handelt, der »von alteuropäischen Reminiszenzen« (ebd., S. 336) zehrt.

22 Niklas Luhmann, *Die Politik der Gesellschaft*, Frankfurt/M. 2000, S. 382-384. Zur Scharpf-Luhmann-Debatte vgl. Fritz W. Scharpf, »Politische Steuerung und politische Institutionen«, in: *Politische Vierteljahresschrift* 30:1 (1989), S. 10-22.

Jahr 2000 neue Nahrung erhielt, hat in verschiedenen Varianten Einsprüche gegen diese systemtheoretische Verabschiedung der Politik hervorgebracht.[23] Den Staat und dessen Steuerungsfähigkeit zu einer systemnotwendigen Fiktion zu erklären, erschien vielen schon allein aus Gründen des System- und Policy-Vergleichs unplausibel. Wie, wenn nicht durch staatliche Interventionen, sind die großen Unterschiede auf verschiedenen Politikfeldern zwischen den verschiedenen OECD-Staaten, etwa zwischen Dänemark und den USA, zu erklären?

Der systematisch interessantere Einwand gegen Luhmann verweist indes auf die Resultate der Systemtheorie selbst. Denn paradoxerweise vermag gerade sie über Codegrenzen hinweg die Funktionsweise von Funktionssystemen zu beschreiben und führt damit die eigene These von der gegenseitigen Intransparenz der Funktionssysteme ad absurdum. Zwar werden in der Tat *operative* Interventionen von einem System in ein anderes in modernen Gesellschaften als *Korruption* verstanden (wenn zum Beispiel Bildungsabschlüsse durch Geld und nicht durch Wissen erworben werden; wenn Kunst durch Rechtsverfügung produziert oder zensiert wird; wenn versucht wird, ökonomischen Erfolg durch politische Intervention von Staats wegen zu erzwingen, etc.). Doch dies bedeutet eben keineswegs, dass die jeweiligen Operationsweisen sich nicht wechselseitig transparent wären. Wäre das der Fall, könnte es auch keine Systemtheorie geben, die aus dem Wissenschaftssystem heraus alle anderen Funktionssysteme zu beobachten vermag. Daher ist Luhmanns Begriff der Irritation, mit dem er den Begriff der Steuerung zu ersetzen versucht, irreführend. Erfolge in der Umweltpolitik zeigen, dass gezielte, in ihren Folgen auch relativ gut kalkulierbare politische Interventionen sehr wohl dazu in der Lage sind, die Operationen in anderen Funktionssystemen zu beeinflussen. Der theoretisch entscheidende Begriff in diesem Zusammenhang ist »Kondensat«: Irritationen produzieren in Systemen Kondensate, »Lernerfahrungen«. Daher kann ein Reiter ein Pferd beim Dressurreiten zwar nicht »operativ steuern« (das heißt durch Gedanken bewegen), doch seine Signale sind gezielt und stoßen auf entsprechende Erwartungen so-

23 Vgl. Kai-Uwe Hellmann, Karsten Fischer, Harald Bluhm (Hg.), *Das System der Politik. Niklas Luhmanns politische Theorie*, Wiesbaden 2003; Kai-Uwe Hellmann, Rainer Schmalz-Bruns (Hg.), *Theorie der Politik. Niklas Luhmanns politische Soziologie*, Frankfurt/M. 2000.

wie eingeübte Routinen. Man wird daher nicht behaupten wollen, dass ein (guter) Reiter sein Pferd lediglich »irritiert«. Entsprechend wird man sagen können, dass beispielsweise das Funktionssystem der Politik das Funktionssystem des Rechts zwar nicht im engeren Sinne operativ steuert, aber doch »programmiert«.[24] Und nur weil ein Parlament in einem gewaltenteiligen System keine Gerichtsurteile fällen darf, heißt das nicht, dass das System der Politik bloß »fiktional« auf das Rechtssystem einwirkt.[25]

Luhmanns Analysen schärfen zweifelsohne den Blick für die Komplexität moderner Gesellschaften. Mit Blick auf das Nachhaltigkeitsproblem vermag die orthodoxe systemtheoretische Sicht aber nicht zu überzeugen. Denn sie verkennt, dass moderne Gesellschaften stets auch neue Institutionen, Verfahren und Techniken, ja sogar Technologien ausbilden, um mit dieser Komplexität zurechtzukommen. Hier kommen die unter dem Begriff »strukturelle Kopplung« thematisierten Brückeninstitutionen ins Spiel, die zwischen Funktionssystemen vermitteln. Sie sind mit Blick auf die Nachhaltigkeitsfrage die entscheidenden Objekte der politischen Soziologie, weil in ihnen soziale Koordination möglich gemacht wird, weil mit ihrer Hilfe erklärt werden kann, wie und wann eine Nachhaltigkeitspolitik gelingt. Damit rückt die Ebene der Institutionen in den Fokus – oder in Luhmanns Terminologie: die Ebene der Organisationen.

2.3 Antwort 3: Wettbewerb und der kollektive Tod der Trittbrettfahrer

Die dritte idealtypische Antwort auf die Frage, warum trotz vorhandener Einsicht in die Problemlage so wenig in Sachen Nachhaltigkeit geschieht, hat sehr viel ältere Ursprünge als die Systemtheorie

24 Verschiedene Ansätze innerhalb des systemtheoretischen Paradigmas haben über Konzepte wie »Systemsteuerung« oder »Kontextsteuerung« versucht, die Schwächen in Luhmanns Analysen innerhalb des Paradigmas mit Alternativen zu beheben. Vgl. etwa Helmut Willke, *Prolegomena zur Revision politischer Steuerung*, Berlin 2016, hier besonders Kap. 4, »Politische Steuerung in der dezentrierten Demokratie« (S. 123-178).

25 Vgl. hierzu auch die Ausführungen in: Niklas Luhmann, *Das Recht der Gesellschaft*, Frankfurt/M. 1995, S. 165-213.

und scheint genau auf jene Ebene der Institutionen, Anreizsysteme und Organisationen abzuzielen, die Luhmann übergeht. Schon Thomas Hobbes' einflussreiche Legitimation des starken Staates, die er insbesondere in seinem Hauptwerk *Leviathan* von 1651 entfaltet, gehört von ihrer Grundarchitektur her zu einem Paradigma, das sich im frühen 20. Jahrhundert sichtbar ausgeprägt hat: dem der (mathematischen) Spieltheorie beziehungsweise der Theorien rationaler Wahl. Besonders das »Spiel« beziehungsweise Modell des Gefangenendilemmas (GD) hat dabei eine enorme Wirkung entfaltet. Das Faktum, dass so wenig geschieht, macht diese dritte Perspektive verständlich als eine *Tragödie der Allmende*: Solange niemand kollektiv bindend den Verbrauch von Ressourcen regelt, »verliert« derjenige Akteur, der sich selbst beschränkt. Dies führt langfristig aber zu einem negativen Endergebnis für alle, zugespitzt: zu einem kollektiven Tod der Trittbrettfahrer.

Weder die sehr breite Debatte, die Elinor Ostrom durch ihre Arbeiten zur Verfassung der Allmende angestoßen hat,[26] noch die sehr kleinteiligen Argumentationen der Rational-Choice-Schule brauchen hier in allen Einzelheiten rekapituliert zu werden. Es reicht, die für unseren Zusammenhang entscheidende Grundeinsicht zu nennen: dass nur kollektiv bindende Entscheidungen Akteure davor bewahren können, in Allmende-Situationen gegen die langfristigen eigenen Interessen zu handeln, weil sie andernfalls gezwungen sind, ihren kurzfristigen eigenen Interessen zu folgen. Es ist aus dieser Sicht rational, sich selbst kollektiv zu binden – und die Erfolgschancen dieser Handlungskoordination hängen dann nicht mehr von der Moralität der Individuen ab, sondern von der Qualität der Anreizstrukturen, sprich: der Institutionen.

Ein geradezu idealtypisch auf diese Weise argumentierender Theorieansatz ist Karl Homanns Institutionenökonomik.[27] Zwar wird sie formal der Wirtschaftsethik zugerechnet, doch de facto handelt es sich um eine ganz allgemeine Theorie sozialer Koordination, die explizit auch politische Konsequenzen zu entfalten beansprucht.[28] Homanns These lautet, dass entgegen einer auf

26 Elinor Ostrom, *Die Verfassung der Allmende. Jenseits von Staat und Markt*, Tübingen 1999; Volker Stollorz, »Elinor Ostrom und die Wiederentdeckung der Allmende«, in: *Aus Politik und Zeitgeschichte* 28:3 (2011), S. 3-8.

27 Karl Homann, Andreas Suchanek, *Ökonomik. Eine Einführung*, Tübingen ²2005.

28 Allerdings wird dabei auf die Selbstorganisation von Branchenvertretern gehofft:

individuelle Verantwortung abzielenden Moralphilosophie nicht Individuen, sondern Anreizsysteme, also institutionelle Settings, als moralisch oder unmoralisch bewertet werden sollten. Keinem Unternehmen, keinem einzelnen Akteur, auch keinem Staat kann man zumuten, so Homanns Pointe, aus moralischen Erwägungen in einer als Gefangenendilemma beschreibbaren Struktur den höchsten Preis zu zahlen. Der Widerspruch zwischen der vorhandenen Einsicht der Akteure in die Nachhaltigkeitsproblematik und ihrem nichtnachhaltigen Verhalten erklärt sich dann nicht aus Willensschwäche, sondern aus der dilemmatischen Situation.

Am einfachsten lässt sich dies vielleicht am Mobilitätsverhalten veranschaulichen. Das weitverbreitete Pendeln (über bisweilen große Distanzen) zwischen Wohnsitz und Arbeitsort ist verständlich als eine rational kalkulierte Entscheidung, die Personen auch gegen ihre eigentlichen Überzeugungen treffen. Sie nehmen weite Anfahrtswege in Kauf, weil sie wissen, dass die Arbeitsstelle andernfalls schlicht mit einer anderen Person besetzt würde – die entweder in der Nähe wohnt, zu einem Umzug bereit ist oder den Pendelweg auf sich nimmt. Das Individuum hat in dieser Anreizstruktur nur die zwei Optionen: nichtnachhaltig zu handeln oder Nachteile in Kauf zu nehmen, weil andere gegebenenfalls nichtnachhaltig handeln. Aus Sicht der Rational-Choice-Schule ist daher das Individuum der falsche Adressat für die Attribuierung von Verantwortung; es wäre unsinnig, von Individuen zu verlangen, sich freiwillig zu den Verlierern des GD zu machen, zumal durch dieses Verhalten der Schutz der Allmende keineswegs gesichert wäre. Das lässt sich dann auch auf das Verhalten von Regierungen übertragen: Auch konkurrierende Nationalstaaten brauchen international kollektiv bindende Entscheidungen, wenn sie globale Allmenden schützen wollen.

Vor diesem Hintergrund ist es nicht verwunderlich, dass in der Debatte um eine nachhaltige Politik die Allmende-Theorien eine

»Die Freiwilligkeit sichert die Berücksichtigung der Interessen tendenziell aller.« (Karl Homann, »Globalisierung aus wirtschaftsethischer Sicht«, in: ders., Peter Koslowski, Christoph Lütge [Hg.], *Wirtschaftsethik und Globalisierung*, Tübingen 2005, S. 7-15, hier: S. 13.) Aber stimmt das überhaupt? Siehe dazu: Felix Heidenreich, »Die Ethik des Marktes und der Markt der Ethiken. Aktuelle Diskussionen in der Wirtschaftsphilosophie und -ethik«, in: *Philosophische Rundschau* 53 (2006), S. 130-153.

zentrale Rolle spielen, und entsprechend wirkmächtig ist die (zunächst im akademischen Feld begonnene) Diskussion um Gemeingüter auch in der breiten Öffentlichkeit.[29] Vorausgreifend auf die folgenden Kapitel (vor allem 6.2) lässt sich hier festhalten, dass diese Perspektive genuin demokratietheoretische Fragen aufwirft. Wenn Nachhaltigkeitspolitik plausibel nach dem Modell einer Allmende beschrieben werden kann und daher starke, sanktionsbewehrte kollektive Selbstbindungen nötig macht, stellt sich die Frage nach der Input-Legitimation dieser Anreizsysteme: Wer entscheidet über die Verteilung, Verwaltung, Regierung der Allmende? Diese Verbindung zwischen starker Steuerung auf der Output-Seite und starker Legitimation auf der Input-Seite ist an den historischen Vorbildern erkennbar, an denen Elinor Ostrom ihre Theorie entwickelte. Die klassischen Beispiele für Allmenden sind bekanntlich Wiesen und Wälder, deren gemeinsame Nutzung geregelt werden musste, um ihre Zerstörung zu verhindern. Sie wurden in überschaubaren, sich eng koordinierenden politischen Gemeinwesen verwaltet, die eher dem Modell einer republikanischen Gemeinschaft entsprachen als einem liberal geprägten Flächenstaat, beispielsweise in der Schweiz, wo Spuren dieser Tradition im »Heimatrecht« erhalten sind.[30] Die Verwaltung eines Gemeindewaldes in einem Graubündener Bergdorf wird durch die hohe soziale Kontrolle unter den Akteuren erheblich erleichtert.

Bevor die Grenzen dieses Ansatzes thematisiert werden, soll zunächst daran erinnert werden, dass eine solche im weitesten Sinne spieltheoretische Perspektive auch eine plausible Erklärung für die ungebremste Wachstumsdynamik liefern kann, die sich beispielsweise in einem beständig weiter steigenden Konsum zeigt. Diese kulturellen Wirkungen der GD-Struktur werden selten in den Fokus der wissenschaftlichen Aufmerksamkeit gerückt, sind jedoch für das Verständnis der kulturellen Dimension des Nachhaltigkeitsthemas von zentraler Bedeutung. Fred Hirsch hat in seiner klassisch gewordenen Studie *Die sozialen Grenzen des Wachstums* gezeigt, dass vor allem der »Konsum« sogenannter positionaler Güter durch eine GD-Struktur auch gegen die individuellen Präferenzen

29 Vgl. hierzu vor allem Silke Helfrich, *Commons. Für eine neue Politik jenseits von Markt und Staat*, Bielefeld 2014.

30 Vgl. Art. 271 ZGB und Art. 4 Bürgerrechtsgesetz.

der Akteure wächst.[31] Die Rationalität der Einzelnen steht dann im Widerspruch zur Rationalität des Ganzen und es droht eine Art kollektiver Tod der Trittbrettfahrer: Beim Versuch, maximal von der Allmende zu profitieren, wird diese zerstört.

Unter positionalen Gütern versteht Hirsch dabei jene Güter, deren Wert sich nicht aus ihrer reinen Funktion ergibt, sondern daraus, welche soziale Position sie denjenigen verschaffen, die sie besitzen. Trinkwasser stellt beispielsweise kein positionales Gut dar, denn es verliert seine Qualität und seinen Nutzen nicht dadurch, dass andere ebenfalls über gutes Trinkwasser verfügen. Es löscht den Durst unabhängig vom Durst anderer. Bildungsabschlüsse sind hingegen positionale Güter, weil ihr Wert sich nur relational zu den Abschlüssen von Konkurrenten bemisst. Wenn das Abitur zum neuen Standard wird, kann man nur noch durch Hochschulabschlüsse für soziale Distinktion sorgen; steigt die Zahl der Personen mit Hochschulabschlüssen, werden Promotionen oder Abschlüsse an Elite-Universitäten »wertvoller«, das heißt verschaffen im Kampf um einen attraktiven Arbeitsplatz Vorteile. Auch bei all jenen Objekten oder Dienstleistungen, die neben einem Gebrauchswert einen starken Symbolwert besitzen, weil sie beispielsweise einen bestimmten sozialen Status zum Ausdruck bringen – wie etwa Yachten oder teure Automobile –, handelt es sich um positionale Güter, bei denen generell die Gefahr besteht, dass sie »sinnlose Wettbewerbe« produzieren, wie es der Ökonom Mathias Binswanger genannt hat.[32]

Hirsch kann zeigen, dass Märkte für positionale Güter nie gesättigt sein können und dass die Akteure – gegen ihre »eigentlichen« Präferenzen – in einen Steigerungswettbewerb getrieben werden, der (und darin besteht die Analogie zu Homanns Institutionenökonomik) nur durch eine *dritte Partei*, nämlich kollektiv bindende Entscheidungen entschärft werden kann. Gerade die Märkte für positionale Güter benötigen ordoliberale Rahmensetzungen, um den Konkurrenzkonsum zu drosseln.

Hirschs Ansatz ist deshalb so interessant, weil er das klassische Framework eines mit stabilen Präferenzen, definierten Ressour-

31 Fred Hirsch, *Die sozialen Grenzen des Wachstums. Eine ökonomische Analyse der Wachstumskrise*, Reinbek 1980.

32 Mathias Binswanger, *Sinnlose Wettbewerbe. Warum wir immer mehr Unsinn produzieren*, Freiburg im Breisgau 2010.

cen und eindeutigen Präferenzordnungen operierenden Rational-Choice-Paradigmas gewissermaßen von innen aufsprengt. Indem er über den Begriff der positionalen Güter den Mechanismus des sozialen Vergleichs thematisiert, öffnet er nämlich bereits den Blick auf Phänomene des mimetischen Verhaltens, die in der Verhaltensökonomik, der Sozialpsychologie oder bei Anthropologen wie René Girard zentral werden.[33] Diesen Übergang von der klassischen Rational-Choice-Theorie und der Spieltheorie zu derartigen Ansätzen werde ich noch genauer nachzeichnen.

Zunächst möchte ich aber den Fokus auf die zentrale politiktheoretische Konsequenz lenken, die sich aus der durchaus überzeugenden Modellierung des Nachhaltigkeitsproblems als Gefangenendilemma ergibt. In der Tat haben alle zentralen Nachhaltigkeitsthemen eine Allmende-Struktur, in der das einzelne Subjekt in der Regel vor der Alternative steht, entweder als moralisch Handelnder der »Dümmere« zu sein oder von günstigen Rohölpreisen, der Externalisierung von Folgekosten, der Staatsverschuldung usw. zu profitieren, obwohl es weiß, dass die Inanspruchnahme dieses individuellen Vorteils Nachteile oder gar Schäden für alle produziert. Aber weder Hirsch noch Homann, ja noch nicht einmal Ostrom ziehen daraus explizit die Konsequenz, dass es der *politischen* Herstellung von kollektiv bindenden Entscheidungen bedarf, die durch effektive Mechanismen sanktionsbewehrt durchgesetzt werden müssen. Anders formuliert: Nur ein dritter, »souveräner« Spieler kann das Gefangenendilemma lösen und die Allmende managen (wie Hobbes' in *Leviathan* natürlich bereits formuliert). Ostrom thematisiert diesbezüglich vor allem Anreizstrukturen, die man wohl am treffendsten mit Begriffen wie »Regime« oder »Governance« kennzeichnen würde, zum Beispiel Vertragswerke zwischen den Anrainern von Gewässern mit Blick auf das Fischereimanagement, während Homann die Mechanismen freiwilliger Selbstverpflichtungen von Unternehmen lobt.[34]

33 Den Kampf um positionale Güter kann man auch als Mechanismus des Neides beschreiben, wenn man die moralisierende Konnotation dieses Terminus ausklammert. René Girard rekonstruiert die Mechanismen eines eskalierenden Kampfes um positionale Güter am Beispiel von Shakespeares Dramen: René Girard, *Shakespeare – Theater des Neides*, München 2011.

34 Diese Vorstellung würde jedoch gerade derjenigen widersprechen, die die von Homann präferierte Schule um Walter Eucken, d. h. der Ordoliberalismus Freiburger Provenienz, favorisiert.

Bezogen auf Hirschs Problem positionaler Güter kann man sich beispielsweise Mechanismen vorstellen, die die Konkurrenz – etwa um Bildungsabschlüsse – so organisieren, dass sie nicht zuungunsten aller eskaliert, beispielsweise durch Zulassungsbeschränkungen oder Eignungstests.

Der Verweis auf Hobbes deutet bereits an, welche Institution allein legitimiert ist, kollektiv bindende Entscheidungen *sanktionsbewehrt* durchzusetzen: der »souveräne« Staat, bei dem es sich unter zeitgenössischen Bedingungen idealerweise um einen demokratischen Rechtsstaat handelt. Dass nur der Staat als eine Art Letztadresse der Regelungsdurchsetzung fungieren kann, zeigt sich, wenn man Fälle durchspielt, in denen Vertragsregime oder Selbstverpflichtungen versagen. Dieses komplexe Verhältnis von demokratischer Legitimation einerseits und Governance-Strukturen andererseits werde ich in Kapitel 5 eingehender diskutieren. Als Zwischenergebnis kann festgehalten werden, dass aus der Perspektive einer Modellierung des Nachhaltigkeitsproblems als Allmende-Problem die Notwendigkeit einer dritten Seite folgt: einer *res publica*.

2.4 Antwort 4: Verhaltensökonomik und Sozialpsychologie

Der entscheidende theorieinterne Schritt, der bei Autoren wie Fred Hirsch bereits angedeutet ist und dann vor allem in der Verhaltensökonomik – den *Behavorial Economics* – systematisch das Rational-Choice-Paradigma weiterentwickelt, wird auf wirkmächtige Weise in den frühen Arbeiten Amartya Sens vollzogen. Seine bahnbrechende Entdeckung lautete in den 1970er Jahren, dass die Kontexte von Angebotsstrukturen stets mitbedacht werden müssen, weil Akteure ihre Entscheidungen in je spezifischen *Kontexten* treffen, die die Anreizstruktur in ein je spezifisches Licht rücken. In seinem klassischen Text über »rational fools« zeigt er beispielsweise, dass sich aus guten Gründen nicht alle Präferenzen in eine eindeutige und übersichtliche Rangordnung bringen lassen, weil es diese Präferenzen übertrumpfende Wertorientierungen geben kann.[35]

35 Amartya Sen, »Rational Fools: A Critique of the Behavioural Foundations of Economic Theory«, in: *Philosophy and Public Affairs* 6 (1977), S. 317-344.

Das vielleicht bekannteste Beispiel erzählt von einem Gast, dem im einen Fall Tee oder Kaffee angeboten wird, im anderen Tee, Kaffee oder Kokain. Das Angebot des Kokains dürfte nach reiner Rational-Choice-Lehre die Präferenz nicht verändern. Und dennoch können wir jemanden, der sogar den Tee ablehnt, weil ihm zugleich Kokain angeboten wird, als in einem weiteren Sinne vernünftig (*reasonable*) betrachten, auch wenn er nicht im engeren ökonomischen Sinne rational (*rational*) ist.[36] Sen hatte mit der Aufdeckung dieser internen Konsistenz eine Relativierung des *Homo-oeconomicus*-Modells in die Diskussion eingebracht, die zugleich als dessen Erweiterung gelesen werden kann. Neben der kurzfristigen Nutzenmaximierung hat der Mensch immer auch langfristige Werte im Blick, ja sogar überzeitliche wie Würde oder Stolz, die ganz konkrete Folgen für ökonomische Entscheidungen haben.

Die Verhaltensökonomik hat in den vergangenen Jahren anhand zahlreicher Experimente zeigen können, dass sich Sens Einwände gegen das klassische *Homo-oeconomicus*-Modell auch empirisch stützen lassen. Am bekanntesten ist wohl das sogenannte *Ultimatum*-Spiel, bei dem Versuchspersonen quasi zwischen pekuniärem Vorteil und Bewahrung der Würde wählen können, und vor allem Axel Ockenfels' Arbeiten zum Anspruch auf Reziprozität sind hier von besonderem Interesse.[37] Die breite Debatte, die die Verhaltensökonomik angestoßen hat, braucht hier nicht rekonstruiert zu werden;[38] für unsere Zwecke interessant ist allein die sich aus ihr ergebende Konsequenz für die Modellierung des Nachhaltigkeitspro-

36 Amartya Sen, »Internal Consistency of Choice«, in: *Econometrica* 61:3 (1993), S. 495-521, hier: S. 552. Im Englischen wird diese Differenz oft durch die Worte *rational* und *reasonable* markiert; während mit *rational* so etwas wie eine instrumentelle Verstandesklugheit gemeint ist, die den effizienten Einsatz von Mitteln zu gegebenen Zwecken meistert, wird als *reasonable* eine Vernunfttätigkeit bezeichnet, die auch die Zielsetzungen mitreflektiert. Diese Differenz spielt auch in der Auseinandersetzung zwischen Habermas und Rawls eine zentrale Rolle. Zu Habermas' Vorschlag einer Unterscheidung: Jürgen Habermas, »›Vernünftig‹ versus ›wahr‹ oder die Moral der Weltbilder«, in: ders., *Die Einbeziehung des Anderen. Studien zur politischen Theorie*, Frankfurt/M. 1996, S. 95-126, hier: S. 108 f.

37 Siehe z. B. Axel Ockenfels, *Fairness, Reziprozität und Eigennutz. Ökonomische Theorie und experimentelle Evidenz*, Tübingen 1999.

38 Eine explizit exoterische Darstellung findet sich bei: George A. Akerlof, Robert J. Shiller, *Animal Spirits. Wie Wirtschaft wirklich funktioniert*, Frankfurt/M. 2009.

blems: Die Theorie des rational zwischen transparenten Optionen wählenden, »souveränen« Subjekts greift zu kurz.[39]

Während der experimentelle Nachweis von Wertorientierungen eher zu einer starken Subjektkonzeption (im Sinne Kants) anleitet und die Semantik von »human« eher zum Aufweis der Subjekt*stärke* benutzt – hier ist der ebenfalls im Wesentlichen auf Sen zurückgehende Human Development Index (HDI) ein gutes Beispiel –, gibt es andere Strömungen in der Verhaltensökonomik, die vor allem unter dem Stichwort »Framing-Effekte« die subjektseitige Intransparenz der eigenen Entscheidungskriterien herausgearbeitet haben. »Human« nimmt dann gerade die gegenläufige Bedeutung an: menschlich, ja womöglich »allzumenschlich« sind die Subjekte, weil sie die Genese ihrer Entscheidungen gerade nicht überblicken.

Zu zahlreich, um sie hier aufzuzählen, sind die empirischen Belege für Framing-Effekte, die beispielsweise der Psychologe Dan Ariely gesammelt hat und medienwirksam diskutiert.[40] Vor allem seine und Daniel Kahnemanns Forschungen haben den Schritt zur politischen Anwendung vorbereitet, den Cass Sunstein in seinem Plädoyer für den bewussten Einsatz von *Nudges* vollzogen hat.[41] Sunstein, der zum Stab Barack Obamas während dessen erster Amtszeit gehörte, propagiert eine Politik, die die unbewussten Framing-Effekte positiv als Mittel politischer Einflussnahme nutzt; sein »libertärer Paternalismus« operiert mit der Hypothese, dass wir die eigenen Irrationalitäten bewusst nutzen können, um langfristig gewünschte Ergebnisse zu erzielen.

Eine sozialpsychologische Perspektive mit konvergierenden Ergebnissen hat Harald Welzer entwickelt und für das Nachhaltigkeitsproblem aktualisiert. Was in der Verhaltensökonomik von

39 Zu Begriff und Denkbild der Souveränität vgl. Felix Heidenreich, »Souveränität zwischen Begriff und Denkbild. Die Anschaulichkeit einer Denkfigur als Erfolgsfaktor populistischer Rhetorik in der EU«, in: Emiliano Grossman, Felix Heidenreich (Hg.), *Konstellationen der Souveränität in Europa/Les constellations de la souveraineté en Europe*, Berlin 2017, S. 13-25.

40 Vgl. Dan Ariely, *Predictable Irrational. The Hidden Forces That Shape Our Decisions*, New York 2008; ders., *The Upside of Irrationality. The Unexpected Benefits of Defying Logic at Work and at Home*, New York 2010. Klassisch: Amos Tversky, Daniel Kahneman, »The Framing of Decisions and the Psychology of Choice«, in: *Science* 211 (1981), S. 453-58.

41 Richard H. Thaler, Cass R. Sunstein, *Nudge. Wie man kluge Entscheidungen anstößt*, Berlin 2009.

Kahnemann oder Ariely unter »Ankerpunkten« verhandelt wird, thematisiert Welzer unter dem Begriff »mentale Infrastruktur«. Damit wird dasjenige bezeichnet, was die Akteure in ihrem Handeln als gegeben oder »normal« voraussetzen. Im engen Rahmen der Verhaltensökonomik gilt das beispielsweise für die Ausgangspreise bei Versteigerungen. Für Welzer sind es vor allem soziale Erwartungen, unthematisierte Weltsichten, »Grundlinien« (»baselines«), die quasi unbemerkt mitlaufen und dennoch die Erwartungen (und damit die Handlungen) von Akteuren prägen.

In Welzers sozialpsychologischen Forschungen wurden diese »Grundlinien« zunächst bezogen auf die Ermöglichung von Kriegsverbrechen untersucht.[42] Welzers These lautet, dass es die systematische Verbreitung von rassistischer Hasspropaganda war, die den exterminatorischen Antisemitismus in den 1930er Jahren im Deutschen Reich zur unhinterfragten *baseline* werden ließ. Weder waren die nationalsozialistischen Verbrecher allesamt Psychopathen, die ihre Parteikarriere mit einem tiefsitzenden Vernichtungswillen starteten. Noch waren sie einfache, banale Befehlsempfänger, die keinerlei eigene Motivation gehabt hätten. Vielmehr handelten sie auf Basis einer unhinterfragbar gewordenen Weltsicht, die ihnen ihr Handeln aufgrund einer »Tötungsmoral« (Welzer) als geboten erscheinen ließ.[43]

42 Vgl. Harald Welzer, *Täter. Wie aus ganz normalen Menschen Massenmörder werden*, unter Mitarbeit von Michaela Christ, Frankfurt/M. 2007; Sönke Neitzel, Harald Welzer, *Soldaten. Protokolle vom Kämpfen, Töten und Sterben*, Frankfurt/M. 2012. Ausgangspunkt waren die Studien von Christopher Browning über »ganz normale Männer«, die als Mitglieder der »Sondereinsatzgruppen« brutalste Kriegsverbrechen begangen hatten. Vgl. Christopher Browning, *Ganz normale Männer. Das Reserve-Polizeibataillon 101 und die ›Endlösung‹ in Polen*, Hamburg 1999. Ganz anders als in Arendts These von der »Banalität des Bösen« geht es bei Browning und Welzer gerade nicht um einen absoluten Gehorsam (auf den sich Eichmann in Jerusalem im Rahmen einer Täuschungsstrategie berief), sondern um eine unthematisierte intrinsische Motivation: Der exterminatorische Antisemitismus war im Laufe der Jahre zu einer *baseline* geworden. Jean Hatzfeld kommt in seiner Analyse des Völkermords in Ruanda zu einer ähnlichen Diagnose. Jean Hatzfeld, *Machete Season. The Killers in Rwanda Speak*, New York 2005.

43 Die moralische Aufladung des mörderischen Handelns demonstriert Welzer vor allem an Himmlers berüchtigten Reden, in denen dieser die Überwindung der Tötungshemmung als heroische Selbstdisziplin feiert (Welzer, *Täter*, S. 23-25). Am bekanntesten sind wohl die beiden Posener Reden vom 3. und 6. Oktober 1943.

Inwiefern erweitern diese Entwicklungen in der Verhaltensökonomik, der Verhaltenspsychologie und der Sozialpsychologie die politiktheoretische Analyse des Nachhaltigkeitsproblems? Generell lassen sich die Einsichten dieser Disziplinen zunächst als eine Thematisierung von Rahmenbedingungen verstehen, die Anreizstrukturen immer schon begleiten. Dabei kann es sich um allgemeinere Wertorientierungen (Würde, Respekt, Anerkennung), um Frames, Nudges, »Ankerpunkte« oder aber um tiefsitzende, als selbstverständlich vorausgesetzte und daher »unbewusste« Weltsichten handeln, die ein spezifisches Verhalten wahrscheinlich machen. Alle drei hier synthetisierend referierten Ansätze liefern gute Argumente dafür, von einem intensiven Wechselverhältnis zwischen institutionellen Anreizstrukturen und mentalen Infrastrukturen auszugehen: Nicht nur prägen Anreize Haltungen (diesen Umstand beschreibt die Ökonomie mit der Formel »Angebot schafft Nachfrage«), sondern umgekehrt drücken auch Anreizsysteme, Institutionen und gesetzliche Regelungen mentale Infrastrukturen und Werthaltungen aus (»Geist der Gesetze«). Bei Autoren wie Amartya Sen oder Harald Welzer geht folglich die Kritik an einem als unterkomplex verstandenen Akteursmodell bereits über in eine Analyse der Kultur der Moderne als ganzer.

2.5 Antwort 5: Kulturelle Fehlhaltungen und die sozialphilosophische Kritik des expressiven Individualismus

Welzers Begriff der mentalen Infrastrukturen thematisiert die Frage der Nachhaltigkeit bereits als ein kulturelles Phänomen, und Welzer selbst hat dies in zahlreichen Publikationen und öffentlichen Äußerungen weiter ausgeführt. Deutet man das Nachhaltigkeitsproblem als Ergebnis einer kulturellen Fehlhaltung, das heißt unangemessener mentaler Infrastrukturen, so braucht man jedoch eine Theorie der Moderne, die erläutert, wie in ihr eine Kultur der Nichtnachhaltigkeit entstanden ist. Um die fünfte mögliche Form einer Antwort auf die Frage, warum auf dem Gebiet der Nachhaltigkeit so wenig geschieht, idealtypisch zu rekonstruieren, werde ich daher auf jene Gegenwartsdiagnosen eingehen, die mit umfassenden Sozialtheorien operieren, um die Nichtnachhaltigkeitsorientierung der Gegenwartskultur aus einer spezifischen historischen Entwicklung zu erklären. Dabei ergibt sich eine gewisse Verbindung zu den oben (in 2.1) rekonstruierten moralphilosophischen Ansätzen, vor allem mit den modernekritischen Tendenzen bei Spaemann und Hösle. Autoren wie Alasdair MacIntyre und Charles Taylor spielen zumindest für Hartmut Rosa, um dessen Überlegungen es hier auch gehen wird, eine zentrale Rolle.

Charakteristisches Element dieser fünften Perspektive ist eine gewisse Umkehrung der Diagnose: Das Nachhaltigkeitsproblem gilt als *Ausdruck*, ja als *Symptom* einer noch tieferen, fundamentaleren globalen Krise oder Transformation. Zahlreiche Varianten dieser Lesart sind im Umlauf; sie lässt sich in den Enzykliken des Vatikans ebenso finden wie in globalisierungs- und modernekritischen Texten verschiedenster Herkunft. Es liegt daher nahe, diese Perspektive als bloß »kulturkritisch« abzutun, und in der Tat wird in vielen Fällen die Moderne insgesamt als ein merkwürdiges Verhängnis dargestellt. Ludwig Klages' *Mensch und Erde* aus dem Jahr 1913 gilt zu Recht als ein Gründungstext der deutschen Ökologiebewegung, der die Tonlage für viele Nachfolgertexte vorgibt.[44] Die rhetorische Nähe zu Oswald Spenglers *Untergang des Abendlandes* oder Martin Heideggers Kritik am »rechnenden Denken«, die heute Teile der *deep ecology* inspiriert, ist unübersehbar.[45]

Doch die Schablone »Kulturkritik« ist zu grob und verstellt den Blick auf wichtige Differenzen. Die erste Generation der Frankfurter Schule mag rhetorisch eine Nähe zur Kulturkritik gepflegt haben, formuliert jedoch die Analyse der »instrumentellen Vernunft« mit einer ganz anderen Zielsetzung als die oben genannten Autoren, nämlich Emanzipation und Freiheit. Auch wenn es also ein Fehler wäre, die Fernwirkungen dieser im weitesten Sinne kulturkritischen Theoreme zu unterschätzen, so wird man doch feststellen, dass diese Ansätze auf der politischen Ebene aus gutem Grund kaum eine Rolle spielen. Es sind vielmehr die jüngsten Vertreter einer soziologischen Gesellschaftskritik, die Einfluss auf Par-

44 Ludwig Klages, *Fröhliche Wissenschaft: Mensch und Erde*, Berlin 2013.

45 Zentrales Merkmal der *deep ecology* ist eine scharfe Kritik am »Anthropozentrismus«. Mit diesem Begriff werden ganz verschiedene Haltungen und Ideologien bezeichnet. Die Debatte darüber, ob eine nachhaltige Politik einen Anthropozentrismus überwinden muss, klammere ich aus. Letztlich geht es dabei eher um Begründungsversuche, weniger um Umsetzungsfragen.

teiprogramme und politische Debatten ausüben. In vielen Fällen wird diese Krise auf den Begriff des Kapitalismus gebracht, häufig ohne zu definieren, was damit genau gemeint ist.[46] Hartmut Rosa, dessen Theorie der Moderne sich als paradigmatisches Beispiel für die fünfte, das heißt *sozialphilosophische* Antwort auf die Nachhaltigkeitsfrage präsentiert, entscheidet sich bekanntermaßen für zwei andere Leitbegriffe.

»Wenn Beschleunigung das Problem ist, dann ist Resonanz vielleicht die Lösung«, schreibt Rosa zu Beginn seines 2016 erschienenen Buches *Resonanz*[47] – und nimmt damit den Faden auf, den er knapp zehn Jahre zuvor in seiner Monografie über die Veränderung der Zeitstrukturen in der Moderne gesponnen hatte.[48] Deren Kernthese lautet, dass die Moderne nur angemessen verstanden wird, wenn man sie als den Prozess einer sich steigernden Beschleunigung in allen Lebensbereichen beschreibt, der insofern problematisch ist, als er sich der Kontrolle durch die Akteure zu entziehen droht. Nicht jede Form von Beschleunigung ist tatsächlich gewollt; vielmehr sind es in vielen Fällen die GD-Strukturen, die die Akteure *nolens volens* in die Beschleunigung nötigen, da eine Verweigerung die Gefahr mit sich bringt, »abgehängt« zu werden.[49] Wachsender Konsum, wachsende Produktion und wachsender Ressourcenverbrauch lassen sich dann nicht mehr als Ergebnis bewusster, freier, individueller Entscheidungen begreifen, jedenfalls nicht mehr vollständig, sondern sind als Ausdruck einer überwölbenden Eigendynamik zu deuten.[50]

46 Bezogen auf eine mögliche Krise der Demokratie geschieht dies z. B. bei Wolfgang Merkel und Jürgen Kocka. »Kapitalismus« steht hier eigentlich für Neoliberalismus, während der »rheinische Kapitalismus« zur Kontrastfolie erklärt wird. Siehe Jürgen Kocka, Wolfgang Merkel, »Kapitalismus und Demokratie. Kapitalismus ist nicht demokratisch und Demokratie nicht kapitalistisch«, in: Wolfgang Merkel (Hg.), *Demokratie und Krise. Zum schwierigen Verhältnis von Theorie und Empirie*, Wiesbaden 2015, S. 307-337.

47 Hartmut Rosa, *Resonanz. Eine Soziologie der Weltbeziehung*, Berlin 2016, S. 13.

48 Hartmut Rosa, *Beschleunigung. Die Veränderung der Zeitstrukturen in der Moderne*, Frankfurt/M. 2005

49 Rosa baut an anderer Stelle ausführlicher die argumentative Brücke vom GD zur Modernetheorie; siehe »Wettbewerb als Interaktionsmodus. Kulturelle und sozialstrukturelle Konsequenzen der Konkurrenzgesellschaft«, in: *Leviathan* 34:1 (2006), S. 82-104.

50 Darin liegt der entscheidende Unterschied zu den moralphilosophischen Ana-

Während die oben (2.3) rekapitulierten Perspektiven der Rational-Choice-Schule diese Eigendynamik als kulturunabhängiges Ergebnis von GD-Strukturen deuten, nämlich als eine Art technisch-ökonomisches Wettrüsten mit externalisierten Kosten, steigert Rosa diese Diagnose zu einer soziologischen, ja anthropologischen Theorie über menschliche Weltbeziehungen im Allgemeinen. Dieser Schritt deutet sich bereits 2012 an, in der Aufsatzsammlung *Weltbeziehungen im Zeitalter der Beschleunigung*,[51] vollzogen wird er aber erst in *Resonanz*. Das Nachhaltigkeitsproblem stellt sich hier als ein Teilaspekt einer sehr viel grundlegenderen Störung in der Weltbeziehung des modernen Menschen dar, die Rosa als teilweise »verdinglichend« oder »repulsiv« beschreibt.

Die zentrale These in *Resonanz* lautet, dass der Mensch grundsätzlich in zwei verschiedenen Modi in Beziehung zur Welt treten kann: Objektivierend und distanzierend *einerseits*, resonanzorientiert und empathisch *andererseits*. Die eigentliche Bestimmung, also den gelingenden Weltbezug, erfährt er im Modus der Resonanz – und genau aus diesem Grund sucht er auch Resonanzerfahrungen in den verschiedenen gesellschaftlichen Sphären, die Rosa als Resonanzerfahrungsräume rekonstruiert: Leib, Ästhetik, Gemeinschaft, Politik und Natur. Die bei Rosa stets wiederkehrende Formel zur Beschreibung der Resonanzerfahrung lautet, dass wir in ihr erfahren, dass die Welt (ein Kunstwerk, ein Musikstück, ein geliebter Mensch) »uns anspricht«.[52] Um aber die Bedingungen der Möglichkeit für diese Resonanzerfahrungen zu schaffen, müsse der Mensch im Modus einer distanzierten, objektivierenden Rationalität arbeiten. Es entsteht somit das Bild einer tragischen *conditio humana*: Instrumentelle Vernunft ist nötig, um die Freiräume für Flow- oder Resonanzerfahrungen überhaupt zu schaffen.

Nach Rosa ist für die moderne Gesellschaft, die sich nur über

lysen, siehe oben, Kap. 2.1. Rosa weist alle Appelle an individuelle Handlungsmöglichkeiten (»Entschleunige dein Leben!«) als aussichtslos zurück. Es geht, so Rosa, gerade nicht um individuelle Entscheidungen, sondern um eine institutionell verankerte Steigerungslogik, der alle unterworfen sind.

51 Hartmut Rosa, *Weltbeziehungen im Zeitalter der Beschleunigung*, Berlin 2012.

52 Rosa bezieht sich immer wieder auf die Phänomenologie der Responsivität von Emmanuel Lévinas und Bernhard Waldenfels. Eine auch negative Konnotation von Responsivität, wie sie im Begriff der Subjektivierung denkbar ist, findet sich bei ihm nicht.

weitere Beschleunigung stabilisieren kann, kennzeichnend, dass Resonanzerfahrungen unwahrscheinlicher, ein kalkulierend-arbeitsförmiger Weltbezug hingegen häufiger wird. Kern dieser sozialen Grammatik ist nach Rosa ein Menschenbild, das in der Maximierung der Lebensreichweite das Lebensziel sieht. Beim Versuch, die Resonanzerfahrungen zu maximieren, zwingt sich der Mensch tragischerweise in eine immer stärker objektivierend-rechnende Weltbeziehung hinein: Die Feste der Moderne sind so perfekt organisiert, dass keine Stimmung mehr aufkommen kann.

Die möglichen gesellschaftskritischen Potenziale dieser sozialphilosophischen Begrifflichkeit lassen sich verschieden bewerten.[53] Im hiesigen Kontext ist jedoch allein die Frage relevant, welche Perspektiven sozialphilosophische Analysen auf die Nachhaltigkeitsfrage eröffnen. Der Mehrwert einer solchen genuin sozialphilosophischen Perspektive besteht zunächst darin, den Wandel hin zu einer nachhaltigen Gesellschaft als einen *Wandel in der kulturellen Grammatik* einer Gesellschaft insgesamt beschreibbar zu machen. Es ist das Ideal einer maximalen Weltreichweite, einer maximalen Ausschöpfung der Lebensmöglichkeiten, eines expressiven Individualismus, das aus Rosas Sicht problematisch ist. Während Rosa vor allem das Leiden der Individuen ins Zentrum stellt und Depressionen, Angststörungen und Burnout-Erkrankungen als Resonanzmangel deutet,[54] steht aus Sicht einer politischen Theorie der Nachhaltigkeit der ökologische Kollateralschaden einer Kultur des »expressiven Individualismus« im Fokus.

Im Unterschied zu den oben (2.1) behandelten Moralphilosophen kann der Soziologe Rosa die Subjekte nicht einfach als Adressaten von Moralappellen voraussetzen; sie gehen vielmehr als Subjekte aus Resonanzerfahrungen hervor. So gesehen lässt sich Rosas Ansatz den Subjektivierungstheorien zuschlagen, die unsere Vorstellung von Personen, Subjekten, Individuen zu entnaturalisieren versuchen und auf der sozialen Vermittlung auch der vermeintlich

53 Als deskriptive Kategorie scheint der Begriff der Resonanz hilfreich. Doch nicht jede Form von Resonanz ist per se erstrebens- oder wünschenswert. Siehe dazu Felix Heidenreich, »Hartmut Rosas Resonanz – Lösung oder Heuristik?«, in: *Philosophische Rundschau* 63:3 (2016), S. 184-194.

54 In diese Richtung deutet auch das Material empirischer Studien, das Johan Hari versammelt hat in: *Lost Connections. Uncovering the Real Causes of Depression – and the Unexpected Solutions*, London 2018.

privatesten Selbstwahrnehmungen insistieren.[55] Der Subjektstatus entsteht ihnen zufolge nicht als Entdeckung eines quasi natürlichen und vorsozialen Cogito, sondern als Antwort auf Subjektivierungen durch die soziale Welt – wobei dem Phänomen der Sprache hierbei in den philosophischen Debatten des 20. Jahrhunderts bekanntlich eine Schlüsselrolle zugesprochen wurde.

Man muss diesen radikalen Gedanken in aller Klarheit formulieren, um seine Tragweite ermessen zu können: Aus der Perspektive einer Subjektivierungstheorie geht es nicht nur darum, das Leben und Zusammenleben von Menschen nachhaltiger zu organisieren und zu gestalten, sondern weit darüber hinausgehend auch darum, die Art und Weise, in der sich Subjekte als Subjekte verstehen, zu verändern oder diesen Veränderungsprozess zumindest vorab zu beschreiben. Der nichtnachhaltige Mensch versteht das Leben als ein mit möglichst vielen Eindrücken, Erfahrungen und Erfolgen zu füllendes Gefäß – und er verfolgt dieses Ziel mit Konsum, Produktion, Fernreisen und »Selbstmanagement«. »Erfüllt« ist dieses Leben durch eine Maximierung der individuellen Expression, der Anreicherung des Lebens mit jenen Erfahrungen oder Dingen, die – in den Worten Rosas – die »Weltreichweite« erhöhen. Der nachhaltige Mensch hingegen muss die Frage, ob und wie sein Leben gelingt, anders beantworten – wie auch immer das im Einzelnen auszusehen hat.[56]

Die Konsequenzen dieser Perspektive lassen sich am präzisesten mittels einer Theorie herauspräparieren, die zeitlich vor Rosas sozialtheoretischen Arbeiten entstand, deren Rezeption und systematische Weiterentwicklung jedoch sehr lebendig ist, nämlich mit Michel Foucaults Theorie der Subjektivierung. Foucault hatte in den späten Vorlesungen eindrücklich herausgearbeitet, in welchem Maße die Art und Weise, in der sich Subjekte selbst interpretieren (»Hermeneutik des Subjekts«) und ihr Handeln strukturieren, durch Diskurse und Praktiken geprägt und daher historisch variabel ist. Während die klassische Psychologie diese Prozesse als *Sozialisierung* beschreibt und entwicklungspsychologisch zu fassen versucht, geht Foucault den Weg einer radikalen Historisierung.

55 Siehe die Beiträge in: Andreas Gelhard, Thomas Alkemeyer, Norbert Ricken (Hg.), *Techniken der Subjektivierung*, München 2013.

56 Ich komme auf die Frage nach dem Subjekt der Nachhaltigkeit in Kap. 7.2 zurück.

Unter dem Begriff der *Gouvernementalität* analysiert er das komplexe Geflecht von Diskursen, Praktiken und Technologien des Selbst, die eine Gesellschaft stabilisieren. Die Frage der Nachhaltigkeit ist aus dieser methodischen Perspektive nur als eine Frage nach einer *Gouvernementalität der Nachhaltigkeit* sinnvoll zu stellen.

Zumindest fraglich wird damit ein häufig anzutreffender Ansatz in der Nachhaltigkeitspolitik, der unter der Devise »Lasst uns Nachhaltigkeit sexy machen« den Vorschlag unterbreitet, die Mechanismen der Werbeindustrie, des kompetitiven Konsums und des Framings im Sinne eines nachhaltigen Konsums, ja Lebenswandels zu nutzen. Das bedeutet zugleich, dass die Kultur des expressiven Individualismus die »große Transformation« völlig unbeschadet überstehen, die Kultur der Konsumsteigerung und des Distinktionskonsums nur »kosmetische« Anpassungen durchlaufen würden.[57] Richtig ist, dass nachhaltiger Konsum auch in der Form von Distinktionskonsum erfolgen kann. Ich werde aber in diesem Buch zu zeigen versuchen, dass ein tatsächlich nachhaltiger Lebenswandel eine Transformation der Subjekkonzeption zwingend einschließt.

2.6 Welche Antworten überzeugen? – ein Zwischenfazit

Zum Abschluss dieses Kapitels will ich die Antworten auf die eingangs gestellte Nachhaltigkeitsfrage noch einmal kurz rekapitulieren und im Sinne eines Fazits bewerten. Es dürfte deutlich geworden sein, inwiefern die jeweiligen Perspektiven einander widersprechen, aufeinander reagieren und sich bisweilen dennoch ergänzen. *Erstens* erweist sich die rein moralphilosophische Perspektive als unterkomplex. Vor allem die auf das Gefangenendilemma verweisenden Argumente der Rational-Choice-Schule können erklären, warum bloße Moralappelle zumeist verhallen: Entscheidungen treffen die Menschen stets in Situationen, in denen sie zugleich die Entscheidungen anderer Menschen antizipieren müssen. Eine im weitesten Sinne auf Kant verweisende, mit kategorischen Imperativen operierende Moral scheint daher wenig hilfreich zu sein, um die globale

57 Diesen Faden der Argumentation nehme ich im Kapitel zur Verbraucherdemokratie wieder auf, wo ich verschiedene Konzeptionen des Wirtschaftsbürgers diskutiere: siehe unten, Kap. 6.1.

Herausforderung der Nachhaltigkeit zu bewältigen, selbst wenn sie anders als Kant nicht auf Prinzipien, sondern auf Handlungsfolgen verweist. Nachhaltigkeit lässt sich nicht privatisieren und nicht moralisieren. Dies bedeutet wohlgemerkt nicht, dass moralphilosophische Beiträge zur Nachhaltigkeitsdebatte an sich wertlos oder unnütz seien. Gerade in Bezug auf die Frage nach der gerechten Verteilung der Transformationslasten sind die Beiträge aus dem Bereich der praktischen Philosophie hochgradig relevant. Anders gesagt: Von besonderer Bedeutung sind sie vor allem dann, wenn sie nach einer angemessenen *Umsetzung* von Gerechtigkeitsprinzipien fragen, weniger hilfreich hingegen, wenn sie sich an Fragen der *Begründung* abarbeiten und beispielsweise zu zeigen versuchen, *warum* wir künftigen Generationen nachhaltiges Verhalten schulden. Gesucht wird dann nach Gründen, die zugleich motivieren sollen.[58]

Aus dieser Skepsis gegenüber einer primär performativ operierenden Moralphilosophie folgt jedoch *zweitens* nicht, dass ein systemtheoretischer Fatalismus à la Luhmann überzeugen kann. Die bei Luhmann dominierende Ambivalenz, mit der er dem politischen System einerseits die Funktion zuspricht, kollektiv bindende Entscheidungen zu produzieren, und zugleich und andererseits die Fähigkeit abspricht, diese auch durchzusetzen, kann nicht überzeugen. Hier ist ein unrealistischer Begriff von »Steuerung« im Spiel, der sich leicht widerlegen lässt. Die Fortführungen der systemtheoretischen Diskussion bieten jedoch interessante Impulse: Helmut Willke oder Dirk Baecker liefern Inspirationen für eine Nachhaltigkeitspolitik, die auf »ironische Steuerung« (Willke) oder »postheroisches Management« (Baecker) setzt. Politiktheoretisch bleiben diese Ansätze allerdings zu unkonkret.

Einschlägig bleibt indes *drittens* die Perspektive, die auf die Allmende-Architektur und die »Macht« des Gefangenendilemmas im Nachhaltigkeitskontext verweist. Die Forschungen zum Allmende-Management liefern nicht nur eine einleuchtende Problemschreibung; sie erbringen auch umsetzbare und empirisch überprüfbare Lösungsansätze. Das in der Traditionslinie der Rational-Choice-Schule dabei ein aus heutiger Sicht naiv anmuten-

58 Eine Auseinandersetzung mit der Hintergrundmetaphorik von Grund, Gründe, und Begründen ist Felix Heidenreich, »Grund, Gründe, Begründen: Metaphorologische und systematische Perspektiven auf die Politik des (Be-)Gründens«, in: *Zeitschrift für Kulturphilosophie* 10 (2016), S. 145-166.

des Modell des *homo oeconomicus* vorausgesetzt wird, ist so lange unproblematisch, wie der Charakter des Modells als heuristisches Werkzeug in Erinnerung bleibt.

Die Differenzierungen, die die Verhaltensökonomik und die Sozialpsychologie an diesem Modell vorgenommen haben, sind *viertens* für die Nachhaltigkeitsdebatte ganz und gar unverzichtbar. Über Nachhaltigkeit kann man heute nicht mehr sinnvoll sprechen, ohne die Modelle von Anreizsystemen in die Diskussion einzubeziehen und über die Formung von mentalen Infrastrukturen und ihrer *baselines* zu sprechen. Die komplexen demokratietheoretischen Fragen rund um Begriffe wie Autonomie und Heteronomie, die bereits das Thema des Nudgings impliziert, verschärfen sich *fünftens*, wenn man das Subjekt nicht nur als eine von Frames umstellte Entscheidungsinstanz denkt, sondern selbst als Resultat von Subjektivierung. Die Debatte um Foucaults Freiheitsbegriff muss dann mit einer Nachhaltigkeitsdebatte verknüpft werden, die die Frage stellt, wie nachhaltige Subjekte entstehen. Um aus den drei letztgenannten Perspektiven eine Art synthetische Heuristik zu entwickeln, werde ich im nächsten Kapitel einen Begriff der (nachhaltigen) Lebenswelt entwickeln, der deutlich machen soll, inwiefern Nachhaltigkeit als Ziel von Politik auf deren Form zurückwirkt. Versteht man Politik nämlich als Gestaltung von Lebenswelten, so wird erkennbar, inwiefern eine klassisch liberale Konzeption mit ihrer scharfen Trennung zwischen privaten und öffentlichen Entscheidungen in zunehmendem Maße unplausibel wird.

3
Der Begriff der nachhaltigen Lebenswelt

Eine konsequente Politik der Nachhaltigkeit stellt etablierte Abgrenzungen des Privaten in Frage: Jedes klimarelevante Verhalten ist für eine solche Politik legitimer Gegenstand kollektiv bindender Entscheidungen. Auswirkungen auf das Klima hat aber beinahe alles, was Menschen in Industriegesellschaften tun. Nicht nur alle Formen des unmittelbaren Energieverbauchs, auch die Formen der Mobilität oder die Art der Nahrung werden somit zum Thema der Politik. Damit aber wird auf neue Weise erfahrbar, dass Politik nicht nur durch Verbote bestimmte Handlunsgweisen ausschließt, sondern durch den Aufbau von Anreizsystemen und Infrastrukturen eine Art des Lebens wahrscheinlich macht, ja sogar planmäßig herbeiführt. Um diesen Prozess genauer zu beschreiben, soll dem Begriff der Lebenswelt eine neue Bedeutung gegeben werden.

3.1 »Lebenswelt« in der Philosophie und der Soziologie

Der Begriff der Lebenswelt wird in der Philosophie und der Soziologie auf sehr verschiedene Weise verwendet, zudem sind seit seiner Prägung im späten 19. Jahrhundert immer wieder neue Bedeutungsvarianten vorgeschlagen worden. Richard Grathoff geht sogar so weit, diesen Begriff als Zentrum der – zumindest deutschsprachigen – sozialphilosophischen Theoriebildung im 20. Jahrhundert zu betrachten.[1] Die kurze Rekonstruktion der wichtigsten begrifflichen Ausprägungen, die ich in diesem Abschnitt leisten werde, soll lediglich dazu dienen, die von mir später in diesem Kapitel (3.3) entwickelte Variante vorzubereiten, und erhebt natürlich keinen Anspruch auf Vollständigkeit.[2] Während ein erster Theoriestrang

1 Richard Grathoff, *Milieu und Lebenswelt. Einführung in die phänomenologische Soziologie und die sozialphänomenologische Forschung*, Frankfurt/M. 1989.

2 Es liegen bereits ausführliche Analysen zur Begriffsgeschichte von »Lebenswelt« vor, die eine detaillierte Darstellung der historischen Bezüge an dieser Stelle unnötig machen. Siehe z. B. Rüdiger Welter, *Der Begriff der Lebenswelt. Theorien vortheoretischer Erfahrungswelt*, München 1986; Niklas Luhmann, »Die Lebens-

den Begriff der Lebenswelt streng transzendentalphilosophisch als Grenzbegriff beziehungsweise als Reflexionsbegriff für einen Modus des Weltbezugs reserviert (a), treibt ihn ein zweiter Strang soziologisch in eine Opposition zu »Systemen« oder zur Technik (b). Ein dritter Strang weist der Lebenswelt eine zentrale Rolle bei der Entwicklung deliberativer Kernkompetenzen zu (c).

(a) Eine *erste* klar konturierbare Bedeutung des Begriffs der Lebenswelt versteht ihn als Reflexionsbegriff.[3] Sie dominiert bei Edmund Husserl und Hans Blumenberg. Husserl führte den Begriff in seiner *Krisis*-Schrift von 1936 ein;[4] hier bezeichnet er einen Modus des Bewusstseins, den man als *präreflexive Alltäglichkeit* bezeichnen könnte. Husserl selbst schreibt: »Die Lebenswelt ist das Reich ursprünglicher Evidenzen.«[5] Die merkwürdige Formulierung vom »Reich« der Evidenzen kann als eine Wiederaufnahme von Heideggers Begriff des »Bewandtniszusammenhangs« gelesen werden. Husserl scheint damit ausdrücken zu wollen, dass die »ursprünglichen Evidenzen« ein mehr oder weniger kohärentes Ensemble formen, eben ein »Reich«. Die Lebenswelt bildet damit so etwas wie ein Bündel unhinterfragter und unthematischer Hypothesen. Gerade als unthematische Voraussetzungen entfalten sie Geltung.

Hans Blumenberg schließt sich in seinen Arbeiten diesem Verständnis im Wesentlichen an. Seine Umschreibung lautet: »Die Lebenswelt ist die Welt, in der es auf alles eine Antwort gibt und dies

welt – nach Rücksprache mit Phänomenologen«, in: *Archiv für Rechts- und Sozialphilosophie / Archives for Philosophy of Law and Social Philosophy* 72:2 (1986), S. 176-194. Vgl. auch: Felix Heidenreich, *Mensch und Moderne bei Hans Blumenberg*, München 2005, S. 106-114.

3 »Reflexionsbegriff« verwende ich in folgendem Sinne: Reflexionsbegriffe bezeichnen nicht Objekte in der Welt, sondern »Weisen des Vorstellens« bzw. Modi des Erlebens. In diesem Sinne kann man z. B. den Begriff der Arbeit als Reflexionsbegriff fassen: Arbeit ist, was als solche erlebt wird. Vgl. meinen Beitrag: »Dimensionen der Entgrenzung von Arbeit – eine ideengeschichtliche Skizze zu einem soziologischen Thema«, in: Felix Heidenreich, Jean-Claude Monod, Angela Oster (Hg.), *Arbeit neu denken / Repenser le travail*, Oldenburg 2009, S. 175-197.
Zu Husserls Begriff der Lebenswelt vgl. die klassische Darstellung von Elisabeth Ströker, *Lebenswelt und Wissenschaft in der Philosophie Edmund Husserls*, Frankfurt am Main 1979.

4 Edmund Husserl, *Die Krisis der europäischen Wissenschaften und die transzendentale Phänomenologie. Eine Einleitung in die phänomenologische Philosophie*, in: ders., *Gesammelte Werke* (*Husserliana*; ff. abgekürzt mit *Hua*), Bd. VI, Den Haag 1962.

5 Ebd., S. 130.

jeder so gut weiß, daß er die Fragen gar nicht erst stellt.«[6] Ein wiederkehrendes (und von Blumenberg problematisiertes) Metaphernfeld, das Husserl in diesem Kontext benutzt, weist die Lebenswelt als »Boden« für den »Aufbau« der Wissenschaft aus.[7] Der Gegenbegriff zur Lebenswelt stellt in der *Krisis*-Schrift das wissenschaftliche, objektivierende Weltbild dar, das – Husserl zeigt dies am Beispiel des Galileo Galilei – die lebensweltlich-selbstverständliche Erfahrung durch Formalisierung durchbricht.

Diese aufgrund der phänomenologischen Terminologie womöglich unscharf anmutenden Formulierungen werden verständlicher, wenn man ein von Husserl selbst gegebenes Beispiel zur Veranschaulichung anführt. In einem kurzen, vor allem für die französischsprachige Husserl-Rezeption bedeutsamen Nachlasstext (bekannt geworden unter der im Titel vorkommenden Formel »Die Erde als Ur-Arche bewegt sich nicht«) unterscheidet er zwischen der *lebensweltlich als Boden* erfahrenen Erde einerseits und der *wissenschaftlich als Planet* definierten Erde andererseits.[8] Alltäglich, *lebensweltlich*, erfahren wir die Erde als gegebenen Grund, auf dem wir stehen oder gehen; zugleich können wir *wissenschaftlich* wissen, dass wir uns auf einer Kugel befinden, die sich zugleich um die eigene Achse dreht und durch das All rast. *Lebensweltlich* denken wir »Die Sonne geht auf«, auch wenn wir *wissenschaftlich* wissen, dass dieser optische Eindruck durch die Drehung der Erdkugel hervorgerufen wird. Die Formel »Die Erde als Ur-Arche bewegt sich nicht« thematisiert genau diese Unterscheidung, die auch für die *Krisis*-Schrift zentral ist: Offenbar ist für das moderne Weltbild eine Perspektiven-

6 Hans Blumenberg, *Begriffe in Geschichten*, Frankfurt/M. 1998, S. 120.

7 »Die Lebenswelt ist [...] für uns, die in ihr wach Lebenden, immer schon da, im voraus für uns seiend, ›Boden‹ für alle, ob theoretische oder außertheoretische Praxis.« (*Hua* VI, S. 145) Blumenberg hat darauf hingewiesen, dass es hier eine ungelöste Spannung zwischen der Metapher vom »Boden« der Lebenswelt einerseits und der vom (stets in Bewegung befindlichen) »Strom« des Bewusstseins andererseits gibt. (Hans Blumenberg, *Wirklichkeiten in denen wir leben*, Stuttgart 1986, S. 11 f.; ders., *Quellen, Ströme, Eisberge*, hg. von Ulrich von Bülow und Dorit Krusche, Berlin 2012, S. 186-192.)

8 Edmund Husserl, »Grundlegende Untersuchungen zum phänomenologischen Ursprung der Räumlichkeit der Natur (Aufschrift auf dem Umschlag: Umsturz der Kopernikanischen Lehre [...]. Die Ur-Arche Erde bewegt sich nicht)«, in: Marvin Farber (Hg.), *Philosophical Essays in Memory of Edmund Husserl*, Cambridge (MA) 1940, S. 307-325.

dualität charakteristisch, die es erlaubt, zwischen lebensweltlicher und wissenschaftlicher Einstellung zu wechseln. *Wissenschaftlich* wissen wir, dass Nationen historisch kontingente soziale Konstrukte darstellen, Musik aus Schallwellen besteht und das menschliche Paarungsverhalten mit der Ausschüttung des Hormons Oxytocin zu tun hat; *lebensweltlich* können wir dennoch patriotische Gefühle hegen, von Musik begeistert sein und uns verlieben.[9]

Versteht man »Lebenswelt« in diesem Sinne als einen Modus des Weltverhältnisses, so nimmt der Begriff eine im Grunde adverbiale Funktion an: Lebensweltlich bewegen wir uns durch Umwelten, wenn uns diese vertraut und selbstverständlich sind und wir sie aus einer präreflexiven Ich-Perspektive erleben. Husserl hatte den Begriff in diesem Sinne als transzendentalen Modus konzipiert, der durch eine phänomenologische Reduktion freigelegt werden kann. Obwohl erst im Rückblick als solcher erkennbar, geht er als Modus des Weltbezugs der wissenschaftlichen Objektivierung voraus.

Die Lebenswelt wäre aus dieser Sicht immer nur nachgängig beobachtbar. Dass uns etwas selbstverständlich war, können wir erst erkennen, wenn es das nicht mehr ist – ein Aspekt, den vor allem Blumenberg in verschiedenen Kontexten herausarbeitet. Zudem folgt aus dieser Konzeption, dass die lebensweltliche Erfahrung nicht an spezifische Objekte oder Umwelten gebunden ist. Lebenswelt und Wissenschaft bezeichnen nicht zwei Sphären der Gesellschaft oder Mengen von Objekten, sondern zwei Modi des Erlebens, die sich, wie wir gesehen haben, auf ein und dasselbe Ob-

9 Die wohl bekannteste literarische Verarbeitung dieser Perspektivendualität ist der Eingangsabschnitt von Robert Musils *Der Mann ohne Eigenschaften* (Reinbek 1992, S. 9), in dem das Wetter zunächst meteorologisch als Hochdruckgebiet, dann lebensweltlich als »schöner Tag« beschrieben wird: »Über dem Atlantik befand sich ein barometrisches Minimum; es wanderte ostwärts, einem über Rußland lagernden Maximum zu, und verriet noch nicht die Neigung, diesem nördlich auszuweichen. Die Isothermen und Isotheren taten ihre Schuldigkeit. Die Lufttemperatur stand in einem ordnungsgemäßen Verhältnis zur mittleren Jahrestemperatur, zur Temperatur des kältesten wie des wärmsten Monats und zur aperiodischen monatlichen Temperaturschwankung. Der Auf- und Untergang der Sonne, des Mondes, der Lichtwechsel des Mondes, der Venus, des Saturnringes und viele andere bedeutsame Erscheinungen entsprachen ihrer Voraussage in den astronomischen Jahrbüchern. Der Wasserdampf in der Luft hatte seine höchste Spannkraft, und die Feuchtigkeit der Luft war gering. Mit einem Wort, das das Tatsächliche recht gut bezeichnet, wenn es auch etwas altmodisch ist: Es war ein schöner Augusttag des Jahres 1913.«

jekt oder Phänomen richten können. Auch wissenschaftliche oder technische Geräte können lebensweltlich benutzt werden – darauf hat vor allem Blumenberg insistiert. Er zeigt, dass die Benutzung des Telefons in dessen Frühzeit zunächst als szientistisch-technischer Ausnahmeakt erlebt wurde. Doch sehr viele technische Innovationen sedimentieren nach einer gewissen Zeit zu gewöhnlichen Gegenständen des Alltags; Telefone gehören irgendwann zur Lebenswelt, wenn wir sie ganz selbstverständlich, routiniert und präreflexiv benutzen. Sie können dann in ihrem Gebrauch so lebensweltlich werden wie der Sonnenaufgang. Blumenberg beschreibt dieses Wechselverhältnis wie folgt:

> [...] genau darin besteht das entscheidende Bindeglied zwischen Alltäglichkeit und Technisierung: in der Dienstbarmachung des Unverstandenen als der jeder Besinnung und jedes Zögerns unbedürftigen Auslösung von Funktionen. Die Technisierung mag nach ihren theoretischen und ökonomischen Grundlagen genuin zur Destruktion von Lebensweltlichkeit gehören; im Verlauf ihrer Allvergegenwärtigung nimmt sie teil an der Tendenz auf finale Lebensweltlichkeit und betreibt und beschleunigt sie.[10]

Die Pointe in Blumenbergs Telefon-Beispiel besteht vor allem in der Auflösung einer konkretistisch gedachten Opposition von Lebenswelt und Technik. Technisierung bedeutet nach Blumenberg vor allem, dass die technischen Innovationen irgendwann lebensweltlich genutzt werden. Technik und Lebenswelt stellen daher phänomenologisch keinen Widerspruch dar; sie haben vielmehr im Mechanismus der Formalisierung etwas Wesentliches gemeinsam. Die Formalisierungen des Bewusstseins, die es erlauben, etwas *als etwas* zu erkennen – zum Beispiel nicht ein komplexes Ensemble aus Haut, Haaren und Nase, sondern das Gesicht einer Person namens »Hans« –, und der technische »Rückgriff auf bereits Geleistetes« operieren analog.[11]

(b) Blumenberg reagiert in den 1970er- und 1980er Jahren mit dieser Wiederaufnahme der Husserlschen Konzeption von Lebenswelt als Reflexionsbegriff auf eine Umdeutung, die vor allem in der Soziologie und ebenfalls im Anschluss an Husserl verbreitet

10 Hans Blumenberg, »Lebenswelt und Technisierung unter Aspekten der Phänomenologie«, in: ders., *Wirklichkeiten in denen wir leben*, S. 7-54, hier: S. 54.

11 Zu Blumenbergs Technikphilosophie vgl. Heidenreich, *Mensch und Moderne*, S. 115-121.

war. Diese zweite Variante des Begriffs geht auf Alfred Schütz und Thomas Luckmann zurück, die in ihrem gemeinsamen Werk *Die Strukturen der Lebenswelt* von 1975 auf den frühen Arbeiten zur phänomenologischen Begründung der Soziologie durch Schütz aufbauen. Auf den ersten Blick scheinen sie sich direkt an Husserl zu orientieren.[12] Ihre Definition lautet:

> Unter alltäglicher Lebenswelt soll jener Wirklichkeitsbereich verstanden werden, den der wache und normale Erwachsene in der Einstellung des gesunden Menschenverstandes als schlicht gegeben vorfindet. Mit ›schlicht gegeben‹ bezeichnen wir alles, was wir als fraglos erleben, jeden Sachverhalt, der uns bis auf weiteres unproblematisch ist. Daß freilich jederzeit das bis dahin Fraglose in Frage gestellt werden kann, ist ein Punkt, mit dem wir uns noch zu beschäftigen haben werden.[13]

Diese Definition erinnert auf den ersten Blick stark an Husserls transzendentalphilosophische Bestimmung des Begriffs, ist aber äußerst vielschichtig.[14] In Schütz' und Luckmanns anschließender Analyse der »Aufschichtung« der Lebenswelt wird diese dann jedenfalls zum Synonym für bestimmte Milieus oder spezifische Lebensumwelten, die durch jeweilige Raumaufteilungen, Sprachcodes etc. geprägt sind. »Lebenswelt« wird hier quasi ethnologisiert und soll letztlich zu empirischen Untersuchungen anleiten. Problematisch an dieser Konzeption ist vor allem die Parallelisierung der Lebenswelt mit einem geteilten Wissensvorrat, der in einer Gemeinschaft als widerspruchsfrei vorausgesetzt wird.[15] Auch ist insbesondere bei Schütz nicht immer klar, auf welche Weise sich die Lebenswelt formiert: im Zuge eines absichtsvollen »Aufbaus« oder eines wie auch immer gearteten emergenten Prozesses? Ist der gemeinsame Wissensvorrat explizit formuliert oder bloß unthematisch mitlaufend?[16]

12 Sie verweisen allerdings auf die *Ideen* II (*Hua* IV), nicht auf die *Krisis*-Schrift. Alfred Schütz, Thomas Luckmann, *Strukturen der Lebenswelt*, Konstanz, München ²2017, S. 29.

13 Ebd., S. 29.

14 Rüdiger Welter listet allein fünf verschiedene Bedeutungsschattierungen auf, die der Begriff bei Schütz annehmen kann, siehe Welter, *Der Begriff der Lebenswelt*, S. 168 f.

15 In diesem Sinne kann man dann z. B. von der »Lebenswelt des Alten Testaments« sprechen. Bernhard Anderson, *The Living World of the Old Testament*, Harlow 1988.

16 An Schütz' schillernder Verwendung des Begriffs hat sich eine Debatte entzün-

(c) Eine noch einmal andere Bedeutung nimmt »Lebenswelt« im Werk von Jürgen Habermas an. Der Begriff, den Habermas in expliziter Auseinandersetzung mit Husserl und Schütz entwickelt,[17] scheint für ihn vor allem deshalb bedeutsam, weil er die Verschränkung von Sprachnormen mit allgemeineren sozialen Normen impliziere und so die Genese von Normativität aus Kommunikation zu plausibilisieren erlaube.[18] Mit dieser Argumentation hofft Habermas, die »*kulturalistische Verkürzung des Konzepts der Lebenswelt* zu korrigieren«.[19] Was ist damit gemeint?

Man versteht Habermas' Auseinandersetzung mit Schütz und seine Neudeutung des Begriffs vermutlich am besten, wenn man sich die jeweiligen Gegenbegriffe verdeutlicht. Wenn Schütz und Luckmann die Verweiszusammenhänge des Selbstverständlichen unter dem Titel »Lebenswelt« untersuchen, so stellen jeweils andere Lebenswelten das Außen des Bezeichneten dar. Beispielsweise ist die Lebenswelt einer Großstadt das Andere der Lebenswelt eines Alpendorfes. Beide Lebenswelten haben spezifische Selbstverständlichkeiten, eingeübte Sprachen, Normen und Praktiken. Der Begriff der Lebenswelt verliert damit aber – so Habermas' Einwand – jedes kritische Potenzial. Lebenswelten sind dann einfach auf eine bestimmte Weise – oder eben anders.

Diesen Vorwurf formuliert Habermas recht explizit gegen die von ihm ebenfalls als »kulturalistisch verkürzte« Verwendungswei-

det, die jedoch für das Thema dieses Buches nicht relevant ist und daher ausgeklammert bleibt. Siehe aber z. B. Werner Bergmann, »Lebenswelt – Lebenswelt des Alltags oder Alltagswelt?«, in: *Kölner Zeitschrift für Soziologie und Sozialpsychologie* 33:1 (1981), S. 50-72.

17 Erstmals und prominent in: *Theorie des kommunikativen Handelns*, Frankfurt/M. 1981, Bd. 1: *Handlungsrationalität und gesellschaftliche Rationalisierung*, Bd. 2: *Zur Kritik der funktionalistischen Vernunft*. Besonders einschlägig ist Bd. 2, Kap. VI: »Zweite Zwischenbetrachtung«.

18 Jahre später diskutiert Habermas die Frage, inwiefern Robert Brandoms Inferentialismus (siehe Robert B. Brandom, *Expressive Vernunft. Begründung, Repräsentation und diskursive Festlegung*, Frankfurt/M. 2000) diese Aufgabe plausibel bewältigt. Das von Brandom beschriebene *scorekeeping* wäre als eine lebensweltliche Konsistenzprüfung von Sprechakten zu deuten. Der Begriff der Lebenswelt ist daher für alle Theorien der deliberativen Demokratie entscheidend. Lebensweltliche Kommunikation verdeutlicht die Beziehungsdimension von Kommunikation, die implizierte Anerkennung, die beim Austausch von Argumenten vorausgesetzt wird.

19 Habermas, *Theorie des kommunikativen Handelns*, Bd. 2, S. 205.

se bei Peter L. Berger und Thomas Luckmann.[20] Die Lebenswelt bestehe nicht nur aus Interpretationsvorgängen, die – auf welche Weise auch immer – an der Realität getestet würden. Diese kommunikativen Handlungen »bedeuten zugleich Vorgänge der sozialen Integration und Vergesellschaftung«,[21] so Habermas. Deren Maßstab sei aber nicht nur ihre Funktionsfähigkeit; vielmehr müssten sie als die Quelle sozialer Ressourcen betrachtet werden. Lebensweltliche Verständigung trägt selbst schon die Normativität der Verständigung in sich und ist nicht normativ neutral, so Habermas' Pointe.

Versteht man folglich Lebenswelt als einen Interaktionszusammenhang, der vor allem *normative* soziale Integration herstellt, so erfolgt die Abgrenzung nicht mehr gegenüber anderen Lebenswelten, sondern gegenüber »Systemen«, also den abstrahierten Imperativstrukturen, die Habermas vor allem mit dem Entstehen und der Ausdifferenzierung der modernen Wirtschaft und Verwaltung assoziiert. Die entscheidende These lautet dann: Während die lebensweltliche Interaktion Werte und Normen generiert, Sozialintegration herstellt, Selbstverständlichkeit produziert, bedrohen die Systeme durch den Rationalisierungsdruck genau diese Lebenswelt und laufen Gefahr, diese zu »sprengen«.[22] Habermas spricht in diesem Kontext auch von der Notwendigkeit, ein klassisches Motiv der Kritischen Theorie, nämlich das »Problem der Verdinglichung«, wieder aufzugreifen und »in Begriffen *systemisch induzierter Lebensweltpathologien* neu zu formulieren«.[23] Modernisierung, funktionale Ausdifferenzierung und Technisierung gefährden die (ursprünglich dominante) Lebenswelt, so könnte man zusammenfassen.

Habermas nimmt damit zwar Motive aus Husserls *Krisis*-Schrift auf, deutet diese aber nun ganz soziologisch als Konkurrenz oder Kollision zweier sozialer Sphären – Lebenswelt versus System –, und nicht mehr (wie noch Husserl) als Nebeneinander zweier Modi

20 Peter L. Berger, Thomas Luckmann, *Die gesellschaftliche Konstruktion der Wirklichkeit*, Frankfurt/M. 1969.

21 Habermas, *Theorie des kommunikativen Handelns*, Bd. 2, S. 211.

22 Ebd., S. 233.

23 Ebd., S. 293. Man sieht an dieser Formulierung, wie der Begriff des »Systems« die Funktion der anderen Seite einer Leitunterscheidung einnimmt – eine Rolle, die bei der ersten Generation der Frankfurter Schule der Begriff der *instrumentellen Vernunft* innehatte.

des Welterlebens: Lebenswelt versus Wissenschaft. Denn mit der Lebenswelt assoziiert Habermas ganz explizit die übersichtlichen Verhältnisse der unmittelbaren Interaktion und Kommunikation in der Familie und anderen Zusammenhängen, die, in Luhmanns Terminologie, durch die »Kommunikation unter Anwesenden« geprägt sind. Nur so ist zu erklären, dass Habermas explizit dem Verdacht entgegentreten muss, sein Begriff der Lebenswelt bezeichne letztlich vormoderne, ja archaische Lebenszusammenhänge: »Der Entwurf einer kollektiv geteilten homogenen Lebenswelt ist gewiß eine Idealisierung; aber aufgrund ihrer familialen Gesellschafts- und mythischen Bewußtseinsstrukturen nähern sich archaische Gesellschaften diesem Idealtypus mehr oder weniger an.«[24]

Die Lebenswelt bildet dann so etwas wie ein Residuum quasi-archaischer, ursprünglicher sozialer Interaktion, wie sie im Familien- oder Freundeskreis, in dorfähnlichen Lebenszusammenhängen oder *communities* jenseits der »Systeme« auch in modernen Gesellschaften fortbesteht. Die Wechselwirkung zwischen diesen beiden Sphären verschärft indes, so Habermas, die Typenbildung: »[J]e komplexer Gesellschaftssysteme, um so provinzieller werden die Lebenswelten. In einem differenzierten Gesellschaftssystem schrumpft die Lebenswelt zu einem Subsystem.«[25] Gerade in modernen Gesellschaften wird der Rückzug in die *community* zum Massenphänomen, weil der Komplexitätsdruck das soziale Biotop einer homogenen Lebenswelt attraktiv werden lässt, so die These.

Eine in demokratietheoretischer Hinsicht noch relevante Rolle erhält der Begriff der Lebenswelt dann in *Faktizität und Geltung*, wo Habermas den Begriff entlang der benannten Leitunterscheidung zwischen »Lebenswelt« und »Systemen« (gemeint sind damit bei Habermas primär Wirtschaft und Verwaltung) benutzt. Seine Modellierung der kommunikativen Vergesellschaftung kennt bekanntlich drei zentrale Sphären: die Lebenswelt, die Öffentlichkeit und das (im engeren Sinne) politische System. Alle drei Sphären haben je spezifische »Schleusen« und »Filter« und müssen spezifischen Anforderungen entsprechen.[26] Auch in diesem Kontext er-

24 Ebd., S. 234.

25 Ebd., S. 258.

26 Die Unterscheidung wird wieder relevant, wenn sich Habermas mit der Frage der Religion in der modernen Öffentlichkeit beschäftigt. Hier unterscheidet er zwischen den lebensweltlich-religiösen Quellen normativer Ressourcen (a), der

scheint die Lebenswelt als eine Art Gegenstück zu den »instrumentell« und rational organisierten Sphären von Massenöffentlichkeit und Politik:

> Gerade die deliberativ gefilterten politischen Kommunikationen sind auf Ressourcen der Lebenswelt – auf eine freiheitliche politische Kultur und eine aufgeklärte politische Sozialisation, vor allem auf Initiativen meinungsbildender Assoziationen – angewiesen, die sich weitgehend spontan bilden und regenerieren, jedenfalls direkten Zugriffen des politischen Apparats nur schwer zugänglich sind.[27]

Dieter Henrich hat Habermas vor diesem Hintergrund vorgeworfen, mit dem Begriff der Lebenswelt eine Art metaphysisches Residuum in seine Theorie einzuführen: »›Lebenswelt‹ ist ein Terminus, dem [ein spezifisches] Ausweichen ins Profil geschrieben steht, denn er erklärt den unhintergehbaren Ausgang aller Sprechakte zu einer im Prinzip harmonischen Totalität.«[28] Die Theorie kommunikativer Rationalität läuft aus dieser Perspektive auf eine Art Zirkelschluss hinaus, weil in ihre Ausgangssituation bereits Rationalitätsunterstellungen gesetzt sind, die dann nur wieder deduziert werden. Impliziert Habermas' Begriff der Lebenswelt also eine bloß romantische Projektion von Ursprünglichkeit, Harmonie, Verständigung?

Die Schwierigkeiten der Leitunterscheidung (die »spontane«, sich regenerierende Lebenswelt *versus* tendenziell kolonisierende »Systeme« oder »politische Apparate«) sind leicht zu benennen. Sie

Sphäre der Öffentlichkeit, in der auch politische Akteure ihre religiösen Überzeugungen artikulieren können (und damit zugleich einer öffentlichen Prüfung aussetzen) (b), und der Sphäre des politischen Systems im engeren Sinne (Parlamente, Verwaltung, Gerichte), die religiös neutral sein sollen (c). Vgl. Jürgen Habermas, *Zwischen Naturalismus und Religion. Philosophische Aufsätze*, Frankfurt/M. 2005, z. B. Aufsatz 5.

27 Jürgen Habermas, *Faktizität und Geltung. Beiträge zur Diskurstheorie des Rechts und des demokratischen Rechtsstaats*, Frankfurt/M. 1992, S. 366.

28 Dieter Henrich, »Was ist Metaphysik – was Moderne? Zwölf Thesen gegen Jürgen Habermas«, in: ders., *Konzepte. Essays zur Philosophie der Zeit*, Frankfurt/M. 1992, S. 11-43, hier: S. 18. Henrich führt dies übrigens auf den Einfluss Erich Rothackers zurück, im »Wirkungsbereich« von dessen »Denkweise« Habermas »trotz aller Anstrengungen und Leistungen« (ebd.) bleibe – ein Vorwurf, der vor allem durch Rothackers NS-Vergangenheit eine nicht nur theoretische, sondern durchaus persönliche Schärfe enthält.

werden besonders deutlich, wenn Habermas in *Theorie des kommunikativen Handelns* die These aufstellt, Normen würden beständig in der Lebenswelt produziert und von den Systemen untergraben. Dort heißt es zum Beispiel: »Mit den über Steuerungsmedien ausdifferenzierten Subsystemen schaffen sich die systemischen Mechanismen ihre eigenen, normfreien, über die Lebenswelt hinausragenden Sozialstrukturen.«[29] Auffällig ist hier vor allem, dass Habermas komplexe soziale Systeme als »normfrei« beschreibt.[30] Nun ist beispielsweise ein juristischer Begriff von *Recht* natürlich nicht mit einem lebensweltlichen Begriff von *Gerechtigkeit* identisch – daher die immer wieder öffentlich artikulierte Frustration über als skandalös empfundene »ungerechte« Urteile. Aber dass Funktionssysteme anderen Normen als denjenigen der Lebenswelt folgen, bedeutet keineswegs, dass sie »normfrei« wären. Im Gegenteil: Gerade die Tatsache, dass ein funktionierender Rechtsstaat eben nicht intuitiven, lebensweltlichen Gerechtigkeits*gefühlen* zur Umsetzung verhilft, sondern durch Prozeduralisierung, Entschleunigung und Ausdifferenzierung explizierte Rechts*normen* zur Anwendung bringt, stellt seine spezifische Leistung dar. Dass eine solche Durchsetzung abstrakter Normen gegen eine lebensweltlich intuitive Tradition aus unhinterfragt vorausgesetzten Werten subjektiv von den Betroffenen als »Kolonialisierung« erlebt und in der Terminologie der Entfremdung thematisiert wird, ist nicht von der Hand zu weisen. Aber das Beispiel der sogenannten Ehrenmorde zeigt, dass eben nicht alle Werte wünschenswert sind und nicht jede Form der Entfremdung normativ problematisch sein muss. Dass der Rechtsstaat also lebensweltlichen Normen widerspricht, ist in sich modernisierenden Gesellschaften zu einem gewissen Grad zu erwarten und sollte nicht a priori als »Pathologie« interpretiert werden. Die Frage, wie stark sich lebensweltliche Erwartungen und rechtsstaatlich generierte Urteile voneinander entfernen dürfen, ist

29 Habermas, *Theorie des kommunikativen Handelns*, Bd. 2, S. 275.

30 Dies ist eigentlich nur dadurch zu erklären, dass Habermas hier gewissermaßen einen normativen Begriff der Norm benutzt: Eine soziale Norm soll eine (vom Autor? von der politischen Gemeinschaft?) erwünschte Norm sein. Zur Notwendigkeit einer explizit nicht normativen Theorie der Normen vgl. Christoph Möllers, *Die Möglichkeit der Normen. Über eine Praxis jenseits von Moralität und Kausalität*, Berlin 2015. Natürlich haben Recht und Verwaltung »Normen« – nur handelt es sich dabei eben um die Normen von Recht und Verwaltung.

Gegenstand der Debatte, jedoch einfach eine Deckung beider Normenansprüche zu erwarten, sozusagen *a priori* für eine Seite Partei zu ergreifen, erscheint unterkomplex.

Analog ließe sich bezüglich des Wirtschaftssystems darauf hinweisen, dass Marktmechanismen zwar in der Tat andere Normen hervorbringen als die lebensweltliche Kommunikation. Aber auch in diesem Fall operiert der Code bezahlen/nichtbezahlen keineswegs normfrei; er wirkt »abstrahierend«, insofern er die Frage, wer bezahlt, für irrelevant erklärt. Gerade diese Leistung kann aber normativ erwünscht sein, man denke zum Beispiel an die Bedeutung ökonomischer Unabhängigkeit für die Emanzipation der Frauen.[31] »Abstraktion« muss nicht automatisch normativ zweifelhaft sein. Es ist vor diesem Hintergrund kein Zufall, dass sich vor allem die systemtheoretische Terminologie Luhmanns zur Kritik an Habermas' Lebensweltbegriff anbietet. Luhmanns Auseinandersetzung mit diesem Thema bietet eine Art Rückkehr zu Husserl an und definiert Lebenswelt als »Kondensation von Vertrautheit«.[32] Auch wenn Luhmanns Hypostasierung der sozialen Systeme zu Subjekten *sui generis* grundsätzlich fragwürdig ist: Seine Kritik an einem romantisierenden Begriff der Lebenswelt ist stichhaltig.

3.2 Exkurs: Die Lebenswelt – »unbewusst«?

Die bisherige Rede von »Lebenswelt« hat immer wieder eine Frage berührt, die ansatzweise beantwortet werden soll. Bei Husserl war die Lebenswelt als Voraussetzung von Handlungen, als Alltäglichkeit beschrieben und mit dem Adjektiv »unthematisch« bezeichnet worden. Auch Begriffe wie »Routinen« oder »Infrastrukturen« deuten eine solche Latenz an: Im Moment der Anwendung von Routinen oder der Benutzung von Infrastrukturen werden diese selbst nicht thematisch; erst im Falle einer Störung wird die Aufmerksamkeit auf die jeweils benutzten Infrastrukturen gelenkt: Die Straße wird thematisch, wenn ein Schlagloch die Radaufhängung

31 Bezahlen zu können, ohne gefragt zu werden, wer man ist und wo man herkommt, ist eine moderne Errungenschaft, keine verdinglichende Entfremdung oder Zerstörung lebensweltlicher Nähe. Vgl. hierzu: Christina von Braun, *Der Preis des Geldes. Eine Kulturgeschichte*, Berlin 2012.

32 Luhmann, »Die Lebenswelt – nach Rücksprache mit Phänomenologen«, S. 183.

gefährdet; eine moralische Norm wird thematisch, wenn gegen sie verstoßen wurde.[33] Im *lebensweltlichen* Vollzug, so könnte man sagen, sind dessen Voraussetzungen latent.

Ein zentrales Problem nichtnachhaltiger Lebenswelten scheint nun darin zu bestehen, dass ihre Nichtnachhaltigkeit durchweg latent bleibt. Damit drängt sich jedoch die Frage auf, inwiefern die Theorie nachhaltiger Lebenswelten so etwas wie eine Theorie der Latenz oder des gesellschaftlichen Unbewussten beinhaltet beziehungsweise beinhalten sollte. Aus guten Gründen scheinen solche Theorien, die man mit dem Label »Ideologiekritik« versehen könnte, heute zweifelhaft. Dies hängt zum einen mit einer Skepsis gegenüber der Kategorie des Unbewussten zusammen, die sich im Falle eines potenziellen *gesellschaftlichen* Unbewussten noch einmal steigert.

Die Frage, ob vom Unbewussten überhaupt sinnvoll gesprochen werden kann, ist bereits auf der Ebene von Individuen höchst umstritten.[34] Das gesellschaftliche Unbewusste, das als kollektives Gedächtnis in Sigmund Freuds späten kulturtheoretischen Schriften eine Rolle spielt, ist in ganz verschiedenen Ausprägungen behauptet und konzeptualisiert worden. Während Carl Gustav Jung bekanntlich überzeitliche Archetypen annimmt, die sich aus der Biologie des Menschen sowie aus der gemeinsamen ontogenetischen Geschichte speisen sollten, verwendet Erich Fromm den Begriff in seinen frühen Schriften in einem eher an Freud orientierten Sinne.[35] Bei Mario Erdheim hingegen wird die »gesellschaftliche Produktion von Unbewusstheit« (hier deutet sich bereits eine wichtige semantische Verschiebung an) als Mittel der Herrschaftsausübung rekonstruiert und zur Heuristik einer ethnopsychoanalytischen Beschreibung herangezogen.[36]

Wie lässt sich nun die aus der Begegnung von Psychoanalyse

33 Diese Analogie weckt nicht zufällig die Assoziation des berühmten Hammer-Beispiels in Heideggers *Sein und Zeit* (§§ 14-24).

34 Eine frühe, sprachanalytische Auseinandersetzung mit dem Begriff des Unbewussten liefert Alasdair MacIntyre, *Das Unbewußte. Eine Begriffsanalyse*, Frankfurt/M. 1968. Diese bleibt allerdings inhaltlich seltsam unentschieden.

35 Erich Fromm, *Die Entdeckung des gesellschaftlichen Unbewußten. Zur Neubestimmung der Psychoanalyse*, Weinheim 1990.

36 Mario Erdheim, *Die gesellschaftliche Produktion von Unbewußtheit. Eine Einführung in den ethnopsychoanalytischen Prozeß*, Frankfurt/M. 1984.

und Sozialphilosophie entstandene Idee eines »gesellschaftlichen Unbewussten« vom Begriff einer »unthematischen« Lebenswelt abgrenzen? Auffällig ist zunächst, dass bei Freud, aber auch bei Jung das Unbewusste beziehungsweise die Archetypen zu Quasiakteuren werden. Gerade aber diese Zuschreibung von Handlungsabsichten macht den Begriff so problematisch und jede Identifikation »unbewusster« Motivationen hochgradig spekulativ.

In Abgrenzung dazu kann im Kontext einer Theorie der Lebenswelt ein Effekt von Latenz beschrieben werden, ohne auf Annahmen über unbewusste Quasiakteure wie das Freudsche »Es« oder eine herrschende, Ideologie produzierende Klasse zurückzugreifen. Latenz entsteht aus dieser bescheideneren Sicht in erster Linie durch Praxis: Wenn etwas angewendet wird, kann es nicht zugleich – also *im selben Moment* – beobachtet werden.[37] *Applikation* und *Reflexion* von Infrastrukturen in einer Lebenswelt können immer nur sequenziell geschehen. Lebenswelten sind also, so könnte man zusammenfassen, *meist unthematisch, aber immer thematisierbar*. Die Nichtnachhaltigkeit auch mentaler Infrastrukturen aus dieser Latenz zu lösen, ist zentrale Aufgabe einer politischen Theorie der Nachhaltigkeit. Diese kann sie bewältigen, ohne in den Gestus einer Ideologiekritik zu verfallen, die die demokratische Öffentlichkeit über deren vermeintliche Verblendung belehrt. Dazu bedarf es einer präzisen Bestimmung dessen, was unter einer Lebenswelt zu verstehen ist, sowie einer Beschreibung ihrer Mechanismen. Darum soll es in den verbleibenden Abschnitten dieses Kapitels gehen.

37 Bei Luhmann wird dieser Umstand ausführlich anhand des Vollzugs und der Reflexion von Unterscheidungen thematisiert: Die Anwendung der Unterscheidung macht diese im Moment der Anwendung selbst »unsichtbar«. Eine Richterin, die ein Urteil verkündet, kann nicht *im selben Moment* die rechtsphilosophische Reflexionsfrage behandeln, ob die Unterscheidung zwischen Recht und Unrecht rechtens oder gar gerecht ist. »Der Beobachter, der eine Unterscheidung benutzt, um etwas zu bezeichnen, kann nicht im gleichen Moment auch diese Unterscheidung bezeichnen, denn damit würde er der ersten Bezeichnung die Grundlage entziehen.« (Niklas Luhmann, *Soziologische Aufklärung 5. Konstruktivistische Perspektiven*, Opladen 1990, S. 8.)

3.3 Lebenswelt als interagierendes Ensemble dreier Elemente

Angesichts der Schwierigkeiten, die Habermas' Begriff der Lebenswelt aufwirft, scheint sich eine Rückkehr zur ursprünglichen Husserlschen Intuition anzubieten. Dies würde zunächst bedeuten, die positiven Konnotationen, mit denen vor allem Habermas den Begriff aufgeladen hat, fallenzulassen: Lebenswelten sind an sich weder normativ gut noch schlecht. Zudem ist aber auch die transzendentalphilosophische Ausrichtung in Husserls Begriffsbildung zu überwinden. Mein Vorschlag lautet daher wie folgt: *Die Lebenswelt ist ein Ensemble interagierender technisch-materieller, sozial-kultureller und individuell-mentaler Infrastrukturen, das Handlungsroutinen ermöglicht.*

Mit dieser Bestimmung ist die Beschränkung auf die Sphäre transzendentaler Bewusstseinsstrukturen (die Husserl vorschwebte) aufgehoben, denn die im Bewusstsein sedimentierten Gewohnheiten, die habitualisierten Praktiken und die mit ihnen verbundenen Werte sind nur *ein* Element im Ensemble einer Lebenswelt.[38] Dazu gehören des Weiteren nicht nur sprachliche Konventionen, Frames, Deutungsschemata und Stereotype, sondern auch Selbstbilder und Lebensideale, die Handlungen *gewohnheitsmäßig* anleiten. Die soziokulturellen Erwartungen und Selbstverständlichkeiten werden in kollektiven Imaginationen und Leitbildern ausgedrückt, beworben, reproduziert und sedimentiert. Auch für die vermeintlich intimsten und privatesten Ideale, Leitbilder und Präferenzen

38 Rahel Jaeggi scheint ihren Begriff der Lebens*form* beinahe ausschließlich auf diese Dimension der »Praktiken und Einstellungen« (Rahel Jaeggi, *Kritik von Lebensformen*, Berlin 2013, S. 104 f.) zu beschränken. Versteht man Lebensformen wie Jaeggi als Praktiken, so droht in Hegels Terminologie die »objektive« Dimension, also zum Beispiel der materielle Charakter von Lebenswelten, in den Hintergrund zu treten. Thematisch wird dann ihre »Instituierbarkeit« (ebd., S. 132), aber nicht ihre Instituiertheit. So entsteht der Eindruck, es gehe bei Lebensformkonflikten primär um ethische Fragen. Die Frage, wie z. B. Architektur Lebensformen regelrecht erzwingt, kommt bei Jaeggi nur am Rande vor, weil aus ihrer Sicht eine interpretierende Praxis offenbar materielle Infrastrukturen nur im Falle eines »Passungsverhältnisses« annimmt (ebd., S. 133 f.). Ich teile zwar explizit Jaeggis Kritik an einer liberalen Theorie »ethischer Enthaltsamkeit« der Politik, bin aber der Auffassung, dass mit einem entsprechenden Begriff der Lebens*welt* viel stärker auf jene »objektiven« Strukturen fokussieren lässt, die Praktiken und Werte formen

gilt, dass sie immer sozial vermittelt sind.[39] Zudem schließt diese Bestimmung auch die technisch-materiellen Infrastrukturen, die Verkörperungen, Materialisierungen, Rahmensetzungen und Angebotsstrukturen ein – im Vokabular Cass Sunsteins: die *Entscheidungsarchitekturen* –, die unthematisch benutzt werden. Diese stellen keineswegs ein »Außen« dar, etwa in der Form eines »Systems«, das der Lebenswelt fremd wäre.[40] Sobald diese systemischen Faktoren nämlich lebensweltlich fungieren, werden sie routiniert, selbstverständlich, präreflexiv oder intuitiv benutzt. In diesem Fall könnten wir auch von einer »Passung« sprechen: technisch-kulturelle, soziale und mentale Infrastrukturen *können* harmonieren.[41] Das bedeutet, dass auch technisch komplexe Strukturen lebensweltlich eingebunden sein können – wenn beispielsweise ein Wagenlenker, eine Juristin oder ein Ingenieur sich dermaßen routiniert in den jeweiligen Systemen bewegen, dass sie die technischen oder kulturellen Artefakte nicht mehr als systemhaft fremd erfahren. Auch im Alltag können wir hochkomplexe Apparaturen intuitiv-lebensweltlich steuern und dabei jene »Nutzbarmachung des Unverstandenen« leisten, die nach Blumenberg für Technik entscheidend ist. Und selbst eine eine hochgradig artifizielle Raumstation kann für Astronautinnen und Astronauten selbst zu einer alltäglichen, ja beinahe als »natürlich« empfundenen Lebenswelt werden.

Entsprechend ist sowohl historisch als auch interkulturell sowie innerhalb einer Gesellschaft mit einer Pluralität von Lebenswelten zu rechnen. Spezifische Infrastrukturen können von manchen Personen als lebensweltlich erlebt werden, von anderen nicht. Faktisch gibt es Lebenswelten immer nur im Plural.

39 In der Debatte um die politische Dimension von Gefühlen ist dies deutlich herausgearbeitet worden, exemplarisch in den Arbeiten von Niklas Luhmann und Eva Illouz zur Kulturgeschichte der romantischen Liebe: Niklas Luhmann, *Liebe als Passion. Zur Codierung von Intimität*, Frankfurt/M. 1982; Eva Illouz, *Der Konsum der Romantik. Liebe und die kulturellen Widersprüche des Kapitalismus*, Frankfurt/M., New York 2003; dies., *Warum Liebe weh tut. Eine soziologische Erklärung*, Berlin 2011. Zu den Folgen dieser Einsicht für die Politische Theorie vgl. die Beiträge in: Felix Heidenreich, Gary S. Schaal (Hg.), *Politische Theorie und Emotionen*, Baden-Baden 2012.

40 Diesen Eindruck erweckt Habermas durch die Leitunterscheidung von »System« und »Lebenswelt«, siehe oben, Kap. 3.1.

41 Auch dieser Begriff ist hier deskriptiv und nicht normativ gemeint. Dass eine behauptete Harmonie Teil einer politischen Strategie sein kann, ist offensichtlich.

Wichtig ist, dass die Interaktion der verschiedenen lebensweltlichen Elemente als eine Überblendung von Dimensionen zu verstehen ist, nicht als ein Nebeneinander von räumlich getrennten Sphären. Materielle Infrastrukturen stehen in direktem Wechselverhältnis mit mentalen Infrastrukturen, sedimentierten Gewohnheiten und Erwartungen. Der Versuch einer Veranschaulichung (siehe Abb. 1) kann diese Verwobenheit, die Interferenz der Dimensionen, nur unzureichend darstellen.

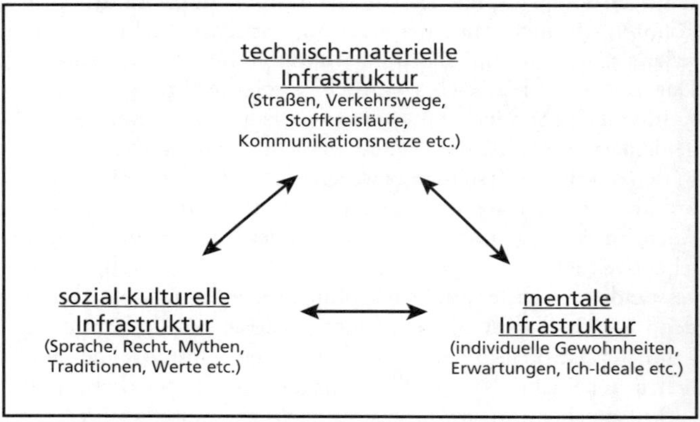

Abb. 1: Das interagierende Ensemble der Lebenswelt.

Aus dieser Bestimmung ergeben sich drei Konsequenzen: *Erstens* wird durch sie die Vorstellung einer geschlossenen oder »perfekten« Lebenswelt zu einem neuen Grenzbegriff. Eine Situation, in der die Elemente im Ensemble einer Lebenswelt tatsächlich reibungslos interagieren, ist empirisch kaum vorstellbar. Eine Lebenswelt ist immer auch von Irritationen, Störungen, Anpassungsprozessen und Adaptionen geprägt: Der Mensch passt nie ganz in seine soziale oder technische Umwelt.[42] Umgekehrt wird die soziale oder technische Umwelt nie »abgeschlossen« oder vollständig etabliert sein.[43]

42 Momente der Passung sind in der Sphäre ästhetischer Erfahrung zu erhoffen, sind als solche aber eine seltene Ausnahme.

43 Insofern stellt die eingangs beschriebene »große Transformation« eine Art Verdichtung und Beschleunigung von Veränderungsprozessen dar.

Lebenswelten sind immer in einem Umbau begriffen, der von Konflikten und Widerstreit begleitet wird.[44] Erfahrungen der Entfremdung verlieren vor diesem Hintergrund ihren dramatischen Charakter, weil auch sie als Effekte der Konkurrenz oder Kollision von inkongruenten Lebenswelten gedeutet werden können.

Zweitens geht die vorgeschlagene Definition davon aus, dass Lebenswelten immer auch politisch gestaltet werden – eine Möglichkeit, die Habermas explizit auszuschließen scheint, vermutlich weil sie der liberalen Grundintuition widerspricht, wonach Lebenswelten quasi natürlich »wachsen« und dem Zugriff des Staates entzogen sein sollten. Im Gegensatz dazu rückt aus der hier gewählten Perspektive die Gestaltbarkeit von Lebenswelten ins Zentrum. Lebenswelten sind keineswegs herrschaftsfreie, vorpolitische Schutzräume, sondern selbst durch Machtbeziehungen geprägt und von gouvernementalen Strukturen durchzogen. Sie bringen Selbstverständlichkeiten durch narrative Legitimationen hervor und schützen diese durch ihre Selbstverständlichkeit vor Thematisierung. In Momenten der Transformation wird diese Gestaltbarkeit als solche erkennbar. Die politische Frage »Wie wollen wir leben?« ließe sich dann umformulieren zu: »Welche Lebenswelt wollen wir einrichten?«; oder: »In welchen Lebenswelten wollen wir leben?«.

Damit geht *drittens* eine Akzentverschiebung einher, die mit Blick auf die Nachhaltigkeitsproblematik besonders ins Gewicht fällt: Während Politik oft als Kampf um Ressourcen innerhalb einer *polity* konzipiert wird (»Wer bekommt was?«), rückt mit der Vorstellung von der Lebenswelt als einem Ensemble interagierender technisch-materieller, sozial-kultureller und individuell-mentaler Infrastrukturen, das Handlungsroutinen ermöglicht, die Interaktion zwischen den Ebenen in den Fokus. Politik besteht dann nicht nur darin, innerhalb einer Lebenswelt, eines Rahmens des Selbstverständlichen, zum Beispiel über Verteilungsfragen zu verhandeln, sondern den Rahmen des Selbstverständlichen selbst zu verändern und Lebenswelten zu gestalten. Dabei ist vor allem – aber nicht nur – die Wirkung technisch-materieller Infrastrukturen auf die mentalen Infrastrukturen von Bedeutung, weil aus dieser Perspektive Infrastrukturen nicht nur Präferenzen abbilden (oder zumindest

44 Diese *a priori* gegebene Strittigkeit von Lebenswelten wäre noch einmal zu unterscheiden von Transformationen, bei denen sich sozusagen die Grammatik einer Lebenswelt fundamental ändert.

abbilden sollen), sondern sie auch hervorbringen. Diesen zentralen Punkt, auf den ich noch mehrfach zu sprechen kommen werde, will ich hier kurz am Beispiel des Rechts veranschaulichen.

In der marxistischen Theorietradition wurde das eben beschriebene Wirkungsverhältnis zwischen technisch-materiellen und mentalen Infrastrukturen auf die Formel gebracht, das Sein bestimme das Bewusstsein. Bei Marx stehen dabei bekanntlich die ökonomischen Verhältnisse und vor allem die Frage des Privatbesitzes an Produktionsmitteln im Fokus. Er nimmt damit ein auf Hegel zurückgehendes Argument auf, das dieser vor allem in seiner Rechtsphilosophie entwickelt hat. Hier zeigt Hegel in Abgrenzung zu Kants Begriff der Freiheit, dass vernünftiges Handeln immer ein bestimmtes Handeln ist, das gerade nicht in ungebundener Willkür besteht, sondern im Vollziehen vordefinierter Handlungsschemata.[45] Bezogen auf das Recht bedeutet dies, dass die im Recht kodifizierten Handlungsbeschreibungen dem Einzelnen gewissermaßen einen Möglichkeitshorizont eröffnen: Die Handlung »eine Ehe eingehen« kann nicht in einem juristischen Niemandsland erfolgen, sondern wird durch die rechtliche Infrastruktur als solche erst *möglich*:[46] Die mentale Infrastruktur, die Erwartungen, Idealisierungen, Handlungsmuster und Routinen, die mit dem Skript »Ehe« verbunden sind, werden folglich durch die juristischen, diskursiven, ja selbst die ökonomischen Infrastrukturen mitbestimmt. Die Institution des Rechts *drückt* also nicht nur vorpolitische (etwa religiöse) Erwartungen *aus*, sondern wirkt auf diese zurück.[47]

45 G.W.F. Hegel, *Grundlinien der Philosophie des Rechts*, Frankfurt/M. 1986. Ich komme in Kap. 5.1 auf diese Diskussion zurück.

46 Christoph Möllers nimmt dieses Motiv auf, wenn er herausarbeitet, dass Normen nicht nur dazu dienen, Handlungsoptionen einzuschränken, sondern zugleich immer auch Handlungsoptionen als solche erkennbar machen. Normen erweisen sich aus dieser Perspektive als »Techniken der Selbstdistanzierung« (Möllers, *Die Möglichkeit der Normen*, S. 15).

47 Ich komme in Kap. 7.3 auf diese These zurück.

3.4 Die technisch-materielle Gestaltung von Lebenswelten

Während die Auswirkungen von Rahmenstrukturen auf Verhalten im Kontext des Rechts sehr leicht nachvollziehbar sind, ist dieser Zusammenhang im speziellen Fall der technisch-materiellen Infrastrukturen nicht gleichermaßen offensichtlich. Zwar lässt sich bei Karl Marx eine gewisse Sensibilität für die Frage nach den Effekten konkreter technisch-materieller Strukturen feststellen, beispielsweise mit Blick auf das durch Maschinen geprägte Zeiterleben von Arbeitern. Das Schlüsselzitat – »Es ist nicht das Bewußtsein der Menschen, das ihr Sein, sondern umgekehrt ihr gesellschaftliches Sein, das ihr Bewußtsein bestimmt«[48] – bezieht sich jedoch wie gesagt primär auf Besitzverhältnisse. Erst im 20. Jahrhundert beginnt in der Technikphilosophie eine ausführliche Diskussion, in der (bis heute) darum gerungen wird, die Wirkung dieser Infrastrukturen auf die Erlebensweisen von Menschen präziser zu beschreiben.[49] Sie im Detail zu rekonstruieren, würde ein eigenes Buch erfordern. Um das komplexe Wechselverhältnis zwischen den technisch-materiellen Infrastrukturen und den anderen Elementen der Lebenswelt auszuleuchten, werde ich mich stattdessen auf drei Schlüsseltexte konzentrieren, in denen dieses Verhältnis jeweils auf spezifische Weise analysiert wird: auf Denis Diderots »Regrets sur ma vieille robe de chambre ou Avis à ceux qui ont plus de goût que de fortune«[50] von 1769 (a), auf Günther Anders' *Der Mann auf der*

48 Karl Marx, *Zur Kritik der Politischen Ökonomie*, in: *Marx-Engels-Werke* (*MEW*), Bd. 13, Berlin 1971, S. 7-160, hier: S. 9.

49 Sie beginnt vielleicht bei Heideggers Analyse des Hammers in *Sein und Zeit* und wird noch in der Technikphilosophie der Gegenwart geführt. Eine überzeugende Reaktualisierung von Heideggers Technikphilosophie leistet Andreas Luckner, *Heidegger und das Denken der Technik*, Bielefeld 2008. Heidegger arbeitet heraus, dass technisch-materielle Infrastrukturen die mentalen Infrastrukturen auch in ihrem Operationsmodus prägen: »Technik« oder »rechnendes Denken« wird bei ihm als »Seinsverständnis«, als Modus des »In-der-Welt-seins« beschrieben.

50 Denis Diderot, »Regrets sur ma vieille robe de chambre ou Avis à ceux qui ont plus de goût que de fortune«, in: ders., *Œuvres*, Bd. 4: *Esthétique – Théâtre*, hg. von Laurent Versini, Paris 1996, S. 820-825. In deutscher Übersetzung von Hans Magnus Enzensberger: *Gründe, meinem alten Hausrock nachzutrauern. Über die Frauen*, Berlin: Friedenauer Presse 1991. Ich stütze mich in dem Abschnitt zu Diderot auf Überlegungen, die ich bereits zur Diskussion gestellt habe: »Denis Diderots affektökonomische Theorie der Dinge als Klugheitslehre und his-

Brücke. Tagebuch aus Hiroshima und Nagasaki[51] von 1959 (b) sowie auf Bruno Latours *Der Berliner Schlüssel*[52] von 2014 (c).

(a) Diderot beschreibt in seinem Essay (der erstmals 1772 in Straßburg gedruckt wurde) die verwirrenden Folgen, die ein Geschenk in seinem Haushalt auslöst: Eine reiche Freundin schenkt ihm einen neuen, roten Morgenmantel, dessen Anwesenheit sich schon bald als störend erweist, ja, der selbst beinahe die Rolle eines Tyrannen einnimmt, weil er zur schrittweisen Anpassung des übrigen Haushalts an das nun gehobene ästhetische Niveau zwingt. Während der alte Morgenmantel schmuddelig, aber praktisch war (man konnte mit seinen Ärmeln zum Beispiel Schreibfedern säubern), richtet der neue Morgenmantel implizite Imperative an seinen Besitzer. Die edle Seide fordert Rücksicht, das Intérieur der Wohnung wirkt in seiner Gegenwart unangemessen. Der Morgenmantel wird zum Ärgernis, der Autor sehnt sich nach seinem alten, geradezu proletarisch anmutenden Stück zurück und fühlt sich vom aristokratischen Geschenk regelrecht terrorisiert.

Was Diderot in seinem Text beschreibt, mag nun zunächst wie eine bloße Grille der französischen Salonkultur des 18. Jahrhunderts erscheinen. Doch seine Analyse ist als »Diderot-Effekt« in die Lehrbücher der Wirtschaftswissenschaft eingegangen, denn er beschreibt erstmals den Effekt von Konsumkaskaden, bei denen eine Neuanschaffung die nächste nötig macht. Dies kann bei technischen Neuanschaffungen ganz einfache praktische Gründe haben (die Kompatibilität von Geräten, die Formate von Ladesteckern oder Staubsaugerbeuteln usw.). Der Diderot-Effekt zielt aber vor allem auf die *ästhetischen* Passungsverhältnisse in der Lebenswelt. Der neue Morgenmantel stellt eine Art Rahmen dar, der dazu nötigt, die anderen Objekte an ihn anzupassen. Diderot beschreibt, wie der Mensch in der individuell gestaltbaren Lebenswelt nach so etwas wie einer Dingharmonie strebt: Die Dinge im Dingbestand

torisches Indiz«, in: Susanne Schlünder, Andrea Stahl (Hg.), *Affektökonomien. Konzepte und Kodierungen im 18. und 19. Jahrhundert*, Paderborn 2018, S. 129-142.

51 Günther Anders, *Der Mann auf der Brücke. Tagebuch aus Hiroshima und Nagasaki*, München 1959. Wiederabgedruckt in: ders., *Hiroshima ist überall. Tagebuch aus Hiroshima und Nagasaki. Der Briefwechsel mit dem Hiroshima-Piloten Claude Eatherly. Rede über die drei Weltkriege*, München 1995.

52 Bruno Latour, *Der Berliner Schlüssel*, Berlin 2014. Die kurze Schrift erschien erstmals 1990 auf Französisch.

sollen zueinander »passen«. Die Passungen sind sozial kodiert, was bei der Kleidung vielleicht am deutlichsten erkennbar ist.

Diderots Beschreibung einer durch ein Geschenk gestörten (Ding-)Harmonie (»tout est desaccordé«[53]) legt eine wichtige Tendenz in der menschlichen Lebensweltkonstruktion frei: das Streben nach Konsistenz. Dieses Streben wird gewiss, wie Diderot selbst einräumt, nie wirklich erfüllt; nicht nur kognitive Dissonanzen bleiben für den Menschen unvermeidbar. Auch erweist sich das Projekt einer harmonisch gestalteten Lebenswelt als unerfüllbar – weshalb Diderot am Ende des Textes auch zu einer Art stoischen Gelassenheit angesichts all der »Verstimmungen« rät. In diesem Sinne lassen sich seine Ausführungen auch als eine Theorie des Affektmanagements gelesen werden.

Entscheidend für unseren Zusammenhang ist jedoch, dass Diderots Text die Wirkung technisch-materieller Infrastrukturen auf die mentalen Infrastrukturen beleuchtet. Er zeigt, in den Worten Elisabeth Barons, »was die Dinge mit dem Denken zu tun haben«.[54] Ding und Subjekt treten hier in eine Art Machtkampf, in dem das Subjekt (Diderot) versucht, sich den Anpassungsforderungen, die vom Morgenmantel ausgehen, zu entziehen. Der Morgenmantel drängt dem Subjekt gewissermaßen eine aristokratische Lebensart auf; er umhüllt es, erschwert ihm die Arbeit, lenkt seine Konzentration auf Fragen der ästhetischen Lebensgestaltung und drängt ihm das Rollenmodell einer feudalen Repräsentation auf.[55] In diesem Sinne affiziert der Morgenmantel das Subjekt beständig und stört dessen affektive Autonomie: Diderots emotionale Selbstregulation findet nun in Auseinandersetzung mit einem symbolisch aufgeladenen Objekt statt.

Für die Theorie nachhaltiger Lebenswelten ist dies insofern bedeutsam, als hier deutlich wird, wie feingliedrig die Wechselwir-

53 Diderot, »Regrets sur ma vieille robe de chambre«, S. 821 (dt.: »Alles ist verstimmt«).

54 Konstanze Baron, »Der Morgenrock des Philosophen, oder: Was die Dinge mit dem Denken zu tun haben«, in: Frauke Berndt, Daniel Fulda (Hg.), *Die Sachen der Aufklärung. Beiträge zur DGEJ-Jahrestagung 2010 in Halle a. d. Saale*, Hamburg 2012, S. 592-605.

55 Insofern kann Diderots Analyse auch in den Kontext des in *Jacques le fataliste et son maître* entfalteten Konflikts zwischen »Herren« und »Knechten« gestellt werden: Der Morgenmantel soll eigentlich ein bloßer Diener sein, richtet aber gerade in dieser Rolle Forderungen an seinen Herrn.

kungen zwischen den Dingen samt den in ihnen gewissermaßen gespeicherten Imperativen und den Erwartungen, Selbstbildern, Ich-Idealen derjenigen sind, die sie benutzen. Dinge »sagen« uns etwas, das heißt, sie beeinflussen als technisch-materielle Infrastrukturen die mentalen Infrastrukturen; sie provozieren und verändern Routinen und wirken dabei bis in die Tiefenschichten des jeweiligen Selbstbildes.

Es ist sicher kein Zufall, dass Diderot diese These ausgerechnet am Beispiel von Kleidung veranschaulicht. Andere Beispiele für eine solche literarische Reflexion über die Wirkung und die Rolle von Kleidung wie Nikolai Gogols *Der Mantel* ließen sich anführen, um das Wechselverhältnis zwischen Dingen und Menschen weiter zu veranschaulichen. Diderots Analyse thematisiert jedoch nicht nur die soziale Funktion von Kleidung oder Mode. Dass Kleider Leute *machen*, ist trivial, solange damit nur gemeint ist, dass sie ihren sozialen Status anzeigen und verändern können. Diderot zielt in seinem Text auf ein grundlegenderes Wechselverhältnis, eben eine Art Machtkampf zwischen technisch-materieller und mentaler Infrastruktur. Diderots Mantel versucht seinen Besitzer zu »subjektivieren«, also ein Selbstbild, ein Routinenmuster zu transportieren, ja durchzusetzen. Der Morgenmantel »macht« das Subjekt nicht nur auf einer oberflächlichen Ebene, indem es dessen Statussignale gegenüber anderen verändert; er »macht« das Subjekt selbst, das sich gegen diese Imperative zu wehren versucht.

(b) Günther Anders' vor allem in der Debatte um die Legitimität von Nuklearwaffen berühmt gewordenen Überlegungen zum Angriff der amerikanischen Luftwaffe auf Hiroshima und Nagasaki im Sommer 1945 scheinen Diderots These zu verschärfen.[56] In seinem »Tagebuch« aus den beiden japanischen Städten und vor allem in seinem Briefwechsel mit Claude Eatherly, einem Piloten der US-Luftwaffe, der mit seiner Maschine die Wetterbedingungen am Tag des Atombombenabwurfs über Hiroshima erkundet hatte, war es ihm vor allem darum gegangen, zu verstehen, wo die Verantwortung für die Tat zu verorten sei.[57] Das erstaunliche Ergebnis, das er dann auf die Formel von der »Antiquiertheit des Menschen«

56 Eine neuere technikphilosophische Interpretation bietet Paul Konrad Liessmann, *Günther Anders. Philosophieren im Zeitalter der technologischen Revolutionen*, München 2002.

57 Beide in Anders, *Hiroshima ist überall.*

gebracht hat, lautet, dass nicht mehr eine einzelne Person präzise verantwortlich gemacht werden kann. Weder lässt sich, so Anders, sinnvoll behaupten, der Oberbefehlshaber, also der damalige Präsident der Vereinigten Staaten Harry S. Truman, habe gewusst, was er tat, noch seien in der Kette, die von der Erforschung und Entwicklung über die Produktion und den Transport bis hin zum konkreten Ausklinken der Bombe führt, eindeutig definierbare Entscheidungen zu identifizieren.[58] Die Frage, wer letztendlich die Bombe geworfen habe, sei eigentlich gar nicht zu beantworten.[59] Die Möglichkeit des Einsatzes der Waffe habe, so Anders' verstörendes Ergebnis, diesen Einsatz wenn nicht erzwungen, so doch quasi unvermeidlich gemacht. Anders' entscheidende Schlussfolgerung lautet dann, dass es rational und moralisch geboten sein kann, über bestimmte Optionen erst gar nicht verfügen zu wollen. Die politische Frage verlagert sich damit vom Entscheidungsmoment am Ende einer langen Kette hin zur Frage des Aufbaus technischer Dispositive, in die implizite Imperative eingeschrieben sind.

Anders' Text treibt damit Diderots Grundgedanken weiter: Während Diderots dinghafter Quasiakteur – der Morgenmantel – noch sinnlich erfahrbar ist, verschwindet das Dispositiv der Atombombe in einer komplexen Kette von Entscheidungen. Alle Menschen, die hier entschieden haben, gingen routiniert vor: Routiniert wurde wissenschaftlich geforscht, technisch entwickelt, politisch entschieden, militärisch geflogen und ausgeklinkt. Anders schärft damit unseren Blick auf die fatale Wirkung, den die Latenz lebensweltlichen Handelns entwickeln kann. Kein einzelner Mensch entscheidet allein über die Massentierhaltung: In der Gesetzgebung, in

58 Das Ergebnis hat hier gewissermaßen die Summe seiner Teile überstiegen. Es konnte die Illusion bei den Beteiligten entstehen, nicht ursächlich schuldig zu sein: Alle waren lediglich an einem komplexen Prozess beteiligt, der ein desaströses Ergebnis hatte, aber von den Wissenschaftlern, die »nur« die Grundlagen geliefert haben, und den Technikern, die »nur« die Umsetzung ermöglichten, über den Oberfehlshaber, der »nur« den Empfehlungen seiner Generäle folgte, bis zu den Piloten, die »nur« ihren Job taten, konnte sich jeder als Nichtakteur wahrnehmen.

59 Hier ergibt sich eine Analogie zu der auf Karl Jaspers zurückgehenden und von Hannah Arendt populär gemachten Vorstellung von der »Banalität des Bösen«. Während Arendt in ihrer Analyse Eichmanns jedoch auf dessen autoritären und bürokratiefixierten Charakter fokussiert, liefert Anders eine technikphilosophische Analyse.

der Zucht, in der Tierhaltung, der Schlachtung, der Verarbeitung und im Konsum wird »routiniert« gehandelt. Dieses Dispositiv ist gerade kein »System«, sondern eine Lebenswelt.

(c) Während Anders das Bild vom souverän mit der Technik hantierenden Menschen in Frage stellt (und daher mit dem Attribut »antiquiert« belegt), geht Bruno Latour einen Schritt weiter, indem er Dinge zu Akteuren beziehungsweise Aktanten erklärt. Sein Text über den Berliner Schlüssel, um den es hier gehen soll, bildet eine Art Kristallisationspunkt der von ihm entwickelten Akteur-Netzwerk-Theorie (ANT), deren Grundgedanke in diesem Text besonders plastisch hervortritt. Der sogenannte Berliner Schlüssel besteht aus einem Schlüssel mit zwei »Bärten«, der die Benutzer der Hoftore der Berliner Hinterhäuser technisch dazu zwingt, jeweils hinter sich abzuschließen: Wer nach Hause kommt oder das Haus verlässt, muss abschließen, um den Schlüssel auf der jeweils anderen Seite wieder aus dem Schloss ziehen und mitnehmen zu können. Zwar lässt sich dieses System durch technische Manipulation umgehen – ein Umstand, den Latour ausführlich reflektiert –, doch seine entscheidende Beobachtung lautet, dass wir bereits sprachlich den Berliner Schlüssel zu einem Akteur erklären. Der Berliner Schlüssel ist, so Latour, eben kein neutraler Mittler eines sozialen Imperativs (»Bitte Türen abschließen!«), den man auch auf einem im Hausdurchgang angebrachten Zettel schreiben könnte. Er hat eine technisch bedingte Bindungskraft, die eine bloße Aufforderung nicht entfalten kann, selbst dann nicht, wenn sie, wie Latour mit Verweis auf die Pariser Vergleichsgröße (den missgelaunten *concièrge*) zeigt, mündlich formuliert würde. In die technische Apparatur sind Nötigungen eingebaut, die einerseits ein spezifisches Verhalten erzwingen und andererseits wieder neue technische Artefakte hervorbringen, wie beispielsweise einen speziellen Schlüsselanhänger, der es erlaubt, den Schlüssel bequem zu transportieren.

Wo Diderot vor allem den Machtkonflikt zwischen Dingen und Menschen thematisiert, lenkt Latour die Aufmerksamkeit auf die *Verkettung* von Dingen und Menschen.[60] Während wir in Diderots Text gewissermaßen ein Duell zwischen Subjekt und Objekt vor Augen haben, entfaltet Latours ANT das Bild oszillierender

60 In der Terminologie der ANT wird dies auf Formeln gebracht wie »NM-NM-M-NM-NM« (wobei M für den menschlichen Akteur und NM für einen nichtmenschlichen Akteur steht).

Wechselwirkungen zwischen Entitäten, die ich terminologisch als materiell-technische, sozial-kulturelle und mentale Infrastrukturen gefasst habe. Dabei gewinnt der Text seinen besonderen Reiz dadurch, dass Latour als Franzose im Berlin der 1980er Jahre tatsächlich als Ethnograf agiert. Im Hintergrund des französischen Blicks auf den Berliner Schlüssel steht daher auch die Frage, inwiefern dieser Schlüssel auch eine typisch deutsche beziehungsweise preußische Mentalität spiegelt, also autoritären Charakter in technische Perfektion transformiert. Während man in Paris mit elektrischen Codes arbeite und sich dann auf Mieterversammlungen unendliche Diskussionen über nächtlich offen gelassene Haustüren liefere, werde in Berlin eine technisch-autoritäre Lösung gefunden, gegen die wiederum nur technisch (durch illegal hergestellte Hausmeisterschlüssel) agiert werden könne, so Latour.

Anhand des Berliner Schlüssels lässt sich folglich zeigen, wie sich Imperative in Techniken einbauen lassen, wie also Techniken aufgrund ihrer Anreizstruktur auf die mentalen Infrastrukturen von einzelnen Personen und ganzen Gesellschaften einwirken.[61] Dass sich die Dinge damit ins Subjekt »einschreiben«, mag nach dem Jargon etwas zu direkter Übersetzungen aus dem Französischen klingen, scheint in diesem Fall aber eine angemessene Metapher.

Die in den aufgeführten Schlüsseltexten analysierten Fälle verweisen auf Beispiele – Kleidungsstücke, Waffen, Schlüssel –, die alle noch vordigitalen Zeiten entstammen. In Vorgriff auf Kapitel 6.3 sei an dieser Stelle bereits darauf verwiesen, dass sich unter den heutigen Bedingungen der praktisch alle Bereiche der Gesellschaft durchziehenden Digitalisierung die bereits bei Diderot verhandelten Mechanismen in ihrer Wirkung noch einmal zuspitzen. Die Frage der Gestaltung technisch-materieller Infrastrukturen wird damit mehr und mehr zu einem hochgradig politischen Prozess. Nicht zufällig wird der Begriff des Designs auch für diejenigen Entscheidungsarchitekturen angewendet, die sich politische Gemeinschaften in der Dimension materieller und sozialer Infrastrukturen geben. Dass beispielsweise der Architekt und Designtheoretiker

61 Das Modell der ANT böte sich in der Tat als theoretischer Rahmen für diese Arbeit insgesamt an; die begrifflichen und theoretischen Voraussetzungen der ANT scheinen mir indes den Dialog mit anderen Wissenschaftsdisziplinen unnötig zu erschweren, so dass ich eine hoffentlich leichter zugängliche Terminologie gewählt habe, die direkter an gebräuchliche Begriffe anschließt.

Friedrich von Borries für eine Repolitisierung des Designs plädiert, deutet darauf hin, dass auch auf der anderen Seite transdisziplinärer Kooperationen die Sensibilität für die politische Dimension der Gestaltung von Lebenswelten wächst.[62] Diesen Punkt werde ich als Nächstes etwas genauer ausführen, um die politiktheoretische Relevanz zu verdeutlichen.

3.5 Das Politische als Gestaltung von Lebenswelten

In Husserls phänomenologischer Theorie ist der Reflexionsbegriff der Lebenswelt gänzlich unpolitisch konzipiert; die soziologische Ausweitung von »Lebenswelt« bei Schütz und Luckmann läuft wiederum Gefahr, die materielle und technische Dimension der Herausbildung von Lebenswelten zu vernachlässigen. Habermas' Verwendungsweise führt schließlich zu einem scharfen Gegensatz zwischen der ursprünglichen, verständigungsorientierten und kommunikativ strukturierten Lebenswelt und den rein funktional-rationalistisch agierenden »Systemen«. Demgegenüber verstehe ich die Lebenswelt als ein Ensemble aus *interagierenden* technisch-materiellen, kulturell-sozialen und individuell-mentalen Infrastrukturen, das Handlungsroutinen ermöglicht. Der Vorteil dieser Bestimmung liegt auch darin, dass sie Lebenswelt als Resultat kollektiv bindenden Handelns zu begreifen vermag.

Lebenswelten enstehen in der Regel nicht als Ergebnis einer bewussten Planung oder Steuerung, sondern wachsen meist eher ungeplant, und zwar durch die Interaktion nicht koordinierter Handlungen oder Kommunikationen. Dies lässt sich anhand der Geschichte der Stadtplanung veranschaulichen. Sie zeigt, dass eine tatsächlich *top-down* operierende Stadtplanung das »naturwüchsige« (also ungeplante) Wachstum der Städte im Spätmittelalter erst relativ spät ersetzt hat. Die stadtplanerischen Maßnahmen, die beispielsweise Georges-Eugène Haussmann zwischen 1853 und 1870 in Paris durchsetzte, wurden zu Beginn als größenwahnsinnig belächelt. An ihnen lässt sich exemplarisch ablesen, wie aus dem unkoordinierten *Bottom-up*-Aufbau einer Lebenswelt so etwas wie eine

62 Entsprechend beginnt von Borries seine Theorie des Entwerfens mit diesem Satz: »Entwerfen ist das Gegenteil von Unterwerfen.« Friedrich von Borries, *Weltentwerfen. Eine politische Designtheorie*, Berlin 2016, S. 9.

politische Gestaltung derselben wird – mit allen Konsequenzen, die der Umbau dieser Infrastruktur auch auf die mentalen Infrastrukturen der Stadtbewohner hatte: An die Stelle verwinkelter mittelalterlicher Gassen tritt das moderne Paris mit den großen Achsen, den breiten Boulevards und den durchgeplanten Stadthäusern, die die soziale Hierarchie der damaligen französischen Gesellschaft von der *bel étage* bis zur *chambre de bonne* klar abbilden.

Nicht immer hat die *Top-down*-Gestaltung von materiellen Lebenswelten die damit beabsichtigten Effekte. Die Phänomene der *Emergenz* bei der Entstehung von Lebenswelten, die von den komplexen Interaktionsverhältnissen zwischen Idealen, Vorstellungen, Wünschen einerseits und sozialen, technischen oder kulturellen Materialisierungen andererseits hervorgebracht werden, lassen sich besonders deutlich an großen Architekturprojekten beobachten. Bestimmte Mobilitätsideale (schneller, direkter, billiger soll es werden) sollen durch materielle Maßnahmen erreicht werden (den Ausbau von Autobahnen), ohne in jedem Fall die anvisierten Ziele zu erreichen (weil auch mit mehr Fahrbahnen wieder Verkehrsstaus entstehen). Gerade diese unbeabsichtigten Nebenfolgen können dann wieder auf die mentalen Infrastrukturen zurückwirken und Mobilitätsideale in Frage stellen.

Ich möchte an zwei städtebaulichen Großprojekten veranschaulichen, inwiefern der Begriff der Lebenswelt dazu dienen kann, die Tragweite politischer Entscheidungen sichtbar zu machen. Das erste Beispiel stammt aus den USA und lässt sich unter die Formel »Minneapolis 1956« bringen. Hier, also in Minneapolis, ließ Victor Gruen 1956 die erste *shopping mall* bauen – das legendären Southdale Center – samt großem Parkplatz und entsprechender Umgebungsinfrastruktur.[63] Es ist eine stadtplanerische Infrastruktur, die in die damalige Zeit passte, in der die Straßen breiter und die Autos größer wurden, bei konstant niedrigen Rohstoffpreisen. Das

63 Das Southdale Center in Edina bei Minneapolis existiert heute noch; es wurde mehrfach erweitert. Bemerkenswert ist, dass die Kritik an diesem Projekt bereits zum Zeitpunkt der spektakulär inszenierten Eröffnung einsetzte. Zu den prominentesten Kritikern gehörte Frank Lloyd Wright. Als eine cineastische Kritik an der *shopping mall* lässt sich die legendäre »mall-chase«, die spektakuläre Verfolgungsjagd durch ein Einkaufszentrum im Film *The Blues Brothers* (USA 1980, R: John Landis), interpretieren. Zerstörung und Konsum gehen hier fließend ineinander über.

stadtplanerische Ideal zielt auf eine an der Charta von Athen orientierte Ausdifferenzierung der städtischen Quartiere nach Industriegebieten, Wohnvorstädten und Konsumorten,[64] die ihrerseits nicht von den damals vorherrschenden mentalen Infrastrukturen zu trennen ist. Diese sind von einer in den 1950er Jahren beginnenden Kultur des expressiven Individualismus geprägt, die (auf Basis eines spezifischen Freiheitsbegriffs) zum Beispiel die Freiheit des Automobilisten verherrlicht und sukzessive die von Eva Illouz ausführlich beschriebene Verschränkung von »romantischer« Liebe und Konsum ausbildet, welche die amerikanische Kultur bis heute kennzeichnet.[65] Dass im Rückblick auf diese Epoche oft von den »goldenen Jahren« gesprochen wird, lässt sich dadurch erklären, dass hier eine Lebenswelt scheinbar ohne gravierende Dissonanzen bestand: Rassendiskriminierung, der Krieg in Korea und die sich abzeichnende Umweltproblematik konnten noch recht erfolgreich verdrängt werden.

Das zweite Beispiel lässt sich auf die Formel »Kopenhagen 2025« bringen. Die Stadt Kopenhagen hat 2011 beschlossen, spätestens 2025 als klimaneutrale Großstadt funktionsfähig zu sein. Dazu liegen sehr ausführliche Pläne vor.[66] Der entsprechende Copenhagen Climate Adaptation Plan präsentiert auf genau 100 Seiten ein detailliertes Spektrum an Maßnahmen, das alle zur Erreichung dieses Ziels relevanten Bereiche (Energie, Wassermanagement, Bebauung, Grünflächenmanagement, Mobilitätspolitik, Wirtschaftspolitik etc.) betrifft.[67] Die materielle Infrastruktur wird durch ein umfassend ausgebautes Radverkehrsnetz, einen flächendeckenden

64 Die Charta von Athen (*La charte d'Athènes*) wurde 1933 auf dem IV. Congrès Internationaux d'Architecture Moderne (CIAM, Internationale Kongresse für neues Bauen) in Athen verabschiedet, der dem Thema »Die funktionale Stadt« gewidmet war.

65 Siehe z. B. Illouz, *Der Konsum der Romantik*.

66 Vgl. auch: City of Copenhagen, *Copenhagen Climate Adaptation Plan*, Kopenhagen 2011. Die Pläne werden regelmäßig überarbeitet und aktualisiert. Unter ⟨https://urbandevelopmentcph.kk.dk/⟩ (letzter Zugriff am 27. 7. 2022) stellt die Stadtverwaltung Informationen zur Verfügung. Ich danke Astrid Ley von der Universität Stuttgart für erhellende Diskussionen zur nachhaltigen Stadtplanung.

67 Für Kopenhagen stellt auch der steigende Meerespiegel ein gravierendes Problem dar. Nicht nur Überschwemmungen von Stadtteilen sind zu befürchten, sondern es ist auch und vor allem mit der Gefährdung der Grundwasserversorgung zu rechnen.

und effektiven öffentlichen Nahverkehr, eine weitgehende Stromversorgung durch Windkraft und möglichst geschlossene Stoffkreisläufe charakterisiert sein. Zudem soll die Umweltgesetzgebung noch weiter ausgebaut werden und eine aktive Integrationspolitik betrieben werden, die offensiv auf Migranten zugeht, um diese in die Lebenswelt einzufügen. Die dänische Migrationspolitik setzt hier bekanntlich auf größtmögliche Assimilation. Zu den erklärten Zielen der Planungen gehört darüber hinaus ein massiver, durch umfassende Bildungspolitik beförderter Mentalitätswandel.[68] Die Gewohnheiten der Bürgerinnen und Bürger sollen bis 2025 einen fundamentalen Transformationsprozess durchlaufen, der im Übrigen längst messbar sein soll. Sobald sich die Verhaltensmuster mittels staatlicher Steuerungsmaßnahmen geändert haben, werden die Kopenhagener beim Blick in die Speisekarte durch die in Klammern hinzugesetzten Angaben zum CO_2-Ausstoß, den ihr Nahrungskonsum produziert, nicht mehr irritiert sein, sondern sich lediglich informiert fühlen; der Konsum von Tabakprodukten dürfte ganz verschwunden, der von Zucker und Alkohol stark zurückgegangen sein. Auch die Erwartungen mit Blick auf individuelle Mobilität, Konsummöglichkeiten, Wirtschaftswachstum und Investitionsrenditen werden sich von denen der Bewohnerinnen von »Minneapolis 1956« radikal unterscheiden müssen, wenn es gelingen soll, die Externalisierung von nichtnachhaltigem Verhalten zu minimieren. Das Leben wird in diesen nachhaltigen Lebenswelten von einer »Ökoroutine« geprägt sein,[69] in der die nachhaltige Handlungsoption den Normalfall darstellt und die nichtnachhaltige die Devianz.

Es darf im Falle von »Minneapolis 1956« bezweifelt werden, ob es überhaupt einen politischen Willen gegeben hat, eine Lebenswelt zu entwickeln. Wahrscheinlicher ist, dass einzelne Elemente dieser Lebenswelt zwar konzeptionell auf den Weg gebracht wurden, der

68 Dies betrifft als Erstes die Angestellten der Stadtverwaltung: »Through communication, education and behavioural campaigns, the City Administration seeks to inspire its 45,000 employees to climate-friendly conduct.« (City of Copenhagen, *CPH 2025*, Kopenhagen 2012, S. 51). Aber auch die frühkindliche Erziehung zur Nachhaltigkeit wird sehr detailliert angegangen, wie den Plänen zu entnehmen ist. Das übergreifende Ziel ist die Veränderung der »behavioural patterns of Copenhageners« (ebd., S. 28).

69 Zum Begriff »Ökoroutine« siehe Michael Kopatz, *Ökoroutine. Damit wir tun, was wir für richtig halten*, München 2016.

systemische Charakter der daraus erwachsenen Struktur aber nicht reflektiert wurde. Anders »Kopenhagen 2025«: Hier haben wir es mit einem explizit politischen Projekt zu tun, ja vielleicht mit dem Beispiel für eine *politische Gestaltung* nachhaltiger Lebenswelten schlechthin. Die in Kopenhagen entwickelte *systemische* Perspektive, die auf die Wechselwirkungen zwischen menschlichen Erwartungen, materiellen oder juristischen Anreizstrukturen, kulturell vermittelten Idealen und Bildern sowie konkreten Formgebungen achtet und diese produktiv nutzt, impliziert eine spezifische Sicht auf politische Prozesse, genauer: sie operiert mit einem umfassenderen Politikbegriff, der eine Abkehr vom klassischen liberalen Verständnis von Demokratie beinhaltet. Was dies im Einzelnen bedeutet, werden ich im nächsten Kapitel untersuchen.

4
Die »große Transformation«: liberal oder republikanisch?

Die Kontrastierung der beiden idealtypischen Lebenswelten »Minneapolis 1956« und »Kopenhagen 2025« hat bereits im Ansatz sichtbar werden lassen, wie der Begriff der »großen Transformation« politisch gewendet werden kann, nämlich als Herausforderung der demokratischen Umgestaltung von Lebenswelten. Die in Kapitel 1 herausgearbeitete Unterscheidung zwischen begründungstheoretischen Diskursen einerseits und umsetzungsorientierten Analysen andererseits wird hier erneut relevant. In diesem Kapitel wird es nun nicht um die Frage gehen, wie sich eine Umgestaltung von Lebenswelten *begründen* lässt, sondern unter welchen Umständen ihr praktischer *Vollzug* wahrscheinlich wird. Wenn also von zwei Konzeptionen der Demokratie die Rede ist, so wird dabei die Frage im Zentrum stehen, wie sich Demokratie als kollektive *Praxis* organisieren lässt.

4.1 Zwei Grammatiken politischen Denkens

Jürgen Habermas hat in einem sehr einflussreichen Aufsatz drei normative Modelle der Demokratie unterschieden, das *republikanische* Modell, das *liberale* Modell sowie das Modell der *deliberativen* Demokratie.[1] Die Diskussion über diese Modellbildung ist

1 Vgl. Jürgen Habermas, »Drei Modelle der Demokratie«, in: ders., *Die Einbeziehung des Anderen. Studien zur politischen Theorie*, Frankfurt/M. 1996, S. 277-292. Habermas greift dabei auf eine Leitunterscheidung zurück, die sich in der »Kommunitarismus-Debatte« eingespielt hatte. Der Begriff »Republikanismus« scheint mir aus verschiedenen Gründen klarer und deutlicher vom Liberalismus abgrenzbar als »Kommunitarismus«. Oft wird der Begriff der *community* im englischen Sprachraum im Sinne von ethischer Gemeinschaft (»the jewish orthodox community«) verwendet. Während diese Variante die »gewachsenen Strukturen« und die Bedeutung von geteilten Werten akzentuiert, kann der Republikanismus (wie ich noch zeigen werde) die *res publica* als Ergebnis eines Aushandlungsprozesses denken, dessen kollektiv bindende Entscheidungen durch Normen, nicht

bis heute nicht abgerissen.[2] Mark E. Warren hat an prominenter Stelle dafür plädiert, statt Idealtypen zu bilden und »Modelle« zu entwickeln, problemorientiert nach Werkzeugen demokratischer Willensbildung zu suchen und diese sortierend zu sammeln, ohne abstrahierend Typen zu bilden, die dann nicht mehr zur Empirie passen.[3] Nach Warrens Vorstellung genügt es, die jeweiligen Vor- und Nachteile der Methoden einer politischen Willensbildung zu analysieren und der demokratischen Öffentlichkeit damit eine informierte Entscheidung zwischen verschiedenen Optionen der Wahl, der Deliberation, der Partizipation oder direktdemokratischer Verfahren zu ermöglichen. Denn nach Warren ergibt sich aus der Präferenz für ein Instrument aus dem Werkzeugkasten keine Implikation hinsichtlich eines kohärenten Bündels normativer Erwartungen; die repräsentative Wahl macht keine zusätzlichen Elemente (wie beispielsweise die Akzentuierung von Schutzrechten) notwendig, die sich aus Habermas' Modellbildung als passende Ergänzung ergeben würden. Allerdings besteht dann die Gefahr, den historisch gewachsenen normativen Eigenwert von Verfahren zu unterschätzen: Auch wenn sich beispielsweise direktdemokratische Abstimmungen erkennbar als suboptimale Verfahren für bestimmte Willensbildungsprozesse erweisen, muss dies ihrem Ansehen in der Bevölkerung keineswegs schaden (wie das Beispiel der Schweiz zeigt). Folglich scheint eine Art normativer Überschuss demokratischer Verfahren unvermeidlich; sie dienen nie bloß der Produktion

allein durch Werte umgesetzt werden. Diese Differenz wird deutlich im Vergleich von Autoren wie Alasdair MacIntyre oder Charles Taylor (Kommunitarismus) einerseits und Michael Sandel (Republikanismus) andererseits. Eine ausführliche Diskussion dieser Differenzen findet sich auch in Rainer Forst, *Kontexte der Gerechtigkeit. Politische Philosophie jenseits von Liberalismus und Kommunitarismus*, Frankfurt/M. 1994.

2 Ein möglicher Kritikpunkt betrifft die Zuordnung von Autoren zu diesen Modellen. Marcus Llanque plädiert dafür, lediglich von jeweiligen »Diskursen« zu sprechen, um nicht die Konsistenz der Schriften eines Autors voraussetzen zu müssen, die nur selten zu finden sei: »Diskurse wie Republikanismus oder Liberalismus sind keine Gruppierungen von Autoren, sondern von Argumenten in Texten.« (Marcus Llanque, »Liebe in der Politik und der Liberalismus«, in: Felix Heidenreich, Gary S. Schaal [Hg.], *Politische Theorie und Emotionen*, Baden-Baden 2012, S. 105-135, hier: S. 108.)

3 Mark E. Warren, »A Problem-Based Approach to Democratic Theory«, in: *American Political Science Review* 1 (2017), S. 39-53.

guten Outputs oder der Lösung eines Problems, sondern immer auch der Generierung von Input-Legitimation, von symbolischer Anerkennung und kollektiver Selbstvergewisserung.

Um die divergierenden normativen Erwartungen von Bürgerinnen und Bürgern zu erklären, ist es hilfreich, die Unterschiede zwischen der republikanischen und der liberalen Traditionslinie herauszuarbeiten.[4] Daher werde ich die beiden Modelle im Anschluss an Ludwig Wittgenstein und dessen Theorie der Sprachspiele als zwei »Grammatiken« politischen Denkens rekonstruieren.[5] Als Grammatiken politischen Denkens strukturieren die beiden Denktraditionen jeweils ein spezifisches und kohärentes Bild des demokratischen Prozesses, das sich aber nicht deduktiv, sondern eher narrativ ergibt. Das lässt dann klare »Familienähnlichkeiten« erkennen, die es (trotz aller Unterschiede vor allem innerhalb der republikanischen Traditionslinie) erlauben, von kongruierenden Modellen zu sprechen. Die Rekonstruktion wird auf jene Aspekte abzielen, die für die Frage nachhaltiger Lebenswelten von besonderer Relevanz sind: die Frage der Privatheit (a), die Notwendigkeit demokratischer Legitimation (b) und die Rolle der Beteiligung beziehungsweise Deliberation von Bürgerinnen und Bürgern (c). Da ich die Leitunterscheidung »liberal versus republikanisch« an anderer Stelle ausführlicher begründet habe,[6] sollte hier eine sehr

4 Die Reduktion auf die zwei diametral entgegengesetzten Paradigmen und die Ausklammerung des von Habermas als Synthese vogeschlagenen deliberativen Paradigmas dienen der Schärfung des Arguments. Evidentermaßen gibt es eine Nähe zwischen dem weiter unten erläuterten »dynamischen Republikanismus« und dem deliberativen Paradigma, aber anders als in Habermas' Theorie der Deliberation geht dieser dynamische Republikanismus davon aus, dass sich liberale Denkfiguren nicht einfach integrieren oder als Synthese aufheben lassen.

5 Der Begriff »Grammatik« scheint bei Wittgenstein eine doppelte Bedeutung anzunehmen. Er bezeichnet einerseits die sprachlichen Infrastrukturen, die das Denken in die Sackgassen philosophischer Rätsel locken. Gleichzeitig bezieht sich der Begriff aber auf die von Wittgenstein entwickelte Technik der Sprachanalyse, also der Reflexion dieser Strukturen, die dann das Lösen bzw. Überwinden der Rätsel erlaubt. In diesem Buch soll mit »Grammatik des politischen Denkens« der Umstand bezeichnet werden, dass in liberalen und republikanischen Diskursen starke interne Verknüpfungen zwischen den jeweiligen Thesen und Theoremen bestehen.

6 Siehe Gary S. Schaal, Felix Heidenreich, *Einführung in die Politischen Theorien der Moderne*, Opladen, Toronto [3]2016, S. 51-86.

geraffte Darstellung genügen, die direkt auf die politische Theorie der Nachhaltigkeit zusteuert.[7]

(a) Die Unterscheidung zwischen einer Sphäre des Privaten und einer öffentlichen oder politischen Sphäre ist für das liberale Denken konstitutiv. In der Tat lässt sich der Bestand liberaler Gründungstexte nach der Gedankenbewegung der *Grenzziehung* durchleuchten – mit überaus ergiebigen Ergebnissen. Liberales Denken arbeitet *mit* und *für* Unterscheidungen, wie beispielsweise Andreas Vasilache mit Blick auf Locke gezeigt hat.[8] Die »Ununterscheidung« ist diejenige zwischen einem öffentlich-politischen und einem privaten Raum. Denn der Liberalismus zielt historisch zunächst darauf ab, die Grenzen der Staatstätigkeit beziehungsweise die Grenzen der monarchischen Macht zu definieren und beispielsweise durch konstitutionelle Schranken zu kontrollieren. Liberale Theorien der Politik liefern zunächst Argumente für die Beschränkung der feudalherrlichen Kompetenzen (durch *constitutionalism*, Grund- und Besitzrechte) und schließlich der Staatstätigkeit insgesamt. Dabei rekurrieren Theoretiker wie John Locke auf das Naturrecht und behaupten gottgegebene, unverhandelbare Freiheitsrechte des Individuums. Die »Erklärung der Rechte«, also beispielsweise der Menschenrechte, grenzt den Raum des Politischen explizit ein.[9] Der Naturrechtsgedanke wird hier zur Vorstellung subjektiver Rechte transformiert: Naturgegeben ist nicht mehr die Ordnung als

7 John Barry, *The Politics of Actually Existing Unsustainability*, Oxford 2012; Piers Stephens, »Environmental Political Theory and the Liberal Tradition«; in: Tina Gabrielson u. a. (Hg.), *The Oxford Handbook of Environmental Political Theory*, Oxford 2016, S. 57-71; Peter F. Cannavò, »Environmental Political Theory and Republicanism«, in: ebd., S. 72-88.

8 Andreas Vasilache, »Unterscheidung – Trennung – Grenze. Ein grenzanalytischer Blick auf die Staatstheorie von John Locke«, in: Rüdiger Voigt, Samuel Salzborn (Hg.), *Der Staat des Liberalismus. Die liberale Staatstheorie von John Locke*, Baden-Baden 2010, S. 185-210.

9 Christoph Menke, *Kritik der Rechte*, Berlin 2015. Nach Menke schaffen die Rechte daher aufgrund ihrer spezifischen Formgebung die Politik gewissermaßen ab, weil sie die »bürgerliche Gesellschaft« vor Politisierung schützen. Aus Menkes Sicht sind es indes nicht nur die liberalen Abwehrrechte, die eine Art Entpolitisierung durch Berechtigung leisten. Ich habe mich mit dieser stark auf Marx rekurrierenden »Kritik der Rechte« auseinandergesetzt in Felix Heidenreich, »Die Form der Rechte und die Hoffnung auf ein neues Recht. Christoph Menkes philosophische Theorie des Politischen«, in: *Neue Politische Literatur* 2 (2018), S. 173-180.

Ganzes, sondern die natur- beziehunsgweise gottgegebenen, unverbrüchlichen Rechte des Subjekts.[10] Die Idee der Religionsfreiheit stellt dabei nur die deutlichste Grenzziehung dar und wird, so Habermas, zu einem zentralen »Schrittmacher« liberaler Grundrechte. Der »Witz des Liberalismus« besteht dann unter anderem in der Intuition, dass »der Einzelne und seine individuelle Lebensführung vor Übergriffen der Staatsgewalt geschützt werden müssen«.[11]

Was für die Klassiker liberalen Denkens wie John Locke gilt – die Orientierung an einer fundamentalen Grenze –, gilt auch noch für John Rawls, den zweifellos wichtigsten Vertreter einer liberal ausgerichteten politischen Philosophie im 20. Jahrhundert. Die begründungstheoretische Figur in Rawls' (als allgemeine Moralphilosophie angelegtem) Meilenstein *Eine Theorie der Gerechtigkeit* ist in diesem Kontext weniger wichtig als das zentrale Resultat. In abstrahierter Form ist der Kerngedanke des Liberalismus von Rawls auf die Formel gebracht worden, der demokratische Staat habe neutral gegenüber »Konzeptionen des guten Lebens« zu sein. Demokratische Politik hat nach dieser Auffassung die Aufgabe, ein Maximum an Freiheit (verstanden als Ungebundenheit) zu erlauben – und zwar allen Bürgerinnen und Bürgern gleichermaßen. Der Schutz der Freiheitsrechte (etwa in der Form von Eigentumsrechten) wird dann zur Legitimation staatlichen Handelns, Fairness wird zum entscheidenden Kriterium für die Bewertung der staatlichen Interventionen.[12] Liberal ist Rawls' Theorie insofern, als sie davon ausgeht, dass sich die Grenze zwischen den »vernünftigen umfassenden Lehren« und den nicht mehr tolerierbaren Traditionen oder Sitten, zwischen dem Politischen und dem Privaten, dem Vernünftigen und dem Wahren eindeutig und unpolitisch ziehen lässt.[13] Insofern bewegt sich auch Rawls innerhalb eines Paradigmas, das Grundrechte und Privatheitsansprüche naturrechtlich denkt.

10 Vgl. z.B. die klassische Darstellung der Geschichte des Rechtsstaatsbegriffs: Ernst-Wolfgang Böckenförde, *Recht, Staat, Freiheit. Studien zu Rechtsphilosophie, Staatstheorie und Verfassungsgeschichte*, Frankfurt/M. 1991, S. 115-142.

11 Jürgen Habermas, »›Vernünftig‹ versus ›wahr‹ oder die Moral der Weltbilder«, in: ders., *Die Einbeziehung des Anderen*, S. 95-126.

12 John Rawls, *Die Idee des politischen Liberalismus*, Frankfurt/M. 1992, S. 255 f.

13 Einwände hierzu: Jürgen Habermas, »Vom pragmatischen, ethischen und moralischen Gebrauch der praktischen Vernunft«, in: ders., *Erläuterungen zur Diskursethik*, Frankfurt/M. 1999, S. 100-118.

In der republikanischen Tradition wurde indes stets die Kontingenz der Grenzziehung zwischen Öffentlichem und Privatem akzentuiert, nicht zuletzt aufgrund historischer Vergleiche. Raymond Geuss hat die Geschichte der Moderne als eine »Genealogie der Privatheit« nachgezeichnet und auf überzeugende Weise die Kontingenz der Grenzziehung herausgearbeitet.[14] Privatheit, so lässt sich festhalten, ist keine *Entdeckung* (transzendental gegebener Rechte), sondern eher eine *Erfindung*: das Resultat eines Prozesses sozialer Konstruktion, politischer Aushandlung, machtbasierter Entscheidungen, seien sie implizit oder explizit.

Vetreter des Republikanismus haben diese Skepsis gegenüber einer als gegeben und daher nicht verhandelbaren Grenze des Privaten schon früh artikuliert. Aus ihrer Sicht stellt sich nämlich die Frage, wo genau die Grenzen des Privaten zu ziehen seien, als nicht abschließend beziehungsweise nicht abstrakt oder »ideal« beantwortbar heraus, und das, obwohl alle etablierten Demokratien als »strukturell liberal« insofern bezeichnet werden können, als in ihnen der Schutz der Privatsphäre vor Eingriffen des Staates verfassungsrechtlich gesichert ist. Unklar in diesem Zusammenhang ist auch, was genau mit dem liberalen Ideal der »Neutralität« gemeint ist.[15] Interessanterweise wird die Diskussion darüber, ob und inwiefern ein demokratischer Rechtsstaat gegenüber den privaten Entwürfen des guten Lebens tatsächlich neutral sein kann, meist an im engeren Sinne ethischen oder religiösen Themen – Burkas, Schleier, die gleichgeschlechtliche Ehe, die religiös begründete Knabenbe-

14 Raymond Geuss, *Privatheit. Eine Genealogie*, Frankfurt/M. 2002. Während im antiken Athen die Sphäre der Öffentlichkeit primär als ein Bereich verstanden wurde, in dem sich die Menschen so bewegen sollten, dass sie von anderen nicht beachtet werden können (d. h., sie sollten sich nicht »anstößig« benehmen, ebd., S. 35), nahm der Begriff in der Römischen Republik eine Bedeutung an, die unter »öffentlichen Dingen« diejenigen Angelegenheiten versteht, die alle betreffen (ebd., S. 76 f.). Erst die christliche Vorstellung privater Spiritualität eröffnete die Möglichket einer liberalen Umdeutung des Privaten (ebd., S. 77-79). Die Pointe von Geuss' Genealogie besteht in der Denaturalisierung einer für gegeben erachteten Unterscheidung. Der Begriff der Genealogie verweist nicht zufällig auf Nietzsche und auf Foucault, dessen Geschichte der Sexualität ebenfalls vor Augen führt, wie stark sozial kontingent vermeintlich natürliche Grenzziehungen sind.

15 Als zusammenfassende Darstellung der Diskussion um »Unparteilichkeit« vgl. Susan Mendus, »Impartiality«, in: John S. Dryzek, Bonne Honig, Anne Phillips (Hg.), *The Oxford Handbook of Political Theory*, Oxford 2008, S. 423-435.

schneidung usw. – diskutiert, die mit der Nachhaltigkeitsfrage auf den ersten Blick nichts zu tun haben.[16] Dass dieser Schein trügt, zeigt sich in der Kontrastierung zur republikanischen Tradition demokratischen Denkens, das gerade die Verhandelbarkeit und Politisierbarkeit der Grenze von Öffentlichkeit und Privatheit akzentuiert. Insbesondere die sich auf Aristoteles berufenden Theoretiker wie zum Beispiel Michael Sandel setzen die soziale Verwobenheit des Menschen als Wesensmerkmal voraus. Natürlich muss auch der Republikanismus zwischen öffentlichen und privaten Angelegenheiten unterscheiden können. Im Gegensatz zur liberalen Tradition kann er sich dabei aber nicht auf naturrechtlich gegebene Grenzen berufen, weil aus seiner Perspektive die Gemeinschaft dem Individuum logisch vorausgeht. Was privat ist, muss politisch entschieden werden (und nicht »bloß« juristisch, etwa durch Verfassungsgerichte). Aus dieser Umkehrung der Begründungspflicht ergibt sich in der Praxis (zum Beispiel der École républicaine in Frankreich), dass in der republikanischen Tradition die Anforderungen betont werden, die das Kollektiv an das Individuum stellt: Ein *gutes Leben* ist als Eigenbrötler (*idiotês*) nicht möglich, sagt Aristoteles. Dem stimmt der Republikanismus zu und zieht daraus die Konsequenz: Alles ist politisierbar und alles ist damit potenziell politisch – es sei denn, es würde *politisch* anders entschieden.

(b) Eine zweite Säule, auf der eine liberale Theorie der Politik ruht, ist die Legitimität des Staats beziehungsweise staatlichen Handelns. Anders als der vormoderne Feudalstaat, dessen Herrscher seine Legitmität direkt von Gott ableitete, wird der moderne Staat – und diese Gedankenfigur findet sich bereits bei Hobbes – mit Verweis auf seine *Leistungen* für das Individuum legitimiert.[17] Daraus hat sich eine Dominanz der *funktionalen* Legitimation des Staates und der Politik im liberalen Denken entwickelt. Staat und Politik sind hier Mittel zum Zweck und werden in vielen liberalen Theorien nicht nur mit Hilfe von ökonomischem Vokabular analysiert, sondern auch quasi ökonomisch bewertet. Der Politik und ihren Institutionen wird kein intrinsischer Wert zugeschrieben, im

16 So auch bei Jaeggi, wo genau diese Fälle als Beispiele für die Konflikte von Lebensformen angeführt werden (Rahel Jaeggi, *Kritik von Lebensformen*, Berlin 2013, S. 263 f.).

17 Für Hobbes selbst ist bekanntlich die Gewährleistung von Sicherheit die erste und wichtigste Leistung des Staates.

Gegenteil: Der Staat wird als bloßes Handlungskoordinationssystem verstanden, ein aus liberaler Sicht zwar notwendiges, aber eben ausschließlich durch seine Leistungen zu legitimierendes Gebilde. Der Republikanismus behauptet demgegenüber, dass Menschen nicht nur kontingenterweise oder notgedrungen zusammenleben, sondern erst als politische Wesen ihr Potenzial erfüllen.[18] Das widerspricht einer rein funktionalen Legitimation von Politik. Natürlich soll Politik auch Koordinierungsaufgaben erfüllen, aber sie geht darin nicht auf. Denn der Prozess der politischen Willensbildung hat aus republikanischer Sicht einen intrinsischen Wert: Interessen werden in diesem Modell nicht nur *aggregiert*, sondern *transformiert*. Diese Transformation von Interessen hat aber aus republikanischer Sicht nicht einfach einen deformierenden oder entfremdenden Charakter, sondern wird vielmehr als Korrektiv und Klärung gewertet.[19]

(c) Nach liberalem Verständnis sind die Bürgerinnen und Bürger dazu berechtigt, ja sogar dazu aufgefordert, ihre individuellen Präferenzen und Interessen in den Prozess demokratischer Willensbildung einzubringen. Um staatliche Leistungen nachfrageorientiert optimieren zu können, müssen aus liberaler Sicht die individuellen Interessen möglichst angemessen aggregiert werden – nicht aber die Präferenzen selbst geformt oder politisch weiterentwickelt werden. Gleiche, freie und geheime Wahlen sind daher in dieser Tradition der zentrale Beteiligungsmechanismus, um die staatlichen Strukturen mit jenem Input zu versorgen, der eine optimale Leistungsbilanz erlaubt. Der abstrahierende Charakter des Wahlmechanismus hilft dabei zugleich, die Differenzen bezüglich ethischer Begründungen – nicht im Wahlkampf, aber eben doch im Wahlakt – auszuklammern. Ins politische System fließt ein Input, dessen religiöse oder ethisch-weltanschauliche Quellen fast vollständig verschwinden, weil ausschließlich Präferenzen, nicht deren Begründungen

18 Insofern steht auch die französische Bewegung des Konvivialismus in der Tradition eines republikanischen Denkens. Leben heißt aus ihrer Perspektive immer schon: *zusammen*leben. Zum Konvivialismus vgl. die Beiträge in: Frank Adloff, Volker M. Heins (Hg.), *Konvivialismus. Eine Debatte*, Bielefeld 2015. Der Konvivialismus wendet sich im Übrigen explizit gegen den Neoliberalismus, den er für den Verlust der konvivialistischen Lebenskunst verantwortlich macht.

19 Ich verzichte aus Platzgründen darauf, diesen qualitativen Sprung auf Rousseaus Unterscheidung von *volonté de tous* und *volonté générale* zu beziehen.

von Bedeutung sind. Dass sich die Bürgerinnen und Bürger für ihre geheimen Entscheidungen in der Wahlkabine nicht öffentlich rechtfertigen müssen, stellt daher gerade den Vorteil des Wahlaktes dar: Moral, Ethik und Politik werden auf diese Weise auch institutionell ausdifferenziert.

Hingegen betont die auf Aristoteles zurückgehende republikanische Tradition die Verbindung von Ethik und Politik. Gerade durch die öffentliche Rechtfertigung von Interessen wird nach dieser Vorstellung deren qualitative Fortentwicklung gesichert – ein Motiv, das vor allem für die Konzeptionen der Deliberation zentral ist. Beteiligung wird jedoch im Republikanismus nicht nur auf Abstimmungen oder Deliberation beschränkt. Vielmehr werden hier die Bürgerinnen und Bürger im starken Sinne zur Beteiligung *aufgefordert*,[20] ja in manchen Ausprägungen des Republikanismus sogar verpflichtet: zum Wehrdienst, zur Mitwirkung an Bürgermilizen, zur Teilnahme an Losverfahren, die gegebenenfalls in ein öffentliches Amt befördern.[21] Eine republikanische Demokratie traut sich, ihre Bürgerinnen und Bürger nicht nur finanziell (durch Besteuerung) in Anspruch zu nehmen.

Zusammenfassend lässt sich die Differenz zwischen einem liberalen und einem republikanischen Demokratieverständnis auf die Formel »Output-Beschränkung versus Input-Ausweitung« bringen. Während der Liberalismus die Einhegung von Staatstätigkeit zur Sicherung negativer Freiheiten fordert, hofft der Republikanismus auf eine demokratisch legitimierte Selbstregierung der Bürgerinnen und Bürger, die durch die Ausweitung des Inputs kollektive Autonomie praktiziert und so soziale Freiheit möglich macht.[22] Natürlich: In der demokratischen Praxis haben wir es häufig mit Mischformen aus beiden Grammatiken zu tun. Ähnlich wie im Elsässischen, wo deutsche Syntax und französische Semantik oft kombiniert werden, wird auch in der politischen Alltagskommunikation

20 Das deutet der Begriff des *civic republicanism* an. Siehe Iseult Honohan, *Civic Republicanism*, London, New York 2002.

21 Vgl. unten, Kap. 5.5 und 5.6.

22 Was diese Leitdifferenz für die Konzeption des Verhältnisses von Emotionen und Politik bedeutet, haben Gary Schaal und ich an anderer Stelle ausführlich diskutiert: Gary S. Schaal, Felix Heidenreich, »Politik der Gefühle. Zur Rolle von Emotionen in der Demokratie«, in: *Aus Politik und Zeitgeschichte* 63:32/33 (2013), S. 3-11.

nicht selten eine inkohärente Synthese konkurrierender Demokratievorstellungen zu finden sein. Gerade die empirischen Vermengungen werden aber nur lesbar, wenn auf der analytischen Ebene beide Grammatiken klar unterschieden werden. Dass in einzelnen Texten der Politischen Theorie liberale und republikanische Motive fließend ineinander übergehen, spricht nicht gegen die These, dass es sich um zwei sehr deutlich unterscheidbare Logiken handelt.

4.2 Gestaltung von Lebenswelten: liberal oder republikanisch?

Die drei zentralen Aspekte einer liberalen Konzeption von Demokratie, die *Privatheit* ethischer Lebensformen, die *Legitimation* von Staatlichkeit durch Leistung und die *Beteiligung* an der gesellschaftlichen Willensbildung primär durch Wahlen, lassen sich zum Begriff der Lebenswelt in Beziehung setzen. Die große Attraktivität liberalen Denkens lässt sich nämlich dadurch erklären, dass diese politische Grammatik der Pluralität von Lebensentwürfen in der Moderne auf besondere Weise gerecht wird. Der Liberalismus scheint die einzig tragbare Antwort auf das *Faktum des Pluralismus* zu sein.[23] Seine Privatisierung der Idee des guten Lebens wirkt deeskalierend, weil sie soziale Beziehungen zumindest potenziell auf den Austausch zwischen rechtlich gleichgestellten Nutzenmaximierern reduzierbar macht. Der Liberalismus hofft auf soziale Stabilität durch normenkonformes Handeln; er kann auf die intrinsische Motivation durch geteilte Werte weitestgehend verzichten. Eine gute Bürgerin, ein guter Bürger ist hier schlicht, wer sich an die Gesetze hält.

Eine liberale Perspektive würde daher den von mir entwickelten Begriff der Lebenswelt anders deuten. Aus der Tatsache, dass die *eine* (geteilte oder konvergente) Lebenswelt ohnehin nicht möglich ist (und sich auch rückblickend als reaktionäre Utopie oder kulturtheoretische Fiktion, eben als *Grenzbegriff* erweist), folgt aus liberaler Sicht, dass eine Lebenswelt im Idealfall neutral gestaltet sein soll, um möglichst wenig kollektiven Einfluss auf die Entfaltungsmöglichkeiten, aber auch die Selbstbilder von Subjekten auszuüben.[24]

23 Rawls, *Die Idee des politischen Liberalismus*, S. 22f.

24 Rawls' Idee vom *overlapping consensus* müsste sich nach dieser Vorstellung in einer Struktur niederschlagen, die eine Pluralität von Lebenswelten möglich macht.

Entscheidend aus liberaler Sicht wäre zunächst die Tatsache, dass die *mentalen* Infrastrukturen von Bürgerinnen und Bürgern in der Moderne gerade nicht *eine* Lebenswelt darstellen, weil sie stark divergieren. Dass ein wenn nicht harmonisches, so doch gewaltfreies Zusammenleben möglich ist, muss aus liberaler Sicht daran liegen, dass die *technisch-materiellen* und *sozial-kulturellen* Infrastrukturen neutral gegenüber den *mentalen* Infrastrukturen sind. Multikulturalismus wird hier als möglich vorgestellt, weil zwischen der *einen*, geteilten *Rechts*ordnung und den pluralen kulturellen *Wert*ordnungen nur eine lose Verbindung besteht.

Bezogen auf die technisch-materiellen Infrastrukturen mag diese Neutralitätsthese zunächst einleuchten. Öffentlicher Nahverkehr, staatliche Wasserversorgung oder das Internet scheinen auf den ersten Blick nicht ethisch oder gar konfessionell gebunden: Es gibt keine katholische Müllabfuhr. Doch bereits bezüglich der soziokulturellen Infrastrukturen scheint diese Neutralität hochgradig fragwürdig. Zumindest das Recht scheint trotz größter Distanz gegenüber Vorstellungen des guten Lebens nicht neutral sein *zu können*, selbst wenn, wie im laizistischen Frankreich, die größten Anstrengungen darauf verwendet werden. Dass Kleidervorschriften, Regelungen bezüglich religiöser Tierschlachtungen, das Familienrecht, ja das ganze staatliche Bildungssystem unmöglich in der Lage sind, eine angestrebte Äquidistanz zu allen ethischen Lebensentwürfen herzustellen, machen die nicht endenden Diskussionen zu diesen Themen ausreichend deutlich. Jede noch so triviale Regelung bezüglich der Familienförderung begünstigt ein Lebensmodell gegenüber einem anderen. Scheidungs- und Erbrecht präferieren zwangsläufig bestimmte ethische Vorstellungen.

Stärker erläuterungsbedürftig ist indes die These, dass auch die technisch-materiellen Infrastrukturen keineswegs neutral sind gegenüber ethisch grundierten Lebensentwürfen oder Konzeptionen vom guten Leben. Nur extreme ethische oder religiöse Lebensweisen scheinen mit technisch-materiellen Infrastrukturen zu kollidieren, beispielsweise wenn die ultraorthodoxen Haredim im Jerusalemer Stadtteil Mea Shearim den Autoverkehr am Schabbat verbieten oder die Amish in den USA den Verbrennungsmotor ablehnen und ausschließlich die legendären »Dachwägele« benutzen. Ein Konflikt zwischen einer technisch-materiellen Infrastruktur und einer umfassenden ethisch-moralischen Weltsicht (*comprehensive doctrine*) scheint vor diesem Hintergrund aus liberaler Sicht ein bloßes Ausnahmephänomen darzustellen, dem dann mit Klugheit und der Suche nach einer pragmatischen Lösung zu begegnen ist. Lässt sich daraus folgern, dass die technisch-materiellen Infrastrukturen prinzipiell »neutral« sind?

Die in Kapitel 3 diskutierten Beispiele der Einwirkung technischer Dispositive auf die Präferenzen, Erwartungen, ja Fantasien von Menschen deuten bereits darauf hin, dass diese Frage mit nein zu beantworten ist. Um dies zu begründen, ist eine Unterscheidung hilfreich, die Philip Pettit vorgeschlagen hat: die zwischen *interference* und *domination*.[25] Einmischung (*interference*) ist nur eine mögliche Form der Machtausübung, ja, sie muss noch nicht einmal in jedem Fall Beherrschung (*domination*) bedeuten. Angebots- und Entscheidungsarchitekturen – und das sind technisch-materielle Infrastrukturen immer – mögen keinen Zwang im engeren Sinne ausüben. Dennoch können sie Akteure beeinflussen, sie in eine bestimmte Richtung drängen, weil sie zu einem bestimmten Verhalten anleiten – und dann sehr wohl *domination* produzieren.

Alles in allem erweist sich also die liberale Vorstellung von einer Neutralität staatlichen Handelns als Fiktion. Wo genau die Differenz zwischen einer liberalen Konzeption nachhaltiger Entwicklung und einem Republikanismus der Nachhaltigkeit liegt, lässt sich mittels einer reflektierten Analogie verdeutlichen. Ein Liberalismus der Nachhaltigkeit würde sich auf die Neudefinition der Grenzen des Erlaubten konzentrieren. Der Staat (oder irgendein Äquivalent) würde damit zwar den Handlungsspielraum entlang von Nachhaltigkskriterien neubestimmen, aber nicht *inhaltlich* festlegen, wie die verbleibenden Freiräume genutzt werden. Wie bei einem Fußballspiel mag die Spielfläche zwar deutlich kleiner werden, wenn man vom Feld in die Halle wechselt, die Spielaktionen und Spielzüge der einzelnen Spieler wären damit aber nicht bestimmt. Der Staat zieht die Grenzen, die Bürgerinnen und Bürger nutzen die dadurch entstehenden Handlungsspielräume »frei« – so wie im Mikrozertifikate-Handel, der eine klassisch liberale Nachhaltigkeitsstrategie ist. Das Modell einer individuellen Zuschreibung von Verschmutzungsrechten ist tatsächlich gegenüber dem individuel-

25 Philip Pettit, *Republicanism. A Theory of Freedom and Government*, Oxford 1999, Kap. 2 »Liberty as Non-Domination«, S. 51-79.

len Entwurf eines guten Lebens neutral, ganz im Einklang mit der liberalen Konzeption des Staates. Denn ob eine Person die Verschmutzungsrechte selbst durch Individualverkehr, Fleischkonsum oder eine heizkostenintensive Wohnung in Anspruch nimmt oder ihre Rechte meistbietend verkauft, wäre eine »freie« individuelle Entscheidung.[26]

Einem Republikanismus der Nachhaltigkeit gilt diese Theorie als unterkomplex, insofern die Veränderung der Spielraumgrenzen ein verändertes Spielverhalten zwar nicht *erzwingt*, aber letzten Endes eben doch nötig macht. Um im Beispiel zu bleiben: Auch die Individualisierung von Verschmutzungsrechten erfordert einen Lebenstilwandel, der nur durch den Zugriff auf Kollektivgüter möglich ist: Ob man Verschmutzungsrechte verkaufen kann, hängt davon ab, welche Alternativen die Infrastrukturen einer Lebenswelt bieten. Der Übergang von »Minneapolis 1956« zu »Kopenhagen 2025« ist nicht als Aufaddierung individueller Entscheidungen denkbar; Nachhaltigkeit, so möchte ich im nächsten Abschnitt genauer begründen, ist nicht liberal organisierbar.

4.3 Warum Nachhaltigkeit nicht liberal zu organisieren ist

Unter dem Dach des republikanischen Denkens, das in den vergangenen Jahren große Aufmerksamkeit in der Politischen Theorie auf sich gezogen hat, versammeln sich ganz verschiedene Traditionslinien: die aristotelische (wie bei Hannah Arendt), die hegelianische (wie bei Axel Honneth), die ideengeschichtliche (wie bei Quentin Skinner) sowie die der analytischen Philosophie (wie bei Michael Sandel und Philip Pettit). Während der politische Republikanismus in Frankreich in einer Krise zu sein scheint, an der bestimmte Entwicklungen in der Politischen Theorie nicht ganz unschuldig sind,[27] wächst das Interesse nicht nur am historischen Phänomen

26 Die technische Herausforderung bestünde dann natürlich in der Zuschreibung eines je individuellen ökologischen Fußabdrucks, also einer Art Ökobilanz für jede einzelne Konsumentscheidung.

27 Daniel Schulz, *Die Krise des Republikanismus*, Baden-Baden 2015. Als schädlich scheint sich vor allem die weitverbreitete Gegenüberstellung von »bloßer« Politik einerseits und dem »wahren« Politischen andereseits zu erweisen. Behauptungen wie die von Alain Badiou (vor einigen Jahren), wonach Wahlen irrelevant seien,

des Republikanismus, sondern auch an seinen möglichen Potenzialen für die Bearbeitung aktueller Herausforderungen, wobei sich die angelsächsische Debatte dabei besonders auf die Fragen des Multikulturalismus und der sozialen Integration konzentriert.[28]

Ein wichtiger Grund für dieses Interesse ist auch in der Krise des liberalen Narrativs zu sehen, welches die Moderne, aber auch die Globalisierung als Erfolgsgeschichte auf dem Gebiet individueller Freiheiten zeichnet. Die abnehmende Überzeugungskraft dieses Narrativs hat ihre Ursache zum einen in der ökologischen Krise, vor allem aber in der wachsenden ökonomischen Ungleichheit und den kulturellen Folgen einer von neoliberalen Theorien motivierten Übertragung betriebswirtschaftlicher Kategorien in zahlreiche Gesellschaftsbereiche.[29] Diese Konstellation hat in den vergangenen Jahren dazu geführt, dass eine oft allzu pauschale Kritik an *dem* Neoliberalismus beinahe ubiquitär geworden ist.

Dahinter steht der weitverbreitete Verdacht, dass eine liberale politische Ordnung das Versprechen der Freiheit zwar einhält, dies aber vor allem für privilegierte transnationale Eliten, wohingegen die Mittelschichten in den OECD-Ländern einem ständig wachsenden Konkurrenzdruck ausgesetzt sind und sich mit einer drohenden Prekarisierung konfrontiert sehen. Auf strukturelle Herausforderungen wie die wachsende Vermögensungleichheit hat der Neoliberalismus nicht nur keine Antworten, schlimmer noch: aus Sicht der Kritiker ist er selbst als Quelle einer politischen Ideologie zu betrachten, die ihren politischen Charakter verleugnet, sich als ausschließlich ökonomische Theorie präsentiert und durch Ökonomisierung aller Lebensbereiche zur Erosion des klassischen Staatsverständnisses beigetragen hat. In der Politischen Theorie ist die im Anschluss an Colin Crouchs einschlägige Essays zum Neoliberalismus und zur Postdemokratie erfolgte Debatte in den vergangenen Jahren auf die These zugelaufen, der amerikanische, zutiefst

weil (damals) mit Sarkozy und Hollande gar keine »echten« Alternativen zur Wahl stünden, untergraben die Legitimität des politschen Systems.

28 Philipp Hölzing, *Republikanismus und Kosmopolitismus. Eine ideengeschichtliche Studie*, Frankfurt/M. 2011; Cécile Laborde, John W. Maynor (Hg.), *Republicanism and Political Theory*, Oxford 2008; zu einer hilfreichen Übersicht siehe Robin Celikates, »Republikanismus zwischen Politik und Recht. Ein Literaturbericht«, in: *Zeitschrift für philosophische Forschung* 64:1 (2010), S. 199-135.

29 Ich komme in Kap. 7 ausführlicher darauf zurück.

staatsskeptische Neoliberalismus der Chicagoer Schule der Wirtschaftswissenschaften um Friedrich von Hayek und Milton Friedman sei demokratiegefährdend, während der von Walter Eucken begründete deutsche Ordoliberalismus gewissermaßen die demokratieverträgliche Lehre vom Gleichgewicht zwischen Markt und Staat darstelle.[30] Parallel hierzu wird (im Anschluss an Foucaults späte Vorlesungen zur »Biopolitik«) die neoliberale Ökonomisierung zahlreicher Lebensbereiche für einen Wandel des Selbstbildes des Menschen hin zum »unternehmerischen Selbst« verantwortlich gemacht.

Vor diesem Hintergrund ist es nicht erstaunlich, dass bei den allermeisten Versuchen, eine Aussöhnung von Demokratie und Nachhaltigkeit zu denken, der Verweis auf liberale Vorbilder eine Ausnahme darstellt. Symptomatisch ist vielmehr, dass Piers Stephens in seinem einschlägigen Artikel zum Thema vor allem auf John Stuart Mill und Jeremy Bentham rekurriert und einräumen muss, dass Autoren wie Locke kaum eine Rolle für die liberal ausgerichteten Vertreter in der Environmental Political Theory spielen.[31] Bevor ich ausführlicher darlegen werde, warum diese Versuche zudem aus systematischen Gründen nicht überzeugen können, will ich zunächst genauer rekonstruieren, welches Ziel hier durch den sogenannten Extensionalismus verfolgt wird.

In seinem Buch *Green Liberalism* hat Marcel Wissenburg den Versuch einer dezidiert liberalen Begründung ökologischer Maßnahmen unternommen.[32] Auch Simon Hailwood und Brian Baxter

30 Klassisch: Colin Crouch, *Postdemokratie*, Frankfurt/M. 2008. Siehe auch: Quinn Slobodian, *Globalisten. Das Ende der Imperien und die Geburt des Neoliberalismus*, Berlin 2019.

31 Stephens, »Environmental Political Theory and the Liberal Tradition«. Stephens schlägt hier den Begriff »new liberalism« vor. In der Tat ließen sich historisch mit Bentham erste Umweltmaßnahmen begründen (ebd., S. 60 f.). Stephens' Versuch, Benthams utilitaristisches Kalkül als mögliches Modell für eine liberale nachhaltige Demokratie zu empfehlen, übersieht aus meiner Sicht Benthams Hoffnung, der utilitaristische Staat könne sich wertender Urteile enthalten. In die Versuche, das größte Glück der größten Zahl zu quantifizieren, gehen immer schon Werturteile ein.

32 Marcel Wissenburg, *Green Liberalism. The Free and the Green Society*, London 1998. Mit Blick auf republikanische Ansätze verwendet Wissenburg gerne den Begriff des Ökofaschismus.

verstehen sich ganz offensiv als *green liberals*.[33] Ihre Arbeiten erweisen sich jedoch bei genauerer Betrachtung als nicht nur formal, sondern auch in ihrer Zielsetzung klar an Rawls orientiert: Es geht in ihnen primär um die *Begründung* einer ökologischen Politik, nicht um die Klärung der Frage von deren faktischer *Umzusetzung*. Bei Baxter heißt es beispielsweise: »[D]ie liberale Theorie der Gerechtigkeit [...] ist begrifflich in der Lage, die Ansprüche der Nichtmenschen auf ihren fairen Anteil an den natürlichen Ressourcen abzusichern.«[34] »Extensionalismus« bezeichnet dann eine Strategie, das unbestritten anthropozentrische Modell von Rawls durch die »Ausweitung« auf kommende Generationen, aber auch auf Tiere und die Natur insgesamt so zu erweitern, dass im Urzustand keine Vereinbarungen zuungunsten Dritter mehr erfolgen können.[35]

Stephens selbst verfolgt eine ähnliche Strategie, indem er zu zeigen versucht, dass und inwiefern Naturerfahrung einen »Freiheitsstimulus«[36] darstellt. Daraus folgert er ein liberales Recht auf Natur – und daraus wiederum die liberale Verpflichtung zum Umweltschutz. So lässt sich ohne Verweis auf ein Eigenrecht der Natur allein aus den individuellen Anspruchsrechten im liberalen Sinne, eine ökologische Politik *begründen*. Aber lässt sie sich auch »liberal« *umsetzen*?

Meine Antwort lautet nein, denn erstens hat der Liberalismus keine befriedigende Lösung für die in Kapitel 2 geschilderten Trittbrettfahrer- und Gefangenendilemma-Situationen (a). Zweitens kann er nicht zeigen, dass Entscheidungsarchitekturen und Nudging tatsächlich dem liberalen Gebot eines neutralen Staates entsprechen (b). Und drittens eignet sich ein liberales Staatsverständnis nicht dazu, einen gesellschaftlichen Wandel anzustoßen, nach dessen Abschluss die Kultur des expressiven Individualismus, des Wachstums und der Beschleunigung einer Kultur der *Suffizienz* gewichen ist (c).

33 Simon Hailwood, »Towards a Liberal Environment?«, in: *Journal of Applied Philosophy* 16:3 (1999), S. 271-281; Brian Baxter, *A Theory of Ecological Justice*, London 2005.

34 Ebd., S. 126.

35 Hier ergibt sich eine Parallele zu Thomas Pogges Versuch der Erweiterung von Rawls' Konzeption auf Fragen der globalen Gerechtigkeit. Siehe Thomas Pogge, *World Poverty and Human Rights*, Cambridge [2] 2008.

36 Stephens, »Environmental Political Theory and the Liberal Tradition«, S. 65 f.

(a) In allen wichtigen Politikfeldern, in denen sich die Nachhaltigkeitsfrage stellt, lässt sich die Struktur eines Allmende-Problems erkennen. Am Beispiel der Überfischung der Ozeane leuchtet das unmittelbar ein, aber auch die globale Klimapolitik hat die Form eines Allmende-Problems, da die Verschmutzung der Atmosphäre einzelnen Akteuren (Unternehmen oder Nationalstaaten) individuelle Vorteile verschafft, jedoch kollektive Probleme bereitet. Das gilt auch für die Grundwassernutzung oder die Ausbeutung wichtiger Ressourcen wie des für die Düngemittelproduktion unerlässlichen Phosphats. In allen diesen Fällen kann die Trittbrettfahrerei Einzelner nur durch kollektiv bindende Entscheidungen verhindert werden, die auch sanktionsbewehrt durchgesetzt werden können.

Es ist nicht zumutbar, dass denjenigen, die nachhaltig handeln, daraus substanzielle Nachteile in einer Konkurrenzsituation erwachsen. Am deutlichsten lässt sich dies an den Umweltauflagen für die Hersteller von Verbrennungsmotoren ablesen. Die Auflagen und Grenzwerte werden nach aller Erfahrung nur eingehalten, wenn sie auch tatsächlich kontrolliert und sanktionsbewehrt durchgesetzt werden. Mit Blick beispielsweise auf die Senkung der Emissionen von Schwefeldioxid und Feinstaub auf die emergenten Prozesse eines Marktmechanismus zu setzen, ist naiv. Die einzelnen Akteure (Individuen, Unternehmen, Staaten) befinden sich hier in einem Gefangenendilemma: Nur wenn sie aufgrund einer kollektiv bindenden Entscheidung davon ausgehen können, dass auch andere zu kooperationsorientiertem, also nachhaltigem Verhalten gezwungen werden, können sie sich selbst die Entscheidung zugunsten eines nachhaltigen Verhalten leisten. Der Einsatz von Marktmechanismen ist folglich nur dann sinnvoll, wenn sie ordoliberal eingehegt sind. Eine solche Einhegung seitens der Politik setzt indes einen staatlichen Steuerungsanspruch und einen Primat der Politik gegenüber der Ökonomie voraus – sowie eine Idee des Gemeinwohls.[37]

(b) In der von Thaler und Sunstein angestoßenen Debatte um die Praktiken des Nudging treten die Protagonisten eines verhaltensökonomischen Regierens unter der paradox anmutenden Be-

37 In den Gründungszeiten des Ordoliberalismus der Freiburger Schule um Walter Eucken konnte man diese Gemeinwohlidee noch voraussetzen. Es ist immer wieder betont worden, dass *ordo* ein Begriff ist, der aus der scholastischen Theologie stammt, also naturrechtliche Vorstellungen transportiert.

schreibung eines »liberalen Paternalismus« an.[38] Die paternalistische Dimension des Nudging scheint spontan einleuchtend, zielt doch die Gestaltung von Entscheidungsarchitekturen ganz explizit auf die Beeinflussung von Entscheidungen. Dass diese Form der Politik dennoch »liberal« sein soll, begründen die Autoren mit dem Umstand, dass Anreize (*nudges*) keine Zwänge darstellen, es also immer eine Abwahloption gibt oder – so der normative Appell – geben soll. In der verhaltensökonomisch optimierten Kantine lassen sich die ungesunden Speisen zwar schwieriger erreichen – aber sie lassen sich erreichen, so das Argument. Eine »Idee des guten Lebens« wird hier also anempfohlen, jedoch nicht mittels Zwangsmaßnahmen durchgesetzt.

Dieses Argument arbeitet mit einer falschen Dichotomie zwischen bloß sanften Nudges einerseits und harten Zwangsmaßnahmen andererseits. Denn Ausstiegsoptionen bestehen selbst für jene Formen des Verhaltens, die mit scharfen Sanktionen belegt werden. Christoph Möllers hat daran erinnert, dass selbst das Mordverbot Mord nicht unmöglich macht, sondern lediglich mit einem sehr hohen Preisschild versieht, dass Normen auch Möglichkeiten kommunizieren.[39] Sanfter Stupser und strenge Sanktion stellen folglich zwei Enden eines Spektrums dar, nicht zwei kategorial verschiedene Formen des Regierens unseres Verhaltens.

In der Terminologie von Pettit lässt sich diese Differenz am einfachsten benennen. Sunstein und Thaler benutzen einen liberalen Begriff von Freiheit als Nichteinmischung beziehungsweise Nichtzwang; die Tatsache, dass Nudges nicht mit Zwangsgewalt arbeiten und umgangen werden können, soll allein schon ein Kriterium ihrer Freiheitskompatibilität sein. Dass Anreize und Entscheidungsarchitekturen jedoch eine Form von Beherrschen-ohne-Zwang (*domination-without-interference*) darstellen können, ist leicht erkennbar, weil sie das Subjekt ja beständig nötigen, gegen zumindest symbolische Imperative anzuarbeiten. Die Behauptung, systematisch verhaltensökonomisch gestaltete Lebenswelten würden keinen Lebensstil »erzwingen«, trifft nur unter der Voraussetzung eines

38 Vgl. zu dieser Debatte auch Oliver Flügel-Martinsen, »Libertärer Paternalismus? Bemerkungen zu Richard H. Thalers und Cass R. Sunsteins *Nudge*«, in: *der moderne staat* 1 (2010), S. 235-244.

39 Christoph Möllers *Die Möglichkeit der Normen. Über eine Praxis jenseits von Moralität und Kausalität*, Berlin 2015.

spezifischen Freiheitsbegriffs zu und kann daher nicht überzeugen. Mehr noch: Verfassungsrechtliche Diskussionen, wie sie im Kontext der legendären »Tauben-füttern«- oder »Reiten-im-Walde«-Urteile des Bundesverfassungsgerichts geführt wurden, zeigen, dass selbst mit großem argumentativen Aufwand nicht restlos geklärt werden kann, ob diese Praktiken nun ein grundgesetzlich geschütztes Menschenrecht – auf freie Entfaltung der Persönlichkeit – darstellen.[40] Klar ist jedenfalls, dass Lebenswelten nicht als neutral gegenüber umfassenden Konzeptionen guten Lebens dargestellt werden können. Eine Entscheidungsarchitektur drückt immer schon spezifische Präferenzen, also eine Idee des Gemeinwohls aus. Auch in diesem Punkt überzeugt das liberale Narrativ also nicht.

(c) Stimmt man der These zu, dass eine Transformation hin zu einer nachhaltigen Lebens- und Wirtschaftsweise nicht allein durch Effizienzsteigerung möglich ist, sondern auch Strategien der Suffizienz (Einhegung der Nachfrage) bedarf, so wird der Wandel der mentalen und soziokulturellen Infrastrukturen nicht nur eine »passive« oder emergente Wirkung im Transformationsprozess darstellen, wie es die liberale Konzeption vor Augen hat, sondern aktives Ziel bewusster politischer Maßnahmen sein.[41] Inwiefern jedoch im-

40 Im Falle des »Reiten-im-Walde«-Urteils hatte ein leidenschaftlicher Reiter und Betreiber eines Reiterhofs argumentiert, durch die Reitverbote in einem angrenzenden Wald würde sein Grundrecht auf Handlungsfreiheit (Art. 2 GG) unzulässig beschnitten (vgl. Beschl. v. 6.6.1989-1 BvR 921/85 [BVerfGE 80, 137ff.]). Das BVerfG wies die Klage zwar zurück, aber Dieter Grimm hielt in einem Minderheitsvotum fest, dass historisch kontingent sei, welche Praktiken grundrechtlichen Schutz genießen: »Das Reiten im Walde genießt keinen Grundrechtsschutz. Die Grundrechte unterscheiden sich von der Vielzahl sonstiger Rechte dadurch, daß sie Integrität, Autonomie und Kommunikation des einzelnen in ihren grundlegenden Bezügen schützen. Eben wegen dieser fundamentalen Bedeutung ihres Schutzobjekts für eine auf die Menschenwürde gegründete Ordnung werden sie aus der Menge der Rechte hervorgehoben und verfassungsrechtlich mit erhöhten Garantien gegenüber der öffentlichen Gewalt, insbesondere mit Bindungswirkung für den Gesetzgeber, ausgestattet. *Dabei können die Auffassungen darüber, was den gesteigerten Schutz der Grundrechte im einzelnen verdient, nach den historischen Umständen wechseln.* Es ist aber weder historisch noch funktional der Sinn der Grundrechte, jedes erdenkliche menschliche Verhalten unter ihren besonderen Schutz zu stellen.« (Ebd., meine Hervorh., F. H.) Wer aber entscheidet dann über diesen Wandel – Verfassungsgerichte oder Parlamente?

41 Und dass dies bereits jetzt so ist, lässt sich empirisch an jenen Fällen zeigen, wo Nachhaltigkeitspolitik ernst genommen wird. Die systematische Veränderung

pliziert ein suffizienter Lebensstil tatsächlich eine bestimmte Konzeption des guten Lebens, wie Liberale befürchten? Nun könnte man an dieser Stelle zunächst sagen, dass es angesichts von ganz unterschiedlichen Lebensstilen, die zwar nachhaltig und suffizient sind, sich aber nicht auf einen weltanschaulich-ethischen Nenner bringen lassen, hier keinen strikten Zusammenhang gibt.[42] Daraus darf jedoch nicht geschlossen werden, dass es nach dem republikanischen Modell so etwas wie ein gemeinsames Gegenbild des suffizienten Lebensstils und eine gewisse Verähnlichung nachhaltiger Lebenswelten nicht gibt. Nachhaltige »republikanische« Politik kann und soll in der Tat verschiedene Formen eines suffizienten Lebensstils ermöglichen, muss dabei aber auf die Gestaltung von nachhaltigen Lebenswelt*en* zielen und darf nicht danach streben, in gewissermaßen totalitärem Modus *eine* allumfassende, »geschlossene« Lebenswelt zu errichten, und sei sie noch so nachhaltig, in der alle dasselbe zu tun und zu denken haben.[43] Das Ideal der Freiheit darf nicht aufgegeben werden. Eine Neutralität gegenüber einem nichtsuffizienten Lebensstil kann es allerdings auch nicht geben. Der Republikanismus der Nachhaltigkeit mag dynamisch und pluralistisch sein, aber er ist nicht liberal im oben beschriebenen Sinne, weil er bestimmte Lebensstile wesentlich erschwert, ja sogar systematisch bekämpft. Was damit im Einzelnen gemeint ist, werde ich im nächsten Kapitel erläutern.

der Mobilitätsgewohnheiten, ja von Mobilitätsidealen ist explizites Ziel der politischen Maßnahmen in Kopenhagen; der Gebrauch von PKWs soll nicht nur unattraktiv, sondern auch gesellschaftlich weniger akzeptabel und individuell weniger erstrebenswert werden. Siehe dazu oben, Kap. 3.5.

42 Die Klimabilanz eines Pietisten, eines linksradikalen Anarchisten und eines reaktionären Heimatschützers können identisch sein – bei völliger Divergenz bezüglich der Frage nach dem »guten Leben«. Auch diese Pluralität möglicher nachhaltiger Lebenswelten hängt jedoch von kollektiven nachhaltigen Infrastrukturen ab.

43 In diesem Fall hätten wir es mit einem antiliberalen politischen System zu tun, also einer extremen Form eines statischen Republikanismus, bei dem nach dem Gemeinwohl nicht mehr gesucht werden muss, sondern nur noch eine *Top-down*-Durchsetzung desselben nötig ist. Die Differenz zwischen einem nichtliberalen Republikanismus und einem antiliberalen Autoritarismus ist hier folglich entscheidend.

5
Der Republikanismus der Nachhaltigkeit

Im vorangegangenen Kapitel habe ich zu zeigen versucht, dass ein liberales Politikverständnis, das die individuelle Freiheit zum Ankerpunkt hat, nur unter der kontrafaktischen Bedingung einer präzisen Zuschreibung individueller Verantwortung dazu in der Lage wäre, die Transformation hin zu einer nachhaltigen Lebenswelt zu ermöglichen. Eine rein auf Normen rekurrierende Steuerung des Verhaltens durch extrinsische Motivation würde zudem voraussetzen, dass sich tatsächlich alle externen Kosten eines Konsumakts angemessen abbilden und *individualisiert*[1] reinternalisieren lassen. In eng begrenzten und wohldefinierten Feldern mögen Marktmechanismen in der Tat gute Ergebnisse erzielen.[2] Doch wie wir gesehen haben, können die Rahmensetzungen für diese Märkte nicht für sich in Anspruch nehmen, gegenüber Lebensstilen oder Wertvorstellungen neutral zu sein.

Nun provoziert jede Kritik an liberalen Denkfiguren aus guten Gründen die besorgte Nachfrage, ob denn etwa – aus welchen Gründen auch immer – die Errungenschaften liberaler Abwehrrechte des Individuums gegenüber dem Staat in Frage gestellt werden dürfen. Zwischen einem nichtliberalen Republikanismus und antiliberalen Formen des Regierens kann man jedoch klar unterscheiden: Antiliberales Regieren ist – auch wenn es im Gewand der Demokratie daherkommt – antipluralistisch und delegitimiert die politische Konkurrenz. Die in autokratischen Kreisen üblich gewordene Vorstellung von der »illiberalen Demokratie« (Viktor Orbán) beinhaltet eine ideologische Mixtur aus Antimultikultu-

1 Nur dies würde es erlauben, Sockelfreibeträge zu ermöglichen, die die heftigsten sozialen Auswirkungen einer Verteuerung nichtnachhaltigen Verhaltens abfedern könnten.

2 Das Beispiel des Emissionshandels zeigt indes, dass Marktmechanismen nur dann sinnvolle Ergebnisse erbringen, wenn manche Güter durch Marktintervention »künstlich« verknappt werden. Natürlich ist auch hier mit nichtintendierten Folgen zu rechnen: Die durch Energieeffizienz in Europa sinkende Nachfrage nach karbonen Energieträgern kann zum Beispiel dazu führen, dass die Preise sinken und die Energieträger dann auf umweltschädlichere Weise in China genutzt werden.

ralismus, deutlich als völkisch erkennbare Einheitsfantasien, einer reaktionären Moralisierung von Familie und Vaterland sowie einer fragwürdigen Ethisierung von Politik. Mit diesen reaktionären Varianten einer Kritik am Liberalismus hat der *Republikanismus der Nachhaltigkeit* nichts gemein. Nicht jede Kritik an einem liberalen Staatsverständnis ist an sich schon antiliberal. Vielmehr lässt sich der Republikanismus der Nachhaltigkeit in John Barrys Formulierung als »postliberal, jedoch nicht antiliberal« verstehen.[3]

Selbstverständlich darf es einem Republikanismus der Nachhaltigkeit keinesfalls darum gehen, mit den Standards des liberalen Rechtsstaats zu brechen. Die Herausforderung besteht vielmehr darin, die nichtnachhaltigen, ja rundweg fahrlässigen Formen eines expressiven Individualismus so einzuschränken, dass nicht zugleich das Ideal der Freiheit verabschiedet wird. Damit wird allerdings die genaue Ausdeutung von »Freiheit« zentral und eine Umdeutung erforderlich,[4] wie ich im Folgenden zeigen werde (5.2). Zunächst werde ich aber eine Unterscheidung einführen, die zur Abgrenzung des postliberalen Republikanismus von illiberalen Formen der Liberalismuskritik dient, und einen dynamischen Republikanismus profilieren (5.1). Dieser kann die Ausweitung der Regelungskompetenzen und der Eingriffstiefe in bisher als privat empfundene Lebensbereiche allerdings nur durch eine Ausweitung von Input-Legitimation leisten (5.3). Anschließend behandle ich die Frage, wie die Beteiligung von Bürgerinnen und Bürgern auch unter den modernen Bedingungen von Komplexität und Distanz gelingen kann (5.4). Danach prüfe ich drei konkrete Optionen auf ihre Erfolgschancen (5.5) und widme mich zum Abschluss des Kapitels einer oft verdrängten Dimension des republikanischen Denkens (5.6).

3 John Barry, »Towards a Green Republicanism: Constitutionalism, Political Economy, and the Green State«, in: *The Good Society* 17:2 (2008), S. 1-12, hier: S. 4. Barry verweist hier auf eine eine Unterscheidung, die Robyn Eckersley eingeführt hat.

4 Erstaunlich ist, dass z. B. Jason Lambacher in seiner Diskussion des Verhältnisses von Freiheit und Nachhaltigkeit keine systematische Unterscheidung verschiedener Freiheitsbegriffe vorlegt. Vgl. Jason Lambacher, »The Limits of Freedom and the Freedom of Limits«, in: Tina Gabrielson u. a. (Hg.) *The Oxford Handbook of Environmental Political Theory*, Oxford 2016, S. 385-398.

5.1 Statischer versus dynamischer Republikanismus

Eine von Marcus Llanque vorgeschlagene Unterscheidung zwischen zwei Varianten des Republikanismus klärt den ideengeschichtlichen Standpunkt eines genuin modernen Republikanismus. Llanque entwickelt im Kontext einer emotionstheoretischen Fragestellung die Unterscheidung zwischen *statischem* und *dynamischem* Republikanismus. Sein Rückblick auf die historischen Ausprägungen republikanischer Praxis lässt deutlich hervortreten, unter welchen Bedingungen der republikanische Verweis auf ein Gemeinwohl demokratiegefährdend wird. Das spätestens seit Karl Poppers Kritik klassische Beispiel für eine solche republikanische Gefährdung der »offenen Gesellschaft« stellen Platons Überlegungen in *Politeia* dar. In diesem in der Regel als Diskussion über den Begriff der Gerechtigkeit verstandenen Dialog nähert Platon nämlich die Erkenntnissuche in Fragen der Ethik und Politik derjenigen in den Wissenschaften und vor allem der Mathematik an. Analog zur Erkenntnis in diesen Wissenschaften sollen, so die Figur des Sokrates in diesem Dialog, auch die politischen Eliten die Idee des Guten (*idéa toû agathoû*) erkennen und umsetzen.[5] Politische Willensbildung ist unter diesen Voraussetzungen eine Angelegenheit von Bildungseliten, die das Richtige bloß zu erkennen brauchen, um es dann auch angemessen umzusetzen. Gerade darin aber besteht dann das *statische* Element in Platons Vorstellung des Gemeinwohls beziehungsweise der Idee des Guten: Deliberation im eigentlichen Sinne findet hier nur unter den Philosophenkönigen statt, die eine Wahrheit *auffinden* und diese nicht selbst hervorbringen müssen.[6] In dieser Variante von Republikanismus ist der Inhalt des Gemeinwohls also statisch vorgegeben und muss nur – in einem *Top-down*-Prozess – umgesetzt werden.

Ganz anders wird die Idee des Gemeinwohls bereits in der von

5 Fraglich ist dabei, woher die Philosophenkönige über die Applikationskompetenz verfügen sollen, wenn sie doch als Wissenschaftler gerade der praktischen Erfahrung enthoben sind. Vgl. zu dieser Frage: Rüdiger Bubner, *Welche Rationalität bekommt der Gesellschaft? Vier Kapitel aus dem Naturrecht*, Frankfurt/M. 1996, S. 43-59.

6 Llanque ordnet daher auch Rousseaus Argumente aus dem *Contrat social* dem statischen Pfad des Republikanismus zu (Marcus Llanque, »Liebe in der Politik und der Liberalismus«, in: Felix Heidenreich, Gary S. Schaal [Hg.], *Politische Theorie und Emotionen*, Baden-Baden 2012, S. 105-135, hier: S. 121).

dem antiken griechischen Historiker Polybios so wirkmächtig beschriebenen Mischverfassung der römischen Republik verstanden.[7] Die Verschachtelung von demokratischen, aristokratischen und monarchischen Regierungsformen soll jenen Kontingenzspielraum eröffnen, der eine *ergebnisoffene* Suche nach dem Gemeinwohl ermöglicht.[8] Die Mischverfassung soll nicht nur, wie Polybios betont, Stabilität ermöglichen, sondern diese Stabilität durch Dynamisierung garantieren. Im Gegensatz zur Expertokratie Platons ist es hier die im Senat zur Deliberation geführte Perspektiven*vielfalt*, die ein sich wandelndes, stets neu zu justierendes Gemeinwohl *hervorbringen* und nicht bloß abbilden soll.[9] Llanque schlägt mit dieser Begrifflichkeit eine Unterscheidung vor, die nicht nur im Kontext der Diskussion um politische Emotionen in der Demokratie fruchtbar ist, sondern auch im Kontext der Nachhaltigkeitsfrage.

Mit Blick auf das Verhältnis von Demokratie und Nachhaltigkeit benennt die Unterscheidung zunächst einen Anspruch: Zumindest *normativ* wünschenswert ist in jedem Fall ein Republikanismus, der dynamisch und inklusiv ist, Expertenwissen für Deliberation und Partizipation produktiv nutzt und nicht zu dessen Verhinderung heranzieht. Mit anderen Worten: Llanques Konzeption eines dynamischen Republikanismus skizziert eher einen Problemhorizont als eine Antwort, denn unter den Vorzeichen der Moderne stellt die gesellschaftliche Dynamisierung eine allgemeine Kontextbedingung von Politik dar, nicht mehr bloß deren Ergebnis. Anders als dynamisch lässt sich Republikanismus in der Moderne nicht mehr denken, will man nicht auf naturrechtliche oder gar theokratische Thesen über das Gemeinwohl zurückfallen.

Doch die Dynamik von Politik bezieht sich nicht nur auf das Gemeinwohl, sondern auch auf die Grenzen des Gemeinwesens. Dynamisch ist nicht mehr nur der Prozess einer inklusiven Generie-

7 Siehe z. B. Polybios, *Die Verfassung der römischen Republik. Historien, VI. Buch*, Stuttgart 2012.

8 Bedeutsam wird dann die praktische Klugheit (*phrónesis*), die in der Aristotelesrezeption der Ritter-Schule, aber auch bei Arendt zu einem zentralen republikanischen Topos wird.

9 Aus heutiger Sicht würde man Platons Vorstellung einer tatsächlich »wissenschaftlichen Politik« wohl als Illusion betrachten. Das Argument, praktische Fragen ließen sich nicht analog zu wissenschaftlichen Fragen bearbeiten, formuliert bekanntlich bereits Platons Schüler Aristoteles in den Eingangsabschnitten der *Nikomachischen Ethik*.

rung von Gemeinwohlvorstellungen, sondern bereits der dabei vorausgesetzte Begriff eines kollektiven Subjekts. Schon der Rückblick auf die Französische Revolution zeigt, dass das »Wir« der politischen Selbstbestimmung ein *konstituiertes* (nicht nur ein *konstituierendes*) »Wir« ist, die Nation also nicht einfach als gegeben vorausgesetzt werden kann, sondern selbst im Falle Frankreichs (einem Land mit ganz überwiegend eindeutigen geografischen Grenzen und einer weit zurückreichenden Geschichte von Staatlichkeit) im Rahmen der Revolution (durch symbolische Integration, Bildungspolitik und *levée en masse*) geschaffen wird.[10] Was Deutschland angeht, so ist die Geschichte der Konstitution eines Kollektivsubjekts (also die Nationenbildung) bekanntlich noch problematischer und tragischer verlaufen.[11] Das Kollektivsubjekt der EU steht vor analogen Herausforderungen, die meist in Zusammenhang mit der Formel der Kein-Demos-These verhandelt werden. Im Gegensatz zur identitären Vorstellung einer gegebenen oder »natürlichen« Gemeinschaft[12] muss ein dynamischer Republikanismus indes das Subjekt von politischer Autonomie nicht voraussetzen, sondern kann, in Oliver Marcharts Terminologie, das Kollektivsubjekt von Demokratie, den Demos, »postfundamentalistisch« denken.[13]

Die Erinnerung an diese unter vormodernen Bedingungen noch nicht gegebenen Herausforderungen soll verdeutlichen, dass der Begriff des *dynamischen Republikanismus* keineswegs an sich schon eine Antwort darauf enthält, welche Dynamiken in welchem Umfang demokratiekompatibel sind und wie sie gegebenenfalls ge-

10 Platon konnte indes die Antwort auf die Frage, wer zur Polis Athens gehöre, als bekannt voraussetzen. Der *demos* ist hier noch quasi als *ethnos* gegeben, auch wenn zum *demos* bekanntlich nur die männlichen Vollbürger zählten.

11 Man muss nicht auf die These vom »deutschen Sonderweg« (Helmuth Plessner) zurückgreifen, um mit Blick auf Deutschland spezifische Schwierigkeiten der Staatswerdung zu konstatieren. Vgl. die überzeugende Analyse bei: Bernhard Giesen, *Die Intellektuellen und die Nation. Eine deutsche Achsenzeit*, Frankfurt/M. 1993.

12 In der deutschen Terminologie würde man in diesem Fall von »völkischen« Vorstellungen sprechen. Giesen (siehe ebd., S. 48-53) schlägt den Begriff der primordialen Kodierung vor.

13 Oliver Marchart, *Die politische Differenz. Zum Denken des Politischen bei Nancy, Lefort, Badiou, Laclau und Agamben*, Berlin 2010. Eine Konzeption des »vokativischen Wir« habe ich entwickelt in Felix Heidenreich, »Was ist und wie entsteht demokratische Identität?«, in: Saskia Wendel (Hg.), *Was ist und wie entsteht demokratische Identität?*, Göttingen 2014, S. 15-31.

handhabt werden können. Auch wenn die Frage nach dem Subjekt der Demokratie – dem politischen »Wir« – nicht im Zentrum dieses Buches steht, wird noch genauer zu präzisieren sein, inwiefern der Republikanismus der Nachhaltigkeit nicht nur selbst Dynamiken hervorbringt, sondern auch auf außerpolitische Dynamiken reagieren muss.

5.2 Nachhaltige Freiheit

Das Kapitel 4 hat als ein wichtiges Ergebnis erbracht, dass Nachhaltigkeit und jener Freiheitsbegriff, der als liberal beziehungsweise individualistisch-expressiv bezeichnet wurde, nur unter sehr unrealistischen, ja dystopischen technischen Bedingungen kompatibel wären: Jeweils individuelle Freiheiten als Rechtsansprüche (inklusive jene kommender Generationen) miteinander zu verrechnen, würde eine gigantische Infrastruktur individueller Klimabilanzen nötig machen. Die Einhegung konkreter individueller Freiheit in nachhaltigen Lebenswelten geht dann, so meine These, mit einer Umdeutung des Begriffs einher, denn die Veränderung der technisch-materiellen und soziokulturellen Infrastrukturen verändert auch die mentalen. *Freiheit* wird in »Kopenhagen 2025« folglich nicht mehr dasselbe bedeuten *können* wie in »Minneapolis 1956«. Die Frage ist: Wird eine nachhaltige Form von Demokratie den Bürgerinnen und Bürgern einfach nur weniger Freiheitsräume eröffnen? Was genau geschieht im Rahmen dieser Transformation mit dem Begriff der Freiheit?

Nun gehört »Freiheit« zweifelsohne zu den komplexesten politischen Begriffen überhaupt.[14] Nicht nur semantisch breitet sich das Ideal der Freiheit seit dem frühen Liberalismus aus und wird dabei in ganz verschiedenen Bedeutungen in Anspruch genommen. Auch

14 Ideengeschichtlich wird ein starker Begriff von Freiheit meist erst mit der Neuzeit angenommen, weil erst hier, so eine dominante These, jene Mechanismen der Individualisierung einsetzen, die nach geläufiger Lesart antike Motive zum modernen Individualismus verschärfen. Die Frage der Genese moderner Freiheitssemantiken und die Rolle einzelner Autoren wie Augustinus und Luther in diesem Prozess müssen hier ausgeklammert bleiben. Vgl. die klassischen Studien zur Genese des neuzeitlichen Individualismus von Louis Dumont (*Individualismus. Zur Ideologie der Moderne*, Frankfurt/M. 1990) und Charles Taylor (*Quellen des Selbst. Die Entstehung der neuzeitlichen Identität*, Frankfurt/M. 1996).

symbolisch, literarisch, lebenspraktisch wird »Freiheit« zu einer Art Leitwährung. Axel Honneth hat gezeigt, dass Freiheit im Zuge der Moderne zu einem geradezu ultimativen Wert geworden ist.[15]

Damit verändert sich die *systematische* Rolle von »Freiheit«, insofern dieser Begriff den der Gerechtigkeit mit neuem Inhalt zu füllen vermag. Gerecht ist dann nicht mehr (wie in der naturrechtlichen Vorstellung) eine kosmische oder göttliche Ordnung, die in einer komplexen Topologie quasi als Nebeneffekt auch beschränkte Freiheitsräume für einzelne Wesen zulässt, sondern vielmehr jene Gesellschafts- und Rechtsordnung, die die größte Freiheit möglichst vieler ermöglicht.[16] Rechtsgleichheit, Fortschritt, Brüderlichkeit – all diese in der Moderne hochgradig relevanten Topoi werden, so Honneths These, aufgerufen, weil und insofern man von ihnen erhoffen darf, dass sie der Freiheit dienen. Was allerdings mit Freiheit genau gemeint ist, unterscheidet sich je nach Autor und Kontext erheblich.[17]

Ich werde mich im Folgenden auf die aus meiner Sicht überzeugendste Unterscheidung zwischen drei Bedeutungen von »Freiheit« stützen, die Honneth vorgelegt hat – und diese zugleich um weitere Bestimmungen ergänzen, die mit Blick auf das Nachhaltigkeitsproblem relevant sind, das bei Honneth keine sonderliche Rolle spielt. Zunächst werde ich aber an Isaiah Berlins Ausgangsunterscheidung erinnern (a), Philip Pettits Konzeption der Freiheit als »non-domination« rekonstruieren (b), dann den von Claus Dierksmeier entwickelten Begriff der »qualitativen Freiheit« diskutieren (c) und schließlich Honneths Unterscheidung zwischen individueller, reflexiver und sozialer Freiheit behandeln (d).

15 Axel Honneth, *Das Recht der Freiheit. Grundriß einer demokratischen Sittlichkeit*, Berlin 2011, S. 35 f.

16 Bernd Ladwig bezweifelt, dass man tatsächlich Freiheit als ultimativen Wert annehmen kann. Siehe Bernd Ladwig, »Gerechtigkeitstheorie als Gesellschaftsanalyse. Über Axel Honneths neues Buch ›Das Recht der Freiheit‹«, in: *Berliner Debatte Initial* 23:1 (2012), S. 134-143. Da es hier nicht um eine moralphilosophische Fragestellung geht, beschränke ich mich auf die Beobachtung, dass eine solche herausragende Rolle der Freiheit in der Moderne zumindest von vielen unterstellt wird.

17 Von dieser politiktheoretischen Debatte über Freiheit ist noch einmal die philosophische Frage der Willensfreiheit zu unterscheiden. Tendenziell stellt sich die Frage der Willensfreiheit für Theorien der negativen Freiheit auf dramatischere Weise. Ich klammere diese philosophische Frage der Willensfreiheit hier aus.

(a) In einem klassisch gewordenen Aufsatz von 1958 hat Isaiah Berlin eine bis heute einschlägige Unterscheidung zwischen zwei Freiheitsbegriffen vorgenommen: zwischen *positiver* und *negativer* Freiheit.[18] Als negative Freiheit konzipiert Berlin die Freiheit *von* etwas, als positive die Freiheit *zu* etwas. Am einfachsten lässt sich diese Unterscheidung anhand von Grundrechten verdeutlichen. Während liberale Abwehrrechte eine negative Freiheit von Beschränkungen sichern, ermöglichen republikanische Anrechte positive Freiheit zu Möglichkeiten. In der politischen Alltagssemantik verschwinden diese beiden Dimensionen des Freiheitsbegriffs meist in einer rhetorisch bedingten Unschärfe. So ist beispielsweise häufig von Religionsfreiheit die Rede, ohne zu konkretisieren, ob damit die negative Freiheit *von* Religion oder aber die positive Freiheit *zur* Religionsausübung gemeint ist. Im ersten Fall schützt die Religionsfreiheit vor der Zumutung von staatlicher verordneter Religion und räumt beispielsweise das Recht ein, Kinder vom Religionsunterricht befreien zu lassen. Im zweiten Fall garantiert die Religionsfreiheit die Möglichkeit, eine Religionsgemeinschaft zu gründen, religiöse Versammlungen abzuhalten oder religiöse Praktiken durchzuführen.

Bereits an Berlins Unterscheidung wird eine gewisse Asymmetrie der beiden Freiheitskonzeptionen erkennbar. Zwar beziehen sich formal auch die positiven Freiheitsrechte auf Individuen – Religionsfreiheit ist kein Gruppenrecht, sondern ein individuelles Recht. Dennoch zeigt das Beispiel, dass Formen der positiven Freiheit in vielen Fällen auf *soziale* Erfahrungen rekurrieren. Natürlich können politische Partizipationsrechte auch individuell genutzt werden (man kann alleine einen Leserbrief schreiben). Aber ihre eigentliche Kraft scheinen die positiven Freiheiten erst durch eine kollektive Nutzung zu entfalten (eine gemeinsame Petition, ein offener Brief mit mehreren Unterzeichnern etc.). Es scheint daher plausibel, in Hannah Arendts Begriff der Macht eine besondere Form kollektiv ausgeübter positiver Freiheit zu sehen.[19]

18 Isaiah Berlin, »Zwei Freiheitsbegriffe«, in: ders., *Freiheit. Vier Versuche*, Frankfurt/M. 2004, S. 197-256.

19 Vgl. Hannah Arendt, »Freiheit und Politik«, in: dies., *Zwischen Vergangenheit und Zukunft*, München 1994, S. 201-227. Zu »Macht« bei Arendt vgl. auch Rudolf Speth, Hubertus Buchstein, »Hannah Arendts Theorie intransitiver Macht«, in: Gerhard Göhler (Hg.), *Institution – Macht – Repräsentation. Wofür politische Institutionen stehen und wie sie wirken*, Baden-Baden 1997, S. 224-261.

Wenn Arendt betont, Macht bestehe darin, gemeinsam etwas erreichen, gemeinsam handeln (im Sinne von *prâxis*) zu können, so wird damit eine Kritik an negativer Freiheit präfiguriert, die vor allem von Charles Taylor und Michael Sandel wirkmächtig formuliert wurde. Die von Berlin zunächst deskriptiv skizzierte Konzeption negativer Freiheit erweist sich im Auge dieser Kritiker als individualistische Verkürzung. Das »ungebundene Selbst« (Michael Sandel), das dabei vorausgesetzt werde, würde durch die Ideologie negativer Freiheit zu einem atomisierten Subjekt ohne Verantwortung, das auf seine Rechte poche, aber keine Pflichten kenne.[20] Michael Sandels Position steht hier stellvertretend für eine die Kommunitarismus-Debatte der 1990er Jahre prägende Tendenz, die darin bestand, Berlins Begriff der negativen Freiheit zu einer *conditio sine qua non* einer gelingenden Demokratie zu erklären. Natürlich brauche das Individuum Entscheidungsfreiheit im Sinne von Ungebundenheit; doch um diese Ungebundenheit tatsächlich »frei« nutzen zu können, bedürfe es einer wertorientierten Sozialisierung, die eine »moralische Landschaft« hervorbringe, in der Freiheit nicht als Willkür, sondern als wohlbegründete Auswahl zwischen präzise definierten und als Praxis vorgelebten Alternativen möglich sei.[21]

(b) Philip Pettit hat in insbesondere in *Republicanism* von 1999 eine Differenzierung des Freiheitsbegriffs vorgenommen, die Berlins Schema wesentlich modifiziert. Im Kapitel »Liberty as Non-Domination« arbeitet er zunächst den Begriff der *Herrschaft* (*domination*) heraus.[22] *Herrschaft* beziehungsweise eine Relation des Beherrschens liegt vor, so Pettit, wenn ein Akteur Macht über einen anderen hat und dabei Zwangsmittel (*interferences*) anwenden kann.[23] Diese Zwangsmittel müssen zudem *beliebig* einsetzbar sein, also nach Gutdünken des Beherrschenden. Dass diese Zwangs-

20 Michael Sandel, »Die verfahrensrechtliche Republik und das ungebundene Selbst«, in: Axel Honneth (Hg.), *Kommunitarismus. Eine Debatte über die moralischen Grundlagen moderner Gesellschaften*, Frankurt/M. 1993, S. 18-35.

21 Aus kontinentaleuropäischer Sicht ist darin ein Rückgriff auf Hegels Kritik an Kant zu sehen. Es ist kein Zufall, dass Hegel der wichtigste Referenzpunkt sowohl für Taylor als auch für Honneth darstellt.

22 Philip Pettit, *Republicanism. A Theory of Freedom and Government*, Oxford 1999, S. 51-79.

23 Ebd., S. 52 f.

mittel unter Bedingungen von Herrschaft willkürlich angewendet werden können, soll ausschließen, dass der Akteur die Zwangsmittel selbst wiederum nur als verlängerter Arm einer herrschenden Instanz anwendet. Man würde in diesem Sinne zum Beispiel nicht sagen, dass das Wachpersonal eines Gefängnisses die Insassen »beherrscht«, weil es die Zwangsmittel ja lediglich im Rahmen eines genau definierten Auftrags anwendet.[24]

Pettit insistiert nun darauf, den Begriff der Zwangsmittel eher weit zu fassen: *Interferences* schließen bei ihm nicht nur körperliche Strafen, Geldstrafen oder die (realistische) Androhung von Gewalt ein, sondern auch das »Manipulieren der Agenda, das täuschende oder nichtrationale Formen der Meinungen und Wünsche und die Manipulation der Konsequenzen, die das Handeln der Menschen jeweils hat.«[25] Damit ist Max Webers enger Begriff von Herrschaft, den Pettit als heuristischen Ausgangspunkt explizit heranzieht, bereits überschritten. Wie subtil auch immer die eingesetzten Zwangsmittel sind – die Aufzählung im obigen Zitat lässt vermuten, dass hier eine bewusste Integration der von Foucault thematisierten Formen diffuser Macht beabsichtigt wird: entscheidend ist für Pettit, dass alle diese Mittel die Situation des Beherrschten in irgendeiner Form verschlechtern. Es muss betont werden, dass der Begriff des Zwangsmittels hier keinerlei moralische Konnotation hat: Der Einsatz kann nicht nur moralisch neutral, er kann in manchen Fällen sogar moralisch geboten sein, etwa wenn man jemanden durch Zwangsmittel davon abhält, anderen Menschen zu schaden.

Pettits erste Pointe besteht nun darin, den liberalen Freiheitsbegriff als einen Versuch zu deuten, aus den Herrschaftsverhältnissen diese Dimension der Willkür auszuschließen. Das herrschende Recht verspricht, Verhältnisse der Beherrschung zu verhindern, indem es die Zwangsmittel aus dem Raum der Willkür ausschließt. Man hofft, Freiheit zu steigern, indem man die Menge solcher Maßnahmen verkleinert. Die Kette liberaler Abwehrrechte wird aus dieser Perspektive neu lesbar, weil die jeweiligen Rechte jeweils

24 Dies gilt selbstverständlich nur in einem rechtsstaatlichen Strafvollzug, in dem Häftlinge vor der Willkür von Wachpersonal geschützt sind.

25 Ebd., S. 53. Besonders bemerkenswert ist dabei die Integration der »Formung der Überzeugungen und Wünsche der Menschen«, denn daraus ergibt sich, dass Werbung eine Form der Machtausübung darstellt. Ich komme in Kap. 6 auf diese Frage zurück.

mögliche Zwangsmaßnahmen unmöglich machen (so verhindert beispielsweise das Recht auf Eigentum die mögliche Maßnahme der Enteignung). Nach Pettit war diese Strategie durchaus erfolgreich. Zusammen mit Leibeigenschaft und Sklaverei ist die völlig willkürliche Herrschaftsausübung über Personen in demokratischen Rechtsstaaten quasi verschwunden. Vor allem das Rechtssystem dient in allen seinen Verästelungen, in der Regulierung des Gesetzgebungsverfahrens usw. dazu, die Willkür aus dem System zu verbannen. Beherrschung, so schließt Pettit, ist nur noch in genau definiertem Maße und in sehr spezifischem Umfang möglich. Man sieht sie beispielsweise noch bei abhängig Beschäftigten, die der Willkür von Vorgesetzten zumindest in einem bestimmten Maße ausgesetzt bleiben, auch wenn das Arbeitsrecht sie vor Auswüchsen schützt.

Dieses Bild gewinnt nun erheblich an Tiefenschärfe durch ergänzende Unterscheidungen, die Pettit einführt. Die erste lautet, dass Herrschaft auch ohne Zwangsmittel möglich ist (*domination without interference*). Um Herrschaft unterworfen zu sein, um beherrscht zu werden, müssen Zwangsmittel gar nicht unbedingt zur Anwendung kommen. Pettits Paradebeispiel ist der gütige Sklavenhalter, der nie Zwangsmittel zum Einsatz bringt. Pettit zitiert hier eine Aussage von Richard Price, die diesen Umstand klar benennt: »Individuen, die in ihrem privaten Leben einem Herren unterworfen sind, können nicht als frei bezeichnet werden, egal wie freundlich und vermeintlich gleich sie behandelt werden.«[26] Anders gesagt: Die Abwesenheit von Zwang bedeutet noch nicht die Abwesenheit von Macht und das Gelingen von Freiheit.[27]

Die zweite Zusatzunterscheidung Pettits ist für den Begriff republikanischer Freiheit noch wichtiger: Zwangsmittel und Beeinflussungstechniken implizieren nicht automatisch Herrschaft (*interferences without domination*). Hier ist die Umsetzung von Ge-

26 Ebd., S. 64.

27 In Kafkas *Das Schloß* wird dieser Gedanke geradezu idealtypisch formuliert: »K. wußte, daß nicht mit wirklichem Zwang gedroht war, aber die Gewalt der entmutigenden Umgebung, der Gewöhnung an Enttäuschungen, die Gewalt der unmerklichen Einflüsse jedes Augenblicks, die fürchtete er allerdings, aber mit dieser Gefahr mußte er den Kampf wagen.« (Franz Kafka, *Das Schloß*, in: ders., *Gesammelte Werke in acht Bänden*, hg. von Max Brod, Frankfurt/M. 1989, S. 28). »Gewalt« hat hier in etwa die Bedeutung von *domination-without-interference* bei Pettit.

setzen durch Zwangsmittel Pettits Paradebeispiel. Denn da diese nicht willkürlich erfolgt, handele es sich nicht um den Ausdruck einer Herrschaftsrelation. Dies gilt allerdings nur, wenn die Gesetze selbst nicht willkürlich sind, also demokratisch zustande gekommen und in sich kohärent, so dass die Rechtsauslegung so etwas wie Rechtssicherheit (*rule of law*) erlaubt.

Hinter diesen Überlegungen steht erkennbar Rousseaus Argument, dass Recht nicht in jedem Fall als bloße Einschränkung von Freiheit verstanden werden muss – ein Motiv, das auch in Hegels Rechtsphilosophie zentral ist.[28] Gerade durch Formgebung verhindert Recht Willkür und ermöglicht dadurch Freiheit im Sinne von *liberty*. Dies gilt aber nur, wenn das Recht selbst durch jene legitimiert ist, die ihm unterworfen sind.[29] Diese zweite, nun nicht mehr liberale, sondern republikanische Lesart von Freiheit nennt Pettit denn auch *Freiheit als Nichtbeherrschung* (*freedom as non-domination*). Seine Definition lautet: »Nichtbeherrschung in dem Sinne, der uns hier interessiert, bezeichnet dann die Position, die jemand genießt, wenn er mit anderen Menschen zusammenlebt und dabei *aufgrund der Gestaltung der sozialen Ordnung* keiner dieser anderen Menschen Herrschaft über ihn ausübt.«[30] Dieses *social design* besteht nicht nur aus der Rechtsstaatlichkeit (Willkürvermeidung), sondern vor allem aus der Input-Legitimation: *Interferences* sind genau dann nicht freiheitseinschränkend, wenn sie von denjenigen, die ihnen unterworfen sind, (mit-)entschieden wurden, wenn sie die Form einer kollektiven Selbstbindung haben.

Die klassischen Mechanismen zur Einhegung von Willkürherrschaft werden aus dieser Perspektive neu lesbar, nun nämlich nicht mehr nur als Einhegung von *interference*, also von Zwangsgewalt oder Steuerung, sondern vor allem als Einhegung ihrer *willkürlichen* Anwendung, als Mechanismen einer Ermöglichung von *interference without domination*.[31] Diese Abwesenheit von Willkür-

28 Verständlich wird dies, wenn man mit Hegel die These teilt, dass soziale Formen des Handelns (»Sittlichkeit«) und Normen (auch) einen Charakter der Ermöglichung haben.

29 Hier bezieht sich Pettit auf die republikanische Kritik an Hobbes' Vorstellung von der Personalisierung politischer Macht oder an der englischen Imperialherrschaft durch Autoren wie James Harrington.

30 Pettit, *Republicanism*, S. 67 (meine Hervorh., F. H.).

31 Am einfachsten lässt sich diese Unterscheidung vielleicht am Beispiel des Militärwesens veranschaulichen. Eine feudale Zwangsarmee, bei der wie in Preußen

herrschaft hat, so betont Pettit, massive Folgen für die Selbstwahrnehmung von Bürgerinnen und Bürgern. Wenn er formuliert »Du bist dann ein Jemand im Verhältnis zu ihnen, kein Niemand. Du bist eine Person aus eigenem juristischen und sozialen Recht«,[32] so scheint er die anerkennungstheoretischen Aspekte des Rechtsverhältnisses akzentuieren zu wollen. *Liberty* im Sinne von *non-domination* bringt andere Subjekte hervor als bloß *freedom* im Sinne von *non-interference*.[33] Zwar bietet Pettit keine subjektivierungstheoretische Analyse dieser Unterschiede,[34] dennoch ist sein Hinweis hilfreich und passt zu den Überlegungen Honneths, auf die ich noch zu sprechen kommen werde.

Pettits Auseinandersetzung mit möglichen Einwänden gegen diese Unterscheidung kann hier nicht nachgezeichnet werden. Mit Blick auf die Frage einer möglichen Transformation des Freiheitsbegriffs durch das Politikziel der Nachhaltigkeit genügt die Feststellung, dass Pettits konzeptioneller Rahmen schon allein deshalb relevant ist, weil er erkennbar macht, dass Zwangsmittel nur für einen ganz bestimmten, hier als »liberal« apostrophierten Begriff von Freiheit problematisch sind. Pettit zeigt, dass eine Beschneidung der negativen Freiheit (*freedom*) mit Freiheit im Sinne von *liberty* versöhnbar ist. Verbote bringen also nicht *per se* Unfreiheit hervor, im Gegenteil: Sie können, wenn sie gemeinsam beschlossen wurden, *als Ausdruck* von Freiheit gedeutet werden.

(c) In seiner Monografie *Qualitative Freiheit* schlägt Claus Dierksmeier vor, kategorial zwischen *quantitativer* und *qualitativer* Freiheit zu unterscheiden, um liberalen beziehungsweise neoliberalen Verkürzungen von »Freiheit« entgegenzuwirken.[35] Die

unter Friedrich II. die Untertanen willkürlich zwangsrekrutiert werden, wäre einfache Herrschaft durch Zwang (*domination by interference*). Eine rechtsstaatlich organisierte Wehrpflicht mit Parlamentskontrolle (oder noch deutlicher ein Milizsystem wie die Milizen im Amerikanischen Unabhängigkeitskrieg) wäre Zwang ohne Herrschaft (*interference without domination*). Eine Situation, in der durch Verelendung Menschen dazu genötigt werden, »freiwillig« in eine Söldner- oder Berufsarmee einzutreten, wäre Herrschaft ohne Zwang (*domination without interference*).

32 Ebd., S. 71.

33 Oder in der oben benutzten Terminologie: Es entstehen andere mentale Infrastrukturen.

34 Was damit gemeint ist, erläutere ich in Kap. 7.3 genauer.

35 Claus Dierksmeier, *Qualitative Freiheit. Selbstbestimmung in weltbürgerlicher Ver-*

Betonung liegt hier auf »kategorial«, da Dierksmeier seine Unterscheidung gewissermaßen transzendentalphilosophisch gewinnt und nicht, wie etwa Honneth, rekonstruktiv durch die Sichtung historischen Materials. Die dabei vorausgesetzte These lautet, dass die *Kategorien* anders als empirische Begriffe einen besonderen Wahrheitswert beanspruchen können.[36] Wie bei Kant und Hegel scheint auch Dierksmeier vorauszusetzen, dass die Unterscheidung quantitativ/qualitativ einen besonderen epistemischen Wert hat, insofern sie der empirischen Erfahrung sozusagen vorausgeht.[37] Seine Definition lautet: »Während quantitativ orientierte Freiheit Selbstbestimmung maximieren und Fremdbestimmung minimieren will, zielt qualitative Freiheit darauf, Selbstbestimmung durch

antwortung, Bielefeld 2016. Dierksmeier nennt seine Theorie explizit eine Theorie des »qualitativen *Liberalismus*« (ebd., S. 346, meine Hervorh., F. H.), was umso erstaunlicher ist, als er sich explizit auf John Kenneth Galbraith, Amartya Sen und Joseph Raz bezieht (wobei sein Bezug auf Raz ambivalent ist, vgl. ebd., S. 341 f.). Vor dem Hintergrund der oben (4.1) entwickelten Unterscheidung zwischen einer liberalen und einer republikanischen Grundgrammatik lässt sich Dierksmeiers Selbstverortung durchaus in Frage stellen bzw. es hat den Anschein, als fasse er den Begriff des Liberalismus weiter als ich. Ich ordne Dierksmeiers Begriff der *qualitativen* Freiheit jedenfalls eher dem republikanischen Lager zu, weil *Qualitäten* (welcher Art auch immer) nicht ohne eine »Idee des guten Lebens« formuliert werden können.

36 So bekanntlich die These in Kants *Kritik der reinen Vernunft*, vgl. hier vor allem die transzendentale Deduktion, die dann die Kategorientafel zum Ergebnis hat (AA 80 f.).

37 Die Geschichte dieser Gedankenfigur und die »Grammatik« von Kategorientheorien arbeitet Guido Kreis an Kant und Hegel sehr plastisch heraus (Guido Kreis, *Negative Dialektik des Unendlichen. Kant, Hegel, Cantor*, Berlin 2015, S. 194-211). Die Differenz zwischen einer Kantischen und einer Hegelschen Kategorientheorie ist auch für Dierksmeiers Projekt hochgradig bedeutsam. Denn während Kant in der *Kritik der reinen Vernunft* bekanntlich eine gegebene Kategorientafel deduziert, also unveränderliche, transzendentale Kategorien annimmt, entwickelt Hegel eine Theorie dynamischer Kategorien (»Logik des Begriffs«), in der die Kategorien dialektisch verknüpft sind. Dierksmeiers kategoriale Unterscheidung zwischen quantitativer und qualitativer Freiheit bleibt kantianisch; mit Hegel müsste indes die Frage gestellt werden, wie Quantität und Qualität miteinander zusammenhängen sowie wann und wie sie ineinander übergehen. Dierksmeier deutet diese Wechselverhältnisse an: Zu wenig Quantität beeinträchtigt irgendwann die Qualität von Optionen, und umgekehrt kann eine Überzahl von Optionen zu einem qualitativen Problem werden.

soziale Mitbestimmung zu optimieren.«[38] An dieser Formulierung wird deutlich, dass auch hier noch die Unterscheidung Isaiah Berlins nachwirkt. Es entsteht das Bild einer quantitativen Freiheit, die vor allem mit (neo)liberalen Vorstellungen harmoniert. Denn, so Dierksmeier, »quantitative Freiheit erstrebt die maximale Realisation subjektiver Präferenzen beziehungsweise die Minimierung ihrer Restriktionen«.[39]

Der Gegenbegriff der qualitativen Freiheit scheint hingegen in die republikanische Richtung zu deuten. Denn ein *Optimum* an »Selbstbestimmung durch soziale Mitbestimmung« zu erzielen, ist offensichtlich ein gemeinschaftliches Projekt, kein individuelles.[40] Ohnehin können Qualitäten (etwa einer handwerklichen Arbeit, eines Kunstwerks oder einer wissenschaftlichen Leistung) niemals von Einzelnen willkürlich bestimmt werden; sie sind stets Resultat kommunikativer Prozesse.[41] Gerade daraus aber legitimiert sich dann auch die Einschränkung im Quantitativen: »Ein qualitatives Freiheitsverständnis muss kommunitäre Beschränkungen der individuellen Handlungsmacht nicht *per se* bekämpfen.«[42] Hier deckt sich Dierksmeiers Einsicht mit Pettits Theorem vom Zwang ohne Herrschaft (*interference without domination*).

Mit der Unterscheidung zwischen *quantitativer* und *qualitativer* Freiheit wird folglich eine Verkürzung des Freiheitsbegriffs kritisierbar, die ausschließlich auf die Ausweitung von Optionen beziehungsweise die Reduzierung von Einschränkungen setzt. Die Spiegelung des Begriffs quantitativer Freiheit ist das gesamtgesellschaftliche Ziel des Wirtschaftswachstums, das sich mit Dierksmeier ebenso hinterfragen lässt wie das Mantra der Optionensteigerung.[43]

(d) Axel Honneth präsentiert in *Das Recht der Freiheit* drei Auslegungen des Freiheitsbegriffs und überwindet damit das auf Ber-

38 Dierksmeier, *Qualitative Freiheit*, S. 338.

39 Ebd., S. 340.

40 So ließe sich auch dieser Satz lesen: »Unsere Ideale gehören zur Realität unserer Freiheit« (ebd., S. 343).

41 Eine Wissenschaft, die nur von einem Individuum für qualitativ hochwertig erklärt wird, wird dies in der Regel gerade nicht sein.

42 Dierksmeier, *Qualitative Freiheit*, S. 342.

43 Die Berührungspunkte mit Hartmut Rosas Kritik am Streben nach Weltreichweitenvergrößerung sind offensichtlich (siehe oben, 2.5).

lin zurückgehende Zweier-Schema, das die Diskussionen um den Freiheitsbegriff lange Zeit dominiert hat. Honneth unterscheidet zwischen *individueller* Freiheit, *reflexiver* Freiheit und *sozialer* Freiheit.[44] Mit *individueller Freiheit* ist das klassische liberale Ideal der Freiheit als Ungebundenheit gemeint, von dem bereits mehrfach die Rede war. Diese Freiheit drückt sich, wie dargelegt, vor allem in den liberalen Abwehrrechten aus, die das Individuum durch Schutzgarantien vor jenen Eingriffen und Zwangsmaßnahmen schützen, die Pettit als *interferences,* also »Beeinflussung« bis hin zu Zwangsmitteln anspricht. Die individuelle Freiheit besteht beispielsweise in der Möglichkeit, über Eigentum verfügen, sich frei bewegen, sich den Ansprüchen eines Kollektivs entziehen zu können. Honneth verweist vor diesem Hintergrund auch auf die kulturellen Imaginationen, die Denkbilder und Ideale, die dem Modell der individuellen Freiheit Ausdruck verleihen und zugleich für dieses werben.

Die individuelle Freiheit gerät dort an ihre Grenzen, wo die Präferenzen, die Ziele und Ideale des Individuums selbst hinterfragt werden, sie also selbst reflexiv wird. Dies geschieht auf paradigmatische Weise, so Honneth, bei Rousseau und bei Kant. Diese beiden Autoren stellen erstmals systematisch die Frage, wie *authentisch* (Rousseau) beziehungsweise *vernünftig* (Kant) die Präferenzen von Individuen eigentlich sind und wie sich das gegebenenfalls prüfen lässt. Während Rousseau eine ganze Theorie darüber entfaltet, wie durch Entfremdungsprozesse unauthentische Wünsche entstehen können,[45] akzentuiert Kant vor allem den Umstand, dass eine auf empirische Reize (»pathologische Affizierung«) fußende Präferenzenbildung immer unvernünftig ist. Entscheidend ist nach Honneth nun, dass Rousseau und Kant damit den Begriff der Freiheit radikal umdefinieren. Frei zu sein, bedeutet dann nämlich nicht mehr, ungebunden und uneingeschränkt agieren zu können; vielmehr geht es ihnen zufolge darum, in einem Prozess der moralischen Selbstprüfung zunächst die legitimen von den illegitimen Wollensinhalten zu trennen.[46] Bei beiden – Rousseau und Kant –

44 Honneth, *Das Recht der Freiheit*, S. 33-117.

45 Ebd., S. 60-63.

46 Vgl. hierzu auch die klassischen Analysen bei Harry G. Frankfurt, *Sich selbst ernst nehmen*, Berlin 2016. Er hat bekanntlich den Begriff der Volition zweiter Ordnung vorgeschlagen, um Willensakte zu bezeichnen, die sich auf Willensakte beziehen (»Ich will nicht rauchen wollen«).

geht es folglich um Freiheit im Sinne der Selbstgesetzgebung, der Autonomie im Wortsinne.[47] *Reflexive Freiheit* zeichnet sich dann im Gegensatz zur individuellen Freiheit dadurch aus, dass sie nicht nur Ziele (möglichst uneingeschränkt) umsetzen, sondern diese reflektieren kann. Diese Freiheitskonzeption schlägt sich, so Honneth, in einer umfassenden Bildungspolitik nieder, welche den Individuen genau jene kulturellen Techniken und Instrumente an die Hand geben soll, die ihnen die Reflexion von Freiheit erlauben. Entsprechend deutet Honneth die großen bildungspolitischen Programme des 18. und frühen 19. Jahrhunderts in Frankreich und Deutschland (de Condorcet dort, von Humboldt hier) als Versuche, reflexive Freiheit zu ermöglichen.[48]

Bis zu diesem Punkt scheint Honneths Unterscheidung das Schema Isaiah Berlins von negativer und positiver Freiheit nur umzudeuten, nicht aber wesentlich zu überschreiten. Dies geschieht jedoch mit dem dritten Begriff von Freiheit, den Honneth entwickelt, dem der *sozialen Freiheit.* Unter sozialer Freiheit versteht er eine Erfahrung, die in einer gegenseitigen Bestärkung von Freiheit im kollektiven Handeln besteht. Der oben (3.2) eher beiläufig erwähnte Zusammenhang von Hegels Kritik an Kant ist hier einschlägig. Nach Hegel bleibt Kants Moralphilosophie nämlich insofern defizitär, als sie die Prüfung von Handlungen auf ihre Sittlichkeit zu einem solipsistischen Verfahren transzendentaler Vernunft erklärt.[49] Um zu prüfen, ob eine Maxime dem kategorischen Imperativ entspricht, braucht das Subjekt bei Kant nur die logische

47 Zu dieser Analogie zwischen Rousseau und Kant vgl. auch: Rüdiger Bubner, »Rousseau, Hegel und die Dialektik der Aufklärung«, in: Jochen Schmidt (Hg.), *Aufklärung und Gegenaufklärung in der europäischen Literatur, Philosophie und Politik von der Antike bis zur Gegenwart*, Darmstadt 1989, S. 404-420.

48 Beide Projekte in der Folge von Rousseau und Kant bleiben indes tendenziell solipsistisch (man könnte auch sagen: in einem protestantisch geprägten Referenzrahmen des Authentischen). Während Rousseau im Spätwerk auf einsamen Spaziergängen die Selbstversöhnung gelingt, sucht Kant in seiner Transzendentalphilosophie nach *reiner* Erkenntnis.

49 Die *reine praktische Vernunft* prüft die Haltbarkeit von Maximen mittels des kategorischen Imperativs; dazu braucht sie keinen öffentlichen Vernunftgebrauch. Anders die Akzentuierung des Verhältnisses von Vernunft und Öffentlichkeit bei Kant in Peter Niesens Darstellung; hier wird die *Öffentlichkeit* des Vernunftgebrauchs als deren Wesenskern gedeutet. Peter Niesen, *Kants Theorie der Redefreiheit*, Baden-Baden 2008.

Konsistenz der Verallgemeinerung dieser Maxime zu prüfen. Diese Form reflexiver Freiheit birgt jedoch die Gefahr einer pathologischen Selbstreferenzialität; ein möglicher Irrtum bleibt unentdeckt und die Vernünftigkeit der Moral kann dazu verführen, das Individuum in eine *unvermittelte* Opposition zur Gesellschaft zu treiben. Am Paradigma des Rechts versucht Hegel vor diesem Hintergrund zu zeigen, dass die Reflexion von Freiheit kein solipsistisches Projekt sein kann. Wahre Freiheit wird nach Hegel dort erlebt, wo Individuum und Kollektiv in ein sich selbst korrigierendes Anerkennungsverhältnis treten, dadurch, dass sie die Freiheit des jeweils anderen gerade durch die Beziehung zueinander steigern.[50]

Ein einfaches Beispiel mag diese abstrakt erscheinende Unterscheidung veranschaulichen. Im gemeinsamen Musizieren erlebt der Einzelne eine Freiheit (nämlich die Freiheit, in einem Orchester oder einer Jazzband musizieren zu können), weil und insofern auch andere eine solche Erfahrung machen.[51] Anders als bei der individuellen Freiheit, wo Besitzansprüche tendenziell aufeinanderprallen, ist hier die Freiheit des einen nicht die *Grenze* der Freiheit des anderen, sondern vielmehr deren *Bedingung* beziehungsweise das »Mittel« zu deren Steigerung. An den sozialen Sphären von Freundschaften, Liebesbeziehungen, Familie, Wirtschaft und Staat führt Honneth im Einzelnen vor, dass und wie sich die soziale Freiheit gerade dadurch vermehrt, dass sie geteilt wird. Gerade weil die jeweiligen Akteure bereit sind, ihre individuelle Freiheit in einem wohldefinierten Maße einzuschränken und die Reflexion ihrer Freiheit *gemeinsam* zu betreiben, eröffnen sie sich selbst und auch anderen die Möglichkeit von Erfahrungen, die als Individuum außerhalb der jeweiligen sozialen Beziehungsgeflechte unmöglich sind: Man kann eben nicht alleine befreundet sein, eine Liebesbeziehung führen, eine Familie gründen oder – das in Hegels Rechtsphilosophie krönende, ultimative Modell sozialer Freiheit – einen Staat gründen.

Diese Unterscheidung führt bei Honneth zu einer in unserem Zusammenhang wichtigen These. Er geht nämlich davon aus, dass

50 Dabei handelt es sich um eine im weitesten Sinne linkshegelianische Deutung.

51 Eine ausführliche phänomenologische Analyse des gemeinsamen Musizierens leistet ein Text von Alfred Schütz, auf den mich Manfred Sommer aufmerksam gemacht hat: Alfred Schütz, »Gemeinsam Musizieren: Die Studie einer Sozialen Beziehung«, in: ders., *Gesammelte Aufsätze*, Bd. 2, Den Haag 1972, S. 129-150.

nur die beiden erstgenannten Interpretationen von Freiheit zu »pathologischen« Formen verkehrt werden können.[52] Als Pathologie der individuellen Freiheit beschreibt Honneth jene Ausnahmesituationen, in denen sich Individuen nur noch auf ihre Rolle als Inhaber von Rechten berufen; sein eindrückliches Beispiel ist der Scheidungskrieg, bei der die Rückfalloption der rechtlichen Klärung von Ansprüchen dazu verleitet, die Beziehung nur noch als Kollision von Rechtsansprüchen wahrzunehmen – im Falle des Scheidungskampfes ein für alle Beteiligten unangenehmer Prozess. Die Pathologie reflexiver Freiheit sieht Honneth wiederum in jener Form der moralischen Inanspruchnahme am Werk, in denen die moralischen Ansprüche *unvermittelt* auf jene der Gesellschaft treffen.[53] Die soziale Freiheit soll indes nach Honneth die Fähigkeit zur Selbstkorrektur in sich tragen: Gerade weil sie nie solipsistisch gelebt werden kann, soll in ihr, wie in einem freien Spiel der Kräfte, jede pathologische Vereinseitigung direkt transparent werden.[54]

Man kann darüber streiten, ob sie soziale Freiheit wirklich immun ist gegen Pathologien – ein zu diskutierendes Beispiel wäre womöglich der »bukolische Nationalsozialismus«.[55] Für die hier interessierende Frage nach der Möglichkeit einer nachhaltigen Politik ist entscheidend, dass auch Honneths Unterscheidung die Option bietet, einen substanziellen Begriff von Freiheit zu denken, der sich ganz wesentlich von der vorherrschenden liberalen Verkürzung auf die Dimension individueller Ungebundenheit unterscheidet.

52 Der starke Begriff der »Pathologie« ist zentraler Bestandteil der Honnethschen Theoriearchitektur; die Terminologie mag zunächst überraschen. Warum eine kritische Sozialphilosophie auch derart scharfe Urteile für sich in Anspruch nehmen muss, hat Honneth Anfang der 1990er Jahre erläutert. Siehe die Texte in: Axel Honneth, *Pathologien des Sozialen. Die Aufgaben der Sozialphilosophie*, Frankfurt/M. 1994.

53 Honneth veranschaulicht dies am Moralismus der ersten Generation der RAF (Honneth, *Das Recht der Freiheit*, S. 216-218).

54 Analog ließe sich mit Dierksmeier formulieren, dass aus der sozialen Interaktion jene Qualitäten hervorgehen können, die qualitative Freiheit möglich machen.

55 Gemeint ist hiermit die Frage, inwiefern totalitäre Formen der Vergemeinschaftung, etwa in den »Kraft durch Freude«-Programmen des NS, als Form einer als »befreiend« erlebten Gemeinschaft, als pathologische soziale Freiheit gedeutet werden können. Analog zu Honneths Begriff der *sozialen Freiheit* scheint auch Rosas Begriff der *Resonanz* mit einer Überblendung von deskriptiver und normativer Ebene zu kämpfen zu haben. Lassen sich »gesunde« Resonanz und »pathologische« Konsonanz so eindeutig unterscheiden?

Relevant ist Honneths Analyse in *Das Recht der Freiheit* aber darüber hinaus aufgrund seiner klaren Antwort auf die Frage, wie soziale Freiheit zumindest *wahrscheinlich* gemacht werden kann. Zwar bietet das Buch weniger Institutionen- und Rechtstheorie an, als sein Titel suggeriert. Aber sein Autor macht nachvollziehbar, dass die Erfahrungen sozialer Freiheit nicht irgendwie spontan und völlig emergent entstehen, sondern in der Regel durch institutionelle Settings, durch »Recht« im weitesten Sinne ermöglicht werden. Das gilt noch am wenigsten für die sozialen Institutionen der Freundschaft oder der Intimbeziehung, stärker hingegen für die der Ehe und der Familie – und ganz eindeutig schließlich für die ökonomische und politische Sphäre, also für Markt und Staat. Dieser Sachverhalt ist für die Frage, wie sich eine Transformation zu nachhaltigen Lebenswelten bewerkstelligen lässt, natürlich von großer, auch praktischer Relevanz.

Die Hegelsche Gedankenfigur, die Honneths Ausführungen motiviert, besagt, dass auch die soziale Grammatik von Gesellschaften keineswegs naturgewachsen, sondern das Ergebnis von politischer Willensbildung ist. Recht drückt nicht nur das jeweils erreichte Reflexionsniveau einer Gesellschaft aus und sichert das im Konsens definierte Mindestmaß. Recht kann auch über die Intention des Gesetzgebers hinaus Ansprüche formulieren und lebensweltliche Implikationen haben, die im Falle der Verabschiedung von Verfassungen oder Gesetzen für die Delegierten der verfassungsgebenden Versammlung als solche noch nicht überschaubar sind.[56]

Fassen wir abschließend zusammen, wie sich Freiheit in einem republikanischen Theorierahmen denken lässt und wie sich dieses Freiheitsverständnis bezogen auf den Status von nachhaltigen Lebenswelten konkretisiert. Ich habe mit den von zahlreichen Autoren aus den unterschiedlichsten Denktraditionen formulierten Hinweisen auf die internen Widersprüche eines liberalen, das heißt negativen (Berlin), bloß auf Abwesenheit von Zwängen abzielenden (Pettit), quantitativen (Dierksmeier) oder individuellen (Honneth)

56 Z. B.: Was im Einzelnen aus der im Grundgesetz der Bundesrepublik Deutschland definierten Gleichberechtigung von Mann und Frau in den folgenden Jahrzehnten folgte, mag den vielen Vätern und wenigen Müttern des Grundgesetzes gar nicht bewusst gewesen sein. Das Recht hat hier sozusagen die Eigendynamik eines Schwungrades und kann zum Agenten einer »List der Vernunft« (Hegel) werden.

Begriffs von Freiheit begonnen. Weder scheinen Konzeptionen des »ungebundenen Selbst« plausibel beantworten zu können, wie Entscheidungen im Einzelnen zustande kommen, weil sie statt einer sozialen Vermittlung von Entscheidungen so etwas wie ein souveränes Subjekt annehmen müssen, das die zur Verfügung stehenden Optionen ohne perspektivische Verzerrung überblickt. Noch lässt sich nachvollziehen, warum die pure Vermehrung von Optionen an sich schon einen Gewinn darstellen soll.

Die vor allem von Pettit herausgearbeitete Konsequenz lautet, dass die Einschränkung von Optionen einem anspruchsvolleren Begriff von Freiheit genau dann nicht widerspricht, wenn sie im Rahmen eines Prozesses *kollektiver Selbstbindung* gestaltet wird, also im weitesten Sinne *Selbst*beschränkung ist. Dies klingt auch in Honneths Konzept der sozialen Freiheit an, wie wir oben gesehen haben. Dierksmeier wiederum bringt auf den Punkt, was für die folgende Argumentation (vor allem in 6.2) von Bedeutung werden wird: »Auch die Abwahl ungewollter Möglichkeiten trägt zur persönlichen wie politischen Autonomie und ihrer Herausbildung bei.«[57]

Selbstverständlich sind die hier vergleichend herangezogenen Konzeptionen republikanischer Freiheit nicht in allen Hinsichten deckungsgleich. Während es bei Pettit in erster Linie um die Abwehr von Willkür geht, setzt Honneths Theorie der Freiheit einen anspruchsvollen Begriff der »Sittlichkeit« voraus. Diese verschiedenen Akzentsetzungen lassen sich auf das in Kapitel 3 entwickelte Schema der Lebenswelt übertragen. Honneths »Sittlichkeit« verweist auf die impliziten »ethischen«, also gewohnheitsmäßig eingeübten Voraussetzungen sozialer Freiheit. Pettit akzentuiert demgegenüber die Rolle des Rechts als Medium der Einhegung von Willkür. Auch die Notwendigkeit einer ökonomischen Absicherung aller Bürgerinnen und Bürger lässt sich aus Pettits Theorie begründen, weil diese nur auf diese Weise vor der Drohung mit existenziellen ökonomischen Konsequenzen geschützt werden können.[58] Dierksmeiers Begriff der qualitativen Sicherung verweist auf die Notwendigkeit der inhaltlichen Bestimmung von gesellschaftlichen Freiheitsansprüchen, die sich dann in kollektiven Zielen ausdrücken. Im Anschluss an

57 Dierksmeier, *Qualitative Freiheit*, S. 341.

58 Die latente Bedrohung durch Armut oder Exklusion wäre in Pettits Terminologie *domination without interference*. Siehe dazu unten, Kap. 6.2.

Amartya Sen und dessen mit Martha Nussbaum entwickelten Fähigkeiten-Ansatz muss Dierksmeier daher davon ausgehen, dass sich Optionen eben nicht nur quantitativ vergleichen, sondern auch qualitativ bewerten lassen. Allen diesen Ansätzen ist aber gemeinsam, dass sie Freiheit nicht als eine Freiheit *von* den »Zumutungen« gemeinsamer Lebenswelten durch Anspruch auf Privatheit verstehen, sondern als eine Freiheit *in* Lebenswelten.

Worin besteht dann aber aus republikanischer Sicht die Freiheit in Lebenswelten, wenn diese Lebenswelten doch ein Ensemble aus Infrastrukturen darstellen, in dem sich das Subjekt der Formierung durch technisch-materielle und sozial-kulturelle Infrastrukturen nicht entziehen kann? Die Antwort liegt im republikanischen Gedanken der kollektiven Autonomie: Das Individuum ist in Lebenswelten frei, wenn und insofern es zugleich die Möglichkeit hat, diese Lebenswelten selbst mitzugestalten. Dieser Grundgedanke lässt sich auch in Foucaults Terminologie reformulieren. Während Foucault den liberalen und vor allem neoliberalen Begriff von Freiheit bekanntlich als tragende Säule dessen ausweist, was er »Gouvernementalität« nennt, das heißt als eine Subjektivierungstechnik, welche die Subjekte mit Imperativen konfrontiert (»Rechne mit deinen Beständen! Optimiere dein Leben!« etc.), die sie zu internalisieren haben, diskutiert er unter dem (eher verwirrenden) Titel »Ethik« eine gemeinsame Reflexion von Gouvernementalitäten. Während bei Foucault folglich »Freiheit« (verstanden als Objekt einer Diskursanalyse neoliberaler Gouvernementalität) ein Element von Regierungskunst darstellt, lässt sich Freiheit (verstanden als soziale Praxis) dort erkennen, wo Menschen darüber entscheiden, wie sie sich subjektivieren lassen.

Wohlgemerkt: Das republikanische Verständnis von Freiheit löst die im liberalen Theorierahmen vorhandene Spannung zwischen liberalen Freiheitsrechten und der Notwendigkeit beschränkender Regelungen zur Durchsetzung von Nachhaltigkeit nicht auf. Aber die Spannung verliert den Charakter eines prinzipiellen Widerspruchs, der bisweilen auf den Slogan »Entweder Freiheit oder Nachhaltigkeit« zugespitzt wird. Jede nachhaltige Politik muss aus dieser Perspektive als freiheitsgefährdend, antiliberal oder beinahe schon totalitär erscheinen. Nicht immer muss sich diese Sicht in einer »Rhetorik der Souveränität«[59] ausdrücken oder bis zu einem »libertären Autoritarismus«[60] steigern; sie kann auch in einer stillen, aber beharrlichen Blockade nachhaltiger Politik ihren Ausdruck finden.

Dass Freiheit und Nachhaltigkeit sich aber gar nicht wechselseitig ausschließen, sollte aus dem Vorstehenden deutlich geworden sein. In den verbleibenden Abschnitten dieses Kapitels will ich nun zeigen, dass die vorgeschlagene Umdeutung von »Freiheit« kein »leeres Sollen« (Hegel), keine weltfremde Utopie darstellt, sondern ein bereits in Teilen zur Umsetzung strebendes Programm.

5.3 Politisierung: Regelungsausweitung erzwingt höhere Input-Legitimation

Ein republikanischer Begriff von demokratischer Freiheit akzentuiert die Idee der Volkssouveränität und damit den Zusammenhang von Input und Output des politischen Prozesses. Wenn Bürgerinnen und Bürger sich, wie man mit einer Habermasschen Formulierung sagen könnte, nach republikanischer Vorstellung als Autoren jener Regelungen und Gesetze verstehen können müssen, denen sie unterworfen sind,[61] so verlangt die Ausweitung von Output-Aktivitäten, das heißt von Steuerungsversuchen und Verhaltensreglementierungen, von Nudges und Ökoroutinen, eine Ausweitung des demokratischen Inputs. Eine ernstgemeinte Nachhaltigkeitspolitik, die bereit ist, eine Absenkung des Ressourcenverbrauchs nicht nur durch Effizienzgewinne, sondern auch durch die Beeinflussung von Angebot und Nachfrage zu erzielen, wird um die Ausweitung einer Legitimation dieser Politik nicht herumkommen, wenn sie nicht riskieren will, als bloßer ökologischer Paternalismus wahrgenommen zu werden.

59 Vgl. hierzu meinen Beitrag: »Die Rhetorik der Souveränität. Zu einem zentralen Topos in der Grammatik populistischer Emotionalisierung«, in: *Zeitschrift für Politik* 1 (2018), S. 45-56.

60 Carolin Amlinger, Oliver Nachtwey, *Gekränkte Freiheit. Aspekte des libertären Autoritarismus*, Berlin 2022.

61 Jürgen Habermas, »Über den internen Zusammenhang von Rechtsstaat und Demokratie«, in: ders., *Die Einbeziehung des Anderen. Studien zur politischen Theorie*, Frankfurt/M. 1996, S. 293-305.

Ein Aspekt scheint dabei bemerkenswert: Der Motor dieser Dynamik ist keineswegs ausschließlich ein wachsendes Input-Bedürfnis seitens der Bürgerinnen und Bürger, zumal es durchaus umstritten ist, ob ein solches überhaupt vorliegt und und wie es zu messen wäre.[62] Vielmehr scheint die Dynamik der »großen Transformation« eine stetige, beinahe unaufhaltsame Ausweitung des Regelungsbedarfs loszutreten. Grund hierfür ist nicht nur der »Normenhunger« der Bürokratien, also der oft beschriebene Effekt, dass Bürokratien, sobald sie installiert sind, sich ihre Aufgaben selbst suchen, auch wenn nur große Kreativität sie dabei zum Erfolg führt.[63] Darüber hinaus lassen technische Innovationen, soziale Ausdifferenzierung und Prozesse der Globalisierung das Spektrum der staatlichen Aufgaben beständig anwachsen. Mehr Erkenntnis fördert mehr Interdependenzen zutage. Wo mehr Spätfolgen und Nebeneffekte erkennbar werden, gibt es auch mehr Bedarf, derartige Effekte durch politische Steuerung zu verhindern oder zumindest zu adressieren.

Eine Art *responsiver Partizipationswunsch*, der sich an vielen Beispielen beobachten lässt, ist die Folge. Oft wird erst in dem Moment, in dem konkrete Eingriffe (*interferences*) in die eigene Lebenswelt erfahren werden, die Forderung nach Partizipation erhoben, etwa auf dem Wege der Bildung einer Bürgerinitiative. Dieser Effekt deutet sich heute bereits überall dort an, wo Resilienz- und Nachhaltigkeitspolitik konkret spürbar wird: bei der Verlegung von Stromtrassen, dem Bau von Windrädern (wie in Bayern), der Rationierung von Trinkwasser (wie in Kapstadt) oder der absehbaren Umsiedlung aufgrund des steigenden Meeresspiegels (wie in Florida). Auch während der Corona-Krise waren es die massiven Einschnitte in individuelle Freiheit, die den Wunsch nach wissenschaftlicher Erklärung und diskursiver politischer Willensbildung

62 Bemerkenswert ist ja, dass die Politikverdrossenheit nicht zur Beteiligung in Parteien führt, sondern in vielen Fällen zur Nichtbeteiligung an Wahlen. Ganz offenbar geht nicht jede Forderung nach Beteiligung auch mit der Bereitschaft zur Übernahme von Verantwortung einher. Zur Krise politischer Parteien vgl. auch: Peter Mair, *Ruling the Void. The Hollowing of Western Democracy*, London, New York 2013.

63 Wenn beispielsweise an Universitäten die Dokumentation der Anwesenheit in Lehrveranstaltungen verpflichtend wird (also vom Wert zur Norm wird), müssen nicht nur Listen geführt werden, sondern zugleich Normen etabliert werden, die klären, wie die Authentizität der Unterschriften zu gewährleisten ist. Die Umsetzung einer Norm muss also wiederum normiert werden.

provoziert haben. Auf eine Politik, die die Bürgerinnen und Bürger in Anspruch nimmt, antworten diese, indem sie entsprechende Rechtfertigungen einklagen. Damit die große Transformation gelingen kann, müssen drei Ziele unter einen Hut gebracht werden, die in einem Spannungsverhältnis zueinander stehen: Nachhaltigkeit, Partizipation und – vor allem – Deliberation.

5.4 Partizipation und Nachhaltigkeit trotz Komplexität und Distanz

Wie bereits erwähnt, versucht der Republikanismus, gewisse Aporien einer liberalen Konzeption der Demokratie zu überwinden, ohne in die Falle einer illiberalen Hypostasierung der Volkssouveränität zu gehen.[64] Diese Aufgabenstellung teilt er mit dem Paradigma der deliberativen Demokratie, das Jürgen Habermas in einem einflussreichen Aufsatz als Synthese aus Liberalismus und Republikanismus dargestellt hat.[65] In der Tat besteht eine strukturelle Konvergenz zwischen der Idee der deliberativen Demokratie und einem dynamisch gedachten Republikanismus der Nachhaltigkeit, aber die beiden Theorien sind keineswegs identisch. Während Habermas' Konzeption einer deliberativen Demokratie den Anspruch formuliert, Liberalismus und Republikanismus zu *versöhnen*, stellt sich der Zielkonflikt zwischen liberalen Abwehrrechten und notwendiger Ausweitung des Steuerungsbedarfs aus Sicht des Republikanismus der Nachhaltigkeit als ein *Widerstreit* dar, den man managen und kanalisieren, aber nicht auflösen kann. Zumindest der ökonomische Selbstentfaltungshorizont des Individuums wird sich im Zuge eines Umbaus hin zu nachhaltigen Lebenswelten unvermeidlich verengen, die Grenzen des Privaten werden sich erheblich verschieben.

Wie oben dargelegt, ist eine solche Einschränkung des expressiven Individualismus jedoch nur durch Erhöhung der Input-Legitimation möglich, das heißt: sie wird sich nicht allein durch Abstimmungen bewerkstelligen lassen, sondern bedarf darüber hinaus

64 Siehe dazu Heidenreich, »Die Rhetorik der Souveränität«.

65 Jürgen Habermas, »Drei normative Modelle der Demokratie«, in: ders., *Die Einbeziehungs des Anderen*, S. 277-292.

einer substanziellen deliberativen Beteiligung der Bürgerinnen und Bürger. Eine Theorie nachhaltiger Lebenswelten muss folglich eine Antwort auf die Frage skizzieren, wie in einer sich immer stärker ausdifferenzierenden Gesellschaft komplexe Fragen des Nachhaltigkeitsmanagements überhaupt deliberationsfähig gemacht werden können. Klassische Konzeptionen der deliberativen Demokratie, so werden wir gleich sehen, stoßen diesbezüglich auf Probleme,[66] die auch der Republikanismus der Nachhaltigkeit nicht einfach lösen, aber aus einer anderen Perspektive produktiv beschreiben kann.

Zumindest seit sie in den 1990er Jahren eine Wende zur empirischen Sättigung ihrer Arbeiten vorgenommen hat, fragt die inzwischen stark ausdifferenzierte Forschung zu deliberativen Verfahren meist nach den institutionellen und strukturellen Voraussetzungen erfolgreicher Deliberation: Wie lassen sich deliberative Verfahren so organisieren, dass sie nicht nur den hohen Fairness-Ansprüchen gerecht werden, sondern neben der *Gleichheit* unter den Beteiligten auch die *Qualität* der Beiträge und Ergebnisse sicherstellen? Claudia Landwehr und Katharina Holzinger fragen beispielsweise nach den »institutionellen Determinanten deliberativer Interaktion« und bringen damit das Untersuchungsdesign vieler Forschungsprojekte in der Deliberationsforschung auf den Punkt.[67]

Bei diesen Überlegungen wird meist stillschweigend davon ausgegangen, dass die Verfahren und institutionellen Settings gegenüber den zu verhandelnden Inhalten neutral sind. Ob über einen Bildungsplan, ein Infrastrukturprojekt oder über das Steuerrecht gestritten wird, sei sekundär; faire und ergebnisträchtige Deliberationsverfahren sind von daher in allen Fällen analog zu moderieren. Die Hinweise zur praktischen Organisation von Deliberationsprozessen (durchmischte Gruppen, neutrale Moderatoren, kompetente Beratung durch Experten etc.) werden in der Regel *themenunabhängig* erteilt.[68]

66 Beispiele: John S. Dryzek, *Deliberative Democracy and Beyond. Liberals, Critics, Contestations*, Oxford 2000; Frank Fischer, *Climate Crisis and the Democratic Prospect. Participatory Governance in Sustainable Communities*, Oxford 2017; Sunayana Ganguly, *Deliberating Environmental Policy in India. Participation and the Role of Advocacy*, London 2015.

67 Claudia Landwehr, Katharina Holzinger, »Institutional Determinants of Deliberative Interaction«, in: *European Political Science Review* 2 (2010), S. 373-400.

68 Besonders deutlich wird dies aus meiner Sicht in der Darstellung bei Jürg Steiner, in der ganz verschiedene Deliberationsverfahren unter Absehung der behandel-

Geht man indes davon aus, dass es ein dialektisches Wechselverhältnis zwischen den Objekten und den Modi der Deliberation gibt, stellt sich die Frage, ob und wie Deliberation zu Fragen der Nachhaltigkeit gelingen kann – da »Nachhaltigkeit« ja gar kein eigenständiges Objekt oder Politikfeld darstellt, sondern vielmehr eine Perspektive auf alle Politikfelder generiert. Mit anderen Worten: »Nachhaltigkeit« als Heuristik steigert Komplexität beziehungsweise rückt *de facto* gegebene Komplexität in den Fokus. Daran schließt sich die nächste Frage an, nämlich ob diese Komplexitätssteigerung überhaupt deliberationskompatibel ist.

Die politikwissenschaftliche Diskussion zum Verhältnis von Demokratie und Komplexität erlebte in den 1970er Jahren eine erste Hochkonjunktur, als der Steuerungsoptimismus, der aus der Kybernetik in die Politische Theorie gewirkt hatte, mit der Erfahrung scheiternder Steuerungsversuche, ja technischer Katastrophen konfrontiert wurde. Dass Steuerungsskeptiker wie Luhmann in diesem Kontext eine Anpassung vermeintlich zu hoher demokratischer Erwartungen an die Wirklichkeit vorschlugen, habe ich bereits erwähnt (siehe oben, 2.2). Während dann jedoch vor allem das Thema eines erfolgreichen Outputs in den Vordergrund rückte – *kann Politik noch steuern?* –, konzentriert man sich neuerdings auf die Seite des Inputs: *Können Bürgerinnen und Bürger überhaupt noch mitreden?* Dahinter steht der Verdacht, dass die Komplexität der Herausforderungen echte Deliberation in vielen Fällen unmöglich macht. Die Frage, ob Widerspruch zwischen *quality* und *equality* in der Deliberation besteht, verschärft sich vor dem Hintergrund einer sich endemisch ausbreitenden Wissenschaftsfeindlichkeit, einer politisch hochgradig relevant werdenden Welle neuer Verschwörungserzählungen und systematischer Desinformation.

In der Tat scheint ein weitverbreitetes Schema darin zu bestehen, dass Bürgerinnen und Bürger in komplexen Fragen auf jene Instanzen vertrauen, die ihnen eine Art kognitive Abkürzung anbieten, indem sie in Gutachten oder anderen zusammenfassenden Äußerungen ein (möglichst leicht zu verstehendes) Urteil fällen.

ten Themen verglichen werden. Vgl. Jürg Steiner, *The Foundations of Deliberative Democracy. Empirical Research and Normative Implications*, Cambridge 2012. Vgl. zu dieser Frage auch: Felix Heidenreich, »Modi und Objekte politischer Kommunikation – Sprachspiele der Politik und der Vergleich von Deliberationsprozessen«, in: *Zeitschrift für Politische Theorie* 7:2 (2016), S. 143-168.

Die Kompetenz der Bürgerinnen und Bürger ist dann nicht bezogen auf die Durchdringung und Bewertung der Inhalte gefragt, sondern lediglich bei der Auswahl derjenigen, die diese Urteile fällen. Die Entscheidung aber, wem zu vertrauen ist, wäre vernünftig ja nur zu fällen auf der Basis inhaltlicher Sachkenntnis. Auch wenn das Vertrauen der Bürgerinnen und Bürger nicht unbedingt »blind« erfolgt, so orientiert es sich doch in vielen Fällen – wie empirische Studien zeigen – an Kriterien wie Auftreten, Erscheinung, Kleidung, also hochgradig fragwürdigen Markern, die mit inhaltlicher Kompetenz nichts zu tun haben.

Der Prozess der Digitalisierung verschärft diese Tendenzen, weil er die Legitimationsmechanismen in Partizipationsverfahren fundamental verändert.[69] Auch hier lässt sich beobachten, dass die Imperative des medialen Dispositivs die Form der Partizipation mitprägen. Während sich immer weniger Menschen in politischen Parteien klassischen Zuschnitts engagieren, gewinnen Formen, die eine recht unverbindliche Äußerung zu Einzelthemen ermöglichen, an Boden. Diese neuen Formen der Internet-Partizipation durch Petitionsplattformen wie *Change.org*, *Avaaz*, *Campact* oder *MoveOn* können zwar teilweise große Zahlen von Klicks oder Unterstützern versammeln, haben aber meist nur symbolische Macht (*naming and shaming*).[70] Die Erfahrungen mit »Liquid Democracy« beispielsweise sind teilweise ernüchternd.[71] Versuche, die Distanz zwischen Repräsentanten und Repräsentierten durch digitale Instrumente zu überbrücken, haben die Erwartungen insgesamt enttäuscht. So wird zum Beispiel das Projekt »Liquid Friesland« (gestartet im Jahr 2012) aufgrund mangelnden Interesses der Bürgerinnen und Bürger kaum noch benutzt.[72] Andere Beispiele wie der »Stuttgarter Bürgerhaushalt« sind zwar erfolgreicher, machen aber ebenfalls deutlich,

69 Vgl. z.B. Ulrich Sarcinelli, »Kommunikation und Partizipation in einer veränderten Legitimationsarchitektur«, in: Marianne Kneuer (Hg.), *Das Internet: Bereicherung oder Stressfaktor für die Demokratie?*, Baden-Baden 2013, S. 104-123.

70 Saskia Richter, »Politische Partizipation und soziale Bewegungen in sich wandelnden Gesellschaften. Von Bürgerinitiativen zu Online-Netzwerken«, in: Kneuer (Hg.), *Das Internet*, S. 145-170, hier: S. 167f.

71 Christina Blum, Christina Zuber, »Liquid Democracy: Potentials, Problems, and Perspectives«, in: *The Journal of Political Philosophy* 24:2 (2016), S. 162-182.

72 Nach tel. Auskunft der Pressestelle des Landkreises Friesland. Siehe dazu: Imke Diefenbach, *Mehr Bürgerbeteiligung? Eine empirische Studie zur Onlineplattform Liquid Friesland*, Ms. (Masterarbeit, Hochschule Emden/Leer, 2013).

dass auch unter digitalen Bedingungen Beteiligungseliten eine zentrale Rolle spielen.

Ich habe oben (3.1) Hans Blumenbergs Definition von Technik als »Nutzbarmachung des Unverstandenen« ins Spiel gebracht. In einer immer stärker technisierten Welt, so könnte man daran anschließend sagen, muss die Menge des unverstanden Genutzten beständig wachsen. *Lebensweltlich* bewegen wir uns in einer Welt aus Geräten und Algorithmen, die wir verwenden, ohne sie intellektuell zu durchdringen. In Platons Terminologie könnte man formulieren, dass der Anteil der *doxa*, des unverstandenen Distanzwissens, des bloßen »Meinens«, wächst, während sich der Bereich durchdrungener und praktisch erfahrener *episteme* auf immer engere Wissensbereiche reduziert. Wäre dieser Prozess unumkehrbar, dann wäre ein Republikanismus der Nachhaltigkeit ausschließlich als Expertokratie möglich.

Es scheinen sich also zwei spezifische Schwierigkeiten zu ergeben, die vor 30, 40 Jahren, als die Grundlagen der Theorie deliberativer Demokratie gelegt wurden, noch nicht gesehen wurden, ja vielleicht auch noch nicht gesehen werden konnten. *Erstens* geht es dort, wo der Aspekt der Nachhaltigkeit in den Fokus der Deliberation rückt, in der Regel um sehr *komplexe* Probleme, vor allem um Fernwirkungen und langfristige Folgen. Anders als bei Wertfragen (Abtreibung, Kopftuch, »Ehe für alle« etc.) ist bei Nachhaltigkeitsfragen Sachkompetenz *unmittelbar* gefragt. *Zweitens* besteht bei der Deliberation über nachhaltige Lösungen in vielen Fällen das Problem einer räumlichen und/oder zeitlichen *Distanz* zwischen Handelnden und Betroffenen. Die von wichtigen Weichenstellungen in Sachen Klimawandel Betroffenen sind beispielsweise noch gar nicht geboren oder leben (von uns aus gesehen) in entfernten Erdteilen. Auf beide Herausforderungen, *Komplexität* und *Distanz*, hat man in den vergangenen Jahren mit drei Strategien beziehungsweise Institutionen geantwortet, die diese zwar nicht aus der Welt schaffen können, aber dazu beitragen sollen, sie sinnvoll zu bearbeiten: Verrechtlichung, Expertenräte und Bürgerräte.

5.5 Drei mögliche Strategien: Recht, Expertenbeiräte, Bürgerräte

Die erste Strategie, auf die beiden zuvor genannten Herausforderungen zu reagieren, besteht darin, durch verfassungsrechtliche Vorgaben dem Aspekt der Nachhaltigkeit über die Verfassungsgerichtsbarkeit im politischen Prozess Gehör zu verschaffen. Dies kann als Versuch der Entpolitisierung gelesen werden und hat zudem problematische Folgen für Deliberationsprozesse, an denen sich Verfassungsgerichte nur auf sehr spezifische Weise beteiligen können (a). Die zweite Strategie setzt auf mit Experten besetzte Nachhaltigkeitsbeiräte und gilt bereits als ein klassisches Mittel zur Bewältigung von Komplexität und Distanz. Sie weisen aber in den Umsetzungen oft erhebliche Schwierigkeiten auf, die ebenfalls mit einer gewissen Tendenz zur Entpolitisierung der Nachhaltigkeitsdebatte zusammenhängen (b). Der dritte Vorschlag, zivilgesellschaftlichen Interessensvertretern eine besondere Rolle in entsprechenden deliberativen Verfahren in Form einer »Konsultative« einzuräumen, scheint indes nur sinnvoll, wenn bestimmte demokratische Ansprüche auch auf die Sphäre dieser zivilgesellschaftlichen Institutionen ausgeweitet werden (c).

(a) In einer wegweisenden Studie, in der er unter anderem den Versuch von Demokratien, Rentensysteme nachhaltig zu gestalten, vergleichend analysiert,[73] bringt Alan M. Jacobs das auch in Sachen Nachhaltigkeit relevante Problem für die demokratische Willensbildung auf die Formel »Governing for the Long Term«. Es zeige sich, so Jacobs, dass nicht nur institutionelle Bedingungen für den Erfolg langfristiger Haushaltsplanungen maßgeblich sind. Vielmehr mache schon eine ausgeprägte Sensibilität für die »Langfristigkeit« bestimmter Problemstellungen mutige Entscheidungen durch Regierungen wahrscheinlicher. Sind Probleme erst einmal erkannt und modelliert, wachse der Handlungsdruck für die Akteure innerhalb des politischen Systems und ermögliche in vielen Fällen auch ein Handeln, das die institutionelle Struktur auf außergewöhnliche Weise interpretiert.[74]

Nun stellt die von Jacobs ins Zentrum gerückte Frage der Al-

73 Alan M. Jacobs, *Governing the Long Term. Democracy and the Politics of Investment*, Cambridge 2011.

74 Ebd., S. 259.

terssicherung nur einen Sonderfall aus einer großen Menge von politischen Entscheidungen dar, bei denen kurzfristige gegen langfristige Gewinne verrechnet werden müssen. Wie etwa Jon Elster und Claus Offe vor geraumer Zeit dargelegt haben, bieten sich in solchen Fällen »Techniken rationaler Selbstbindung« an, durch die sich Akteure vor der Verführungskraft kurzfristiger Vorteile sozusagen schützen, um ihre langfristigen Ziele zu verfolgen.[75] Die konkrete Umsetzung dieser Idee findet sich aktuell etwa in der »Schuldenbremse« der Bundesrepublik Deutschland, die als ein juristisches Instrument zur Erzwingung finanzpolitischer Nachhaltigkeit gelesen werden kann.[76]

Der Konstitutionalismus der Neuzeit, der den Handlungsspielraum der Volkssouveränität durch *checks and balances* sowie durch subjektive Rechte einschränkt und folglich eine Selbstbeschränkung des *demos* darstellt, lässt sich als »Technik rationaler Selbstbindung« lesen.[77] Und das gilt auch für den hier relevanten Ansatz einer demokratischen *Nachhaltigkeitspolitik durch Verrechtlichung*, dessen Grundidee darin besteht, den Handlungsspielraum demokratischer Mehrheiten durch eine verfassungsrechtliche Verpflichtung auf nachhaltiges Handeln einzuschränken. Iñigo González Ricoy schlägt hierfür die Überschrift *intergenerational provisions* (IGP) vor – intergenerationale Vorschriften.[78] Indem man das Ziel der Nachhaltigkeit als Staatsziel in der Verfassung verankert, soll

75 Jon Elster führt hierfür das Modell des Odysseus an (Jon Elster, *Ulysses and the Sirens. Studies in Rationality and Irrationality*, Cambridge 1984). Die Selbstbindung des Odysseus findet hier im wörtlichen Sinne statt, weil er seine Willensschwäche antizipiert: Er lässt sich an den Mast binden, weil er weiß, dass er dem Gesang der Sirenen nicht widerstehen kann. Claus Offe hat entsprechende Mechanismen im engeren politischen Kontext analysiert: Claus Offe, »Bindung, Fessel, Bremse. Die Unübersichtlichkeit von Selbstbeschränkungsformeln«, in: Axel Honneth u. a. (Hg.), *Zwischenbetrachtungen. Im Prozeß der Aufklärung*, Frankfurt/M. 1989, S. 739-774; auf S. 751 f. nimmt Offe Bezug auf die Odysseus-Figur in *Dialektik der Aufklärung*.

76 Art. 109, Abs. 3, 115 Abs. 2 GG.

77 Im Moment der Verfassungsgebung erfolgt gewissermaßen eine souveräne Einschränkung der künftigen Souveränität. Aus Christoph Menkes kritischer Perspektive ist der Akt der Verfassungsgebung damit zugleich eine Verabschiedung von Politik. Ich komme darauf in diesem Kap. zurück.

78 Iñigo González Ricoy, »Constitutionalizing Intergenerational Provisions«, in: ders., Axel Grosseries (Hg.), *Institutions for Future Generations*, Oxford 2016, S. 170-183.

nichtnachhaltiger Politik ein Riegel vorgeschoben werden. In Analogie zur Definition der Bundesrepublik als Bundesstaat oder Sozialstaat ist dann vom »Nachhaltigkeitsstaat« die Rede.[79] Die im bundesdeutschen Verfassungsrecht geführten Debatten um die Ausweitung des »Staatsziels Nachhaltigkeit« – vorgeschlagen wird unter anderem ein neuer Art. 20b GG – stellen keine Ausnahme dar. So hat Tim Hayward die verfassungsrechtliche Verankerung von Rechten der Umwelt (oder von »Mutter Natur«) schon vor Jahren als globalen Trend beschrieben.[80] Neben der Verankerung von Rechten kommender Generationen sind es vor allem solche Bestrebungen, die in jüngster Zeit vermehrt Aufmerksamkeit auf sich gezogen haben.[81] Die Verfassung soll, so die Befürworter, der stimmlosen Natur eine Stimme geben, also das Unrepräsentierbare doch irgendwie repräsentieren.[82]

Die Auswirkungen derartiger Maßnahmen auf konkrete politische Entscheidungen hängen selbstverständlich stark davon ab,

79 Siehe die Beiträge in Wolfgang Kahl (Hg.), *Nachhaltigkeit durch Organisation und Verfahren*, Tübingen 2016.

80 Tim Hayward, *Constitutional Environmental Rights*, Oxford 2005.

81 Die auf diesem Gebiet wirkmächtigste Initiative ist ⟨www.therightsofnature.org⟩, letzter Zugriff am 1.8.2022. Zu ihren zentralen Figuren gehört Eduardo Gudynas, der eine zusammenfassende Darstellung geschrieben hat: Eduardo Gudynas, »Politische Ökologie: Natur in den Verfassungen von Bolivien und Ecuador«, in: *Juridikum* 4 (2009), S. 214-218. Ecuador und Bolivien gelten in dieser Hinsicht als Vorreiterstaaten; hier soll die verfassungsrechtliche Verankerung von Rechten der Natur vor allem vor Raubbau durch multinationale Konzerne schützen. Zentrales Motiv dieser Bewegung ist der Kampf gegen einen Anthropozentrismus. Vgl. hierzu auch oben, Kap. 2.5.

82 Jörg Tremmel hat mit Verweis auf die einschlägigen Arbeiten von Hannah F. Pitkin und Bernard Manin argumentiert, dass die Paradoxie eines Präsentmachens des Abwesenden für jede Form von politischer Repräsentation gelte und daher weniger paradox sei, als oft behauptet werde. Siehe Jörg Tremmel, »Parliaments and Future Generations. The Four-Power Model«, in: Dieter Birnbacher, May Thorseth (Hg.), *The Politics of Sustainability. Philosophical Perspectives*, London 2014, S. 212-233, hier: S. 220-222. Eine entscheidende Differenz besteht allerdings darin, dass die aktuell lebenden Bürgerinnen und Bürger gegebenenfalls Repräsentationsdefizite einklagen können. Die Bürgerinnen und Bürger zukünftiger Generationen sind evidentermaßen in ungleich dramatischerer Weise abwesend als die gegenwärtig lebenden. Zu den repräsentationstheoretischen Fragen vgl. auch Anja Karnein, »Can we Represent Future Generations?«, in: González Ricoy, Grosseries (Hg.), *Institutions for Future Generations*, S. 83-97.

welche Rolle beispielsweise die Verfassungsgerichtsbarkeit in einem politischen System jeweils hat; wenn Verfassungsgerichte keine mächtigen Vetospieler sind, werden sie auch die Interessen künftiger Generationen oder der Natur nicht zu schützen vermögen. Zudem muss im Auge behalten werden, dass rechtlich bindende internationale Verträge wie das Übereinkommen von Paris eine geradezu verfassungsanaloge Rolle einnehmen können, insofern auch sie gewisse Entscheidungen nationalstaatlicher Politik entziehen und ins Feld des Rechts verlagern.[83] Das konkrete Beispiel des breit rezipierten und in der Fachöffentlichkeit intensiv diskutierten »Klimabeschlusses« des Bundesverfassungsgerichts zeigt indes, dass beide Dimensionen – nationale Verfassungen und internationale Verträge – stark interagieren.[84]

Die Entscheidung über die im Wesentlichen von Franziska Heß und Felix Ekardt entwickelte, formulierte und gemeinsam mit mehreren Umweltverbänden eingereichte Verfassungsbeschwerde[85] ist zweifellos wegweisend. Die zentrale Passage des Beschlusses lautet: »Die aus Art. 2 Abs. 2 Satz 1 GG folgende Schutzpflicht des Staates umfasst auch die Verpflichtung, Leben und Gesundheit vor den Gefahren des Klimawandels zu schützen. Sie kann eine objektivrechtliche Schutzverpflichtung auch in Bezug auf künftige Generationen begründen.«[86] Indem das Bundesverfassungsgericht ein ökologisches Existenzminimum anerkennt, welches durch den Staat geschützt werden muss, und damit indirekt eine Verpflichtung zur Herstellung von Klimaneutralität sieht, eröffnet die Entscheidung ein neues Paradigma der verfassungsrechtlichen Dynamisierung von Klimapolitik – zumal als Rechtsträger nun auch Personen anerkannt werden, die nicht unmittelbar betroffen

83 Die kollektive Selbstbindung durch ein solches Abkommen hat dann eine ähnliche Funktion wie eine verfassungsgebende Versammlung.

84 Das Urteil wurde am 24. 3. 2021 publiziert. Die gesammelten Statements lassen sich im Verfassungsblog nachlesen: ⟨https://verfassungsblog.de/category/debates/der-klimabeschluss-des-bverfg/⟩, letzter Zugriff am 1. 3. 2022.

85 Unter anderem gegen das geltende Klimaschutzgesetz aus dem Jahr 2019 sowie »das andauernde Unterlassen des Bundesgesetzgebers und der Bundesregierung, geeignete und prognostisch genügende Maßnahmen zur Einhaltung des verbleibenden nationalen und nach Bevölkerungsanteilen bemessenen CO_2-Budgets (3,465 Gigatonnen CO_2 ab dem Jahr 2020) zu ergreifen«.

86 BVerfG, Beschluss des Ersten Senats vom 24. 3. 2021-1 BvR 2656/18, Rn. 1-270.

sind.[87] Der diesbezügliche Schlüsselbegriff lautet »intertemporale Freiheitssicherung«.[88]

Zudem hebt das Bundesverfassungsgericht die Selbstverpflichtungen, die die Bundesrepublik Deutschland im Übereinkommen von Paris eingegangen ist, in den Rang verfassungsrechtlicher Bindungen: »Die internationale Zusammenarbeit ist demnach nicht nur verfassungsrechtlich zulässig, der Staat wird zu ihr verpflichtet.«[89] Auf dieser Grundlage lässt sich dann das geltende Klimaschutzgesetz als verfassungswidrig verwerfen. Christoph Möllers und Nils Weinberg haben darauf hingewiesen, dass ein Plädoyer für eine solche verfassungsäquivalente Bindung des Gesetzgebers an einen völkerrechtlichen Vertrag der üblichen Argumentation des Gerichts widerspricht. Zwar sei es üblich, zur Auslegung von Grundrechtsfragen die in der Europäischen Menschenrechtskonvention festgelegten Normen zu berücksichtigen, aber aus der Theorie eines völkerrechtsfreundlichen Grundgesetzes folge nicht, dass völkerrechtliche Verpflichtungen automatisch Verfassungsrang haben.[90]

Der Erfolg dieser Verfassungsbeschwerde darf folglich nicht über das grundlegende demokratietheoretische Problem hinwegtäuschen, das entsteht, wenn die Volkssouveränität durch Verrechtlichung eingeschränkt wird, die Entscheidungsbefugnis also von den Parlamenten in die Verfassungsgerichte abwandert. Nicht zu Unrecht wird »Verrechtlichung« seit Jahrzehnten als eine zentrale (Selbst-)Gefährdung der Demokratie beschrieben, die schlimmstenfalls in eine Expertokratie führen kann, in der Verfassungsrichterinnen und -richter die Rolle des Gesetzgebers übernehmen und

87 Felix Ekardt benennt selbst mehrere Schwächen des Urteils, erkennt aber grundsätzlich den paradigmatischen Charakter an. Vgl. seinen Beitrag »Climate Revolution with Weaknesses«, ⟨https://verfassungsblog.de/climate-revolu tion-with-weaknesses/⟩, letzter Zugriff am 1. 8. 2022.

88 BVerfG, Beschluss des Ersten Senats vom 24. 3. 2021, Rn. 183.

89 Jannika Jahn, »Internationaler Klimaschutz mithilfe nationaler Verfassungsgerichte? Erkenntnisse aus dem Klimabeschluss des BVerfG«, in: *Zeitschrift für öffentliches Recht und Völkerrecht* 82 (2022), S. 47-72. Hier: S. 58.

90 Christoph Möllers, Nils Weinberg: »Die Klimaschutzentscheidung des Bundesverfassungsgerichts. Zum Beschluss des BVerfG v. 24. 3. 2021-1 BvR 2656/18, 1 BvR 78/20, 1 BvR 96/20, 1 BvR 288/20«, in: *JuristenZeitung* 75 (2021), S. 1069-1078, hier: S. 1074-1075.

die Legislative entmachten.[91] Diese Gefahr besteht auch und vielleicht gerade hinsichtlich der *Verrechtlichung von Nachhaltigkeit* – zumindest dann, wenn man davon ausgeht, dass die Antwort auf die Frage, was Nachhaltigkeit im Einzelnen bedeutet, nicht evident und jedenfalls hochgradig umstritten ist.[92] Die »Konkretisierungsprärogative« läge hier eigentlich bei den Parlamenten.

Zwar wäre Nachhaltigkeit dann gegebenenfalls ein Staatsziel, das aber durch Entscheidungen von Verfassungsgerichten gegen parlamentarische Mehrheiten in einem *Top-down*-Prozess durchgesetzt würde.[93] Dass in diesem Fall der Deutsche Bundestag in einem

91 Die umfangreiche Debatte über die »Herrschaft der Gerichte« steht hier im Hintergrund. Jürgen Habermas hat bekanntlich die These verteidigt, dass der durch Verfassungsgerichte gewährleistete Schutz liberaler Abwehrrechte gerade keinen Widerspruch zur Demokratie, sondern deren Voraussetzung darstelle (siehe Habermas, »Über den internen Zusammenhang zwischen Rechtsstaat und Demokratie). Hier greift jedoch der Gedanke einer bestimmten Negation: Liberale Abwehrrechte operieren als Negation des Verbotenen; sie definieren, was nicht durch staatliches Handeln geschehen darf. So fördern sie z. B. die Gleichstellung durch die Verhinderung von Diskriminierung. Wäre dies im Falle von Nachhaltigkeit analog möglich? Dann würden Verfassungsgerichte Nachhaltigkeit »lediglich« durch die Verhinderung (erkennbar!) nichtnachhaltiger Entscheidungen erzwingen müssen. Die Komplexität der Fragen wird jedoch durch diese Umkehrung der Perspektive nicht kleiner.

92 Es ist vor diesem Hintergrund bezeichnend, dass das BVerfG in seinem »Klimabeschluss« sehr ausführlich auf das IPCC, das Übereinkommen von Paris und zahlreiche andere externe Expertisen verweisen muss, um zu belegen, dass das geltende Klimaschutzgesetz nicht ausreichend ist. Das Gericht gerät damit in einen Arbeitsmodus, wie wir ihn für einen Parlamentsauschuss erwarten würden.

93 Daher erkennt der Verfassungsrechtler Claus Pegatzky im »Klimabeschluss« des BVerfG eine Tendenz, langfristige Herausforderungen als grundsätzlich nur bedingt politisch bearbeitbar zu betrachten: »Da aus Sicht des Senats keine Frage daran bestehen kann, wer sich anstelle des Gesetzgebers dieser langfristig zu verfolgenden Belange anzunehmen hat, verkehrt er den politischen Regelungsauftrag des Art. 20a GG in sein Gegenteil und setzt sich selbst als Sachwalter der künftigen Generationen ein – ganz nach Art eines Philosophenkönigs im Sinne von Platons ›Politeia‹« (Claus Pegatzky »Von Richterkönigen, Volksvertretern und Generationengerechtigkeit«, in: *Frankfurter Allgemeine Zeitung* vom 15. 5. 2021, online unter ⟨https://www.faz.net/einspruch/klima-beschluss-des-bverfg-mehr-politik-als-recht-17342356.html?premium⟩, letzter Zugriff am 15. 11. 2022). Eine gewisse Ambivalenz durchzieht die Reaktionen auf das Urteil: Inhaltlich und klimapolitisch hält man die Entscheidung für richtig und zukunftsweisend, während man gleichzeitig die Tendenz einer Verlagerung genuin politischer Entscheidungen in die Sphäre des Rechts skeptisch sieht.

einmaligen Eilverfahren auf den Beschluss des Gerichts reagierte und dessen Vorgaben parteiübergreifend als Befreiungsschlag gefeiert wurden, verdeckt diesen Konflikt nur. Das desaströse Urteil, das das Bundesverfassungsgericht dem bis dato geltenden Klimaschutzgesetz ausgestellt hatte, sollte durch eine medienwirksam inszenierte Begeisterung in den Hintergrund gedrängt werden.

Allerdings hat Tim Hayward darauf hingewiesen, dass die Verankerung von Nachhaltigkeit im Recht auch die *Anspruchs*rechte von Bürgerinnen und Bürgern einschließen könnte, zum Beispiel das Recht, Informationen und Auskünfte von Behörden zu erhalten[94] – mit der Konsequenz, dass deren Input ins politische System potenziell nicht vergebens (weil durch Gerichte übertrumpfbar) wäre, sondern sich Partizipationsmöglichkeiten eröffnen würden. Verrechtlichung wäre dann gerade eine Strategie zur Ermöglichung von Teilhabe, nicht zu deren Exklusion. In diesem Fall könnte man von einer genuin republikanischen Form der Verrechtlichung sprechen. Anders als bei der »liberalen« Einführung des Aspekts der Nachhaltigkeit in den Katalog von Grundrechten würden dann nicht (oder nicht nur) neue Rechtssubjekte (künftige Generationen, die Natur) mit Abwehr- und Schutzrechten ausgestattet, sondern das Spektrum an Partizipationsrechten von Bürgerinnen und Bürgern würde erweitert werden. Gerade im Bereich der Lebensmittelproduktion und -sicherheit sind die von Hayward in die Diskussion eingebrachten Informationsrechte enorm relevant.[95]

Die Verhandlungen in Verfassungsgerichten können durchaus eine politisierende Wirkung haben, wenn sie öffentlich stattfinden und nicht durch die bloße Verlautbarung von Urteilen ersetzt werden.[96] In diesem Sinne können die Gerichte eine wichtige Stimme im Prozess der großen Transformation hin zu nachhaltigen Lebenswelten darstellen, indem sie Parlamente dazu zwingen, langfristige Folgen in umfassenderem Maße zu berücksichtigen. Dem Einwand, Nachhaltigkeit als Staatsziel habe »nur« eine symbolische Funktion, lässt sich begegnen, indem man die Bedeutung der symbolischen Dimension für die politische Kommunikation in

94 Hayward, *Constitutional Environmental Rights*, S. 152 f.

95 Vgl. hierzu auch die Überlegungen zu einer republikanisch verstandenen Verbraucherdemokratie in Kap. 6.1.

96 Vor diesem Hintergrund ist zu bedauern, dass der »Klimabeschluss« ohne öffentliche Verhandlung gefällt wurde.

Erinnerung ruft, die beispielsweise Gerhard Göhler in zahlreichen Beiträgen herausgearbeitet hat.[97] Nachhaltigkeit als Staatsziel mit Verfassungsrang bleibt mit Sicherheit eine »Kontingenzformel« im Sinne Luhmanns, also eine immer interpretationsbedürftige, aber eben auch interpretationsfähige Formel, deren Inhalt kontingent bleibt. Verrechtlichung *kann* eine Form der Entpolitisierung darstellen, sie kann aber auch ein Instrument sein, das Bürgerinnen und Bürger gerade nicht von politischen Entscheidungen ausschließt, sondern durch Normen den Kontingenzraum öffnet[98] und Beteiligung ermöglicht.

Mit Verrechtlichung allein wird allerdings die große Transformation nicht zu schaffen sein, weil das Rechtssystem nicht wissen kann, welche Maßnahmen und Entscheidungen Nachhaltigkeit fördern.[99] Gerade in der verfassungsrechtlichen Debatte gibt es jedoch ein Bewusstsein dafür, dass »Nachhaltigkeit« durchaus mit konkreten Inhalten gefüllt werden kann – und das Übereinkommen von Paris diente, wie erwähnt, dem Bundesverfassungsgericht als Instanz für verbindliche Konkretisierung. Nachhaltigkeit als Staatsziel oder die Verankerung der Rechte künftiger Generationen in der Verfassung können jedenfalls zur Diskussion möglicher Nachhaltigkeit nötigen – und gerade dadurch die politische Willensbildung beeinflussen. Zumindest grob nichtnachhaltige Entscheidungen könnten durch eine Verfassungsbeschwerde angefochten werden. Zwar kann man von entsprechenden Artikeln im Grundgesetz oder Grundrechtekatalogen keine umfassenden Antworten auf die Nachhaltigkeitsfrage erwarten, aber sie leisten einen Beitrag zur Formulierung wichtiger Fragen und zur Strukturierung entsprechender Debatten. Aus republikanischer Perspektive ist der »Klimabeschluss« vom März 2021 auch als ein Schritt in Richtung Repolitisierung zu lesen. Das Recht ist zwar nicht alleiniger Motor gesellschaftlicher Entwicklungen, initiiert aber nicht selten öffent-

97 Gerhard Göhler, »Politische Symbole – symbolische Politik«, in: Werner de Rossa, Birgit Sauer, Dietmar Schirmer (Hg.), *Politik und Bedeutung*, Wiesbaden 2002, S. 27-42.

98 Siehe hierzu Christoph Möllers, *Die Möglichkeit der Normen. Über eine Praxis jenseits von Moralität und Kausalität*, Berlin 2015.

99 Verfassungsgerichte müssten dann wiederum Expertenbeiräte hinzuziehen. Die Auseinandersetzung, so wäre zu befürchten, wäre damit endgültig aus der Sphäre der Politik abgewandert.

liche Debatten über entsprechenden Konkretisierungen; vor allem aber fordert es Antworten ein – vom Parlament.

Allerdings können verfassungsrechtliche Vorgaben von den Parlamenten unterschiedlich genutzt werden. Man kann Verantwortung delegieren und die aus den gerichtlichen Vorgaben folgenden Entscheidungen als »alternativlos« präsentieren, die unangenehmen Folgen einer konsequenten Nachhaltigkeitspolitik also dem Recht in die Schuhe schieben; oder man kann die Verantwortung übernehmen und die Entscheidungen als politische und nicht nur verfassungsrechtliche Entscheidungen ausweisen. Anders gesagt: Wenn die Verrechtlichung von Nachhaltigkeit politische Prozesse *anstößt*, kann sie die Legitimität von Entscheidungen stärken; wenn sie hingegen den Eindruck erweckt, politischer Willensbildung vorauszugreifen oder diese zu *verhindern*, befördert sie das Unbehagen in der Demokratie. Es bedarf eines angemessenen Umgangs mit der Tatsache, dass sich Verfassungsgerichte (wie in der Bundesrepublik, aber auch in den Niederlanden) für zuständig in Sachen Nachhaltigkeit erklären – und zwar von alle drei »Gewalten« des demokratischen Staats.

(b) Die zweite Strategie zur institutionellen Berücksichtigung langfristiger Ziele lässt sich womöglich am besten mit dem Begriff der »Expertenbeiräte« zusammenfassen, wobei es sich in manchen Fällen auch lediglich um einzelne Ombudspersonen handeln kann. Damit sind alle Formen von Nachhaltigkeitsbeiräten, Expertenräten und Enquete-Kommissionen gemeint, die Expertise und langfristige Orientierung durch Konsensfindung unter Experten und anschließende Beratung von Politik herbeiführen sollen.

Entsprechende Gremien gibt es mittlerweile in fast allen entwickelten Demokratien, in Deutschland auf Bundesebene (Rat für nachhaltige Entwicklung, RNE) und auf Landesebene (etwa der Beirat der Landesregierung für nachhaltige Entwicklung, Stuttgart). Baden-Württemberg verfügt über einen Jugend-Nachhaltigkeitsbeirat, die Jugendinitiative N!.[100] Während Kommissionen in der Regel von Parlamenten oder Regierungen eingesetzt werden, um Abschlussberichte mit Handlungsempfehlungen zu erarbeiten (man denke an die berühmten »Hartz«-Kommissionen), geht das

100 Vgl. die Darstellung auf ⟨www.wir-ernten-was-wir-saeen.de⟩, letzter Zugriff am 1. 8. 2022.

Betätigungsspektrum von Nachhaltigkeitsbeiräten heute weit über »Beratung« im engen Sinne hinaus. Die entsprechenden Institutionen treten oft als Kommunikationsagenturen auf, die Partizipationsprozesse anstoßen, Debatten befeuern und Aufmerksamkeit auf verschiedene Themen lenken. Dies gilt in besonderem Maße für den RNE, der sich explizit zum Ziel gesetzt hat, Stakeholder-Dialoge zu führen. Auch im internationalen Vergleich wird die Rolle entsprechender Beiräte sehr verschieden ausgelegt.

Wie lassen sich die demokratietheoretischen Implikationen dieser Gremien bewerten, die aus verschiedenen Gründen in der Kritik stehen? Das Spektrum der Einwände hierbei ist zwar breit, aber nicht kohärent. Handelt es sich um Alibiveranstaltungen ohne tatsächlichen Einfluss? Oder besteht das demokratietheoretische Problem im Gegenteil gerade darin, dass hier Einfluss ohne ausreichende demokratische Legitimation ausgeübt wird? In diesem Falle wären Nachhaltigkeitsbeiräte in der Tat Elemente einer gouvernementalen Struktur, die bloß einer spezifischen, keineswegs demokratischen Regierungskunst dient.

Im Hintergrund dieses zweiten Einwands steht das strukturelle Problem, dass Beratungsgremien außerhalb von Parlamenten an vormoderne Zeiten erinnern beziehungsweise neofeudal wirken und an den Begriff »Geheimrat« denken lassen, womit im 18. und frühen 19. Jahrhundert eine Art Minister bezeichnet wurde, der im »Rat« den Feudalherrn zu beeinflussen suchte. Intransparente Verfahren, unklare Kompetenzen und vor allem zweifelhafte Rekrutierungsmechanismen werden oft mit den entsprechenden Gremien in Verbindung gebracht, vor allem dann, wenn es die Exekutive ist, die entsprechende Gremien einsetzt und deren Mitglieder wie in einem feudalen Akt der Souveränität »ernennt«, ohne Kriterien oder Verfahren angeben zu müssen.[101] Vor dem Hintergrund einer republikanischen Konzeption von Freiheit fällt das Expertenbeiratewesen unter die Kategorie *domination without interference*. Zwar können die Beiräte selbst keine kollektiv bindenden Entscheidungen treffen, aber aus der Sicht der Kritiker strukturieren sie Debatten durch Rahmensetzungen und mittels Öffentlichkeitsarbeit. In vielen Fällen entsteht so der Eindruck, dass unpopuläre Ent-

101 *Souverän* ist diese Entscheidung dann im klassischen Sinne der Ungebundenheit: Der Souverän muss seine Beschlüsse nicht rechtfertigen.

scheidungen »auf Zuruf« durch eine Art Nebenlegitimation versehen werden sollen. Der Verweis auf »die Experten« dient dann vor allem dazu, die Kritik umzulenken auf Gremien, die mit suggestiv formulierten Aufträgen versehen wurden – kein Wunder also, dass diese in der Debatte um die Postdemokratie immer wieder Thema sind. In den Worten von Maja Göpel stellt sich schlicht die Frage, ob derartige Gremien »Diktatoren« oder »Bürgervertreter« sind.[102]

Aus meiner Sicht wäre es falsch, Nachhaltigkeitsbeiräte *per se* zu einer demokratiegefährdenden, letztlich expertokratischen Bedrohung des Parlamentarismus zu erklären. Es lassen sich nämlich durchaus Kriterien angeben, die es erlauben, die Rolle derartiger Beiräte normativ zu bewerten. Gerade im Rahmen eines republikanischen Demokratieverständnisses kann der Rückgriff auf Beratungsgremien, die sich meritokratisch rekrutieren und der unmittelbaren Rückkopplung an Wähler enthoben sind, auf eine lange Tradition verweisen.[103] Das britische Oberhaus mag den falschen Rekrutierungsmechanismus haben, aber die Grundidee einer systematischen, institutionalisierten Berücksichtigung von Expertise hat zahlreiche Fürsprecher. Jörg Tremmel plädiert beispielsweise dafür, das klassische Schema der drei Gewalten zu erweitern und eine vierte Gewalt zu installieren, in Gestalt eines Zukunftsrats.[104] Auch Patrizia Nanz und Claus Leggewie haben wirkmächtig für die Idee einer vierten Gewalt in Form von Zukunftsräten geworben

102 Maja Göpel, »Ombudspersonen für zukünftige Generationen: Diktatoren oder Bürgervertreter?«, in: Gesang (Hg.), *Kann Demokratie Nachhaltigkeit?*, S. 89-109.

103 Spuren dieser Verfassungstradition finden sich in Institutionen wie dem Ältestenrat des Bundestages. Dessen Aufgaben beziehen sich allerdings primär auf den reibungslosen Ablauf des Parlamentsgeschäfts. Der Bayerische Senat, der auf Basis eines Volksentscheids von 1998 im Jahr 2000 abgeschafft wurde, kann ebenfalls als eine solche Institution gelten. Allerdings führte der Rekrutierungsmechanismus über Interessensverbände dazu, dass er in der Öffentlichkeit nicht als wirksame Institution zur Berücksichtigung langfristiger Interessen wahrgenommen wurde.

104 Siehe Tremmel, »Parliaments and Future Generations«. Die Pointe in Tremmels Plädoyer besteht darin, die Vielzahl von Gremien in der Bundesrepublik (RNE, WBGU, etc.) durch einen einzigen Rat zu ersetzen, dem dann auch umfassendere Rederechte im Bundestag zustehen würden. Der Anspruch auf Transparenz und Struktur der Mechanismen konvergiert mit dem hier als republikanisch reformulierten Anspruch auf Input-Legitimation.

und hierfür den Begriff »Konsultative« vorgeschlagen, wenn auch mit einer anderen, vor allem auf Bürgerräte abzielenden Stoßrichtung.[105]

Wenig überraschend, wäre eine neue Konsultative aus der Perspektive eines liberalen Demokratieverständnisses problematisch. Despotisch wäre ihm zufolge vor allem der faktische Output: die Beschränkung negativer Freiheit durch ein Gremium, das nicht wie ein Parlament oder eine direkt gewählte Exekutive durch Wählerinnen und Wähler abgestraft werden kann. Hier interessiert also weniger, wie die Konsultative zustande kommt und wer Teil von ihr ist, sondern primär, wie sich ihre faktische Macht dauerhaft und effektiv in Grenzen halten lässt. Ihre konsultierende Macht müsste sich – so die liberale Perspektive – auf eine schwache Form des *Anratens* und Kommunizierens beschränken.

Demokratietheoretisch entscheidend bleibt demzufolge, dass die gewählten Vertreterinnen und Vertreter der Legislative die Vorschläge der Konsultative auch vollständig ignorieren können müssen, wenn ihnen die Wählerinnen und Wähler zu verstehen geben, dass gewisse Einmischungen von dieser Seite nicht erwünscht sind. Auch der Einspruch von Verfassungsgerichten muss mit Verweis auf unverbrüchliche Grundrechte die Beschlüsse der Konsultative übertrumpfen können. Demokratisch ist eine Konsultative aus liberaler Sicht nur dann, wenn sie im Grunde zahnlos ist und nur (in einem schon beinahe pejorativen Sinn) symbolisch wirkt.

Ganz anders hingegen sieht die Sache in demokratietheoretischer Hinsicht aus, wenn man sie mit »republikanischen Augen« betrachtet. Wie bereits festgehalten, ist hier nicht die Beschränkung des Outputs, sondern die Legitimation des Inputs entscheidend. Vor dem Hintergrund des von ihr favorisierten Freiheitsbegriffs schärft die republikanische Perspektive *zum einen* den Blick für die Bedeutung »weicher« Einflussnahme. Ein umfassendes Rederecht eines Zukunftsrates im Bundestag oder das Recht, wie die Legis-

105 Patrizia Nanz, Claus Leggewie, *Die Konsultative. Mehr Demokratie durch Bürgerbeteiligung*, Berlin 2016. Vgl. auch Dennis F. Thompson, »Democratic Trusteeship. Institutions to Protect the Future of the Democratic Process«, in: González Ricoy, Grosseries (Hg.), *Institutions for Future Generations*, S. 184-196. Erstaunlich ist, dass in vielen Fällen die Bewertung entsprechender Gremien allein bezogen auf den Output erfolgt. Die Ursprünge der Debatte in den 1990er Jahren werden bei Nanz und Leggewie (*Die Konsultative*) aufgearbeitet.

lative die Exekutive befragen oder gar zur Rede stellen zu dürfen, sind aus dieser Sicht, die nicht nur Einmischungen und Beschränkungen kennt, sondern auch Beherrschen ohne Beeinflussung und Zwang (*domination without interference*), gerade keine bloß symbolischen Formen der Einflussnahme.[106] Solche Formen der symbolischen Macht, der diskursiven Präsenz und der aktiven Kontrolle ergeben sich jedoch nicht von selbst, sondern müssten auf den verschiedenen parlamentarischen Ebenen, im Plenum ebenso wie in den Ausschüssen, institutionalisiert werden.[107] Auch die ästhetisch-infrastrukturelle Seite ist einer Perspektive wichtig, der es um die Gestaltung von Lebenwelten geht. Mit anderen Worten: Ein politisches Gremium, das lediglich über eine kleine Geschäftsstelle verfügt, ansonsten aber architektonisch beziehungsweise »baulich« unsichtbar ist, wird es schwer haben, öffentliche Aufmerksamkeit auf sich zu ziehen.

Zum anderen ist das Thema der Rekrutierung und Zusammensetzung von Expertenbeiräten aus republikanischer Sicht alles andere als sekundär. Die Annahme ist, dass die Empfehlungen und Einflussnahmen der dort versammelten Experten von den Bürgerinnen und Bürgern dann nicht als rein entfremdende Maßregelungen erlebt würden, wenn ihnen ein erkennbar fairer Rekrutierungsmechanismus klar vor Augen stünde.[108] Gerade bezüglich der Rekrutierung besteht indes in vielen Fällen eine große Intranspa-

106 Das ist die Stelle, an der sich die strukturelle Schwäche vieler Institutionen zeigt, z. B. des RNE. Zwar nimmt die Bundesregierung regelmäßig schriftliche Berichte und Empfehlungen von diesem entgegen, aber es fehlt bisher eine öffentlich wirksame Präsenz, etwa im Bundestag. Ein Rederecht im Bundestag für einen Delegierten des RNE oder eines noch zu schaffenden Zukunftsrates würde diese Situation signifikant ändern und dem RNE ein auch öffentlich bekanntes »Gesicht« verleihen.

107 Vorstellbar wäre z. B. auch, dass die Fachausschüsse des Bundestages die entsprechenden Mitglieder des RNE nicht nur anlassbezogen als Gäste empfangen, sondern dass eine systematische Verzahnung stattfindet und der RNE ständige beobachtende und sich beteiligende (wenn auch nicht stimmberechtigte) Delegierte schickt. Dies würde natürlich eine verbesserte Ausstattung des RNE und seiner Mitglieder erforderlich machen.

108 Das Beispiel des Bundesverfassungsgerichts zeigt, dass solche Mechanismen möglich sind und ein großes Vertrauen der Bevölkerung in entsprechende Institutionen zum Ergebnis haben können. Die Analogie zum Bundesverfassungsgericht hat ihre Grenze jedoch in dem Umstand, dass Kompetenzen im Verfassungsrecht leichter objektivierbar sind als im Bereich Nachhaltigkeit.

renz. Die Geschäftsordnung des RNE enthält derzeit zwar Angaben zur Rückerstattung der Reisekosten von Mitgliedern, aber das Rekrutierungsverfahren selbst ist opak.[109] Die Mitglieder werden derzeit direkt vom Bundeskanzler für je drei Jahre ernannt,[110] personelle Entscheidungen werden lediglich durch Pressemitteilungen bekanntgegeben. Eine symbolische, die Relevanz des RNE unterstreichende Wirkung ist so kaum zu erreichen.[111]

Man könnte daraus den Schluss ziehen, dass der RNE in der Bundesrepublik Deutschland nach einem liberalen Demokratiemodell konzipiert wurde: Der Input darf intransparent und erratisch sein, weil der Output nicht bindend und auch symbolisch jederzeit ignorierbar ist. Durch dieses institutionelle Setting wird die wichtige Arbeit des RNE jedoch nicht nur nicht ausreichend gewürdigt, sondern sie erscheint in einem trüben Licht, denn die Vertraulichkeit von Sitzungen, der Zwang zum Konsens und die politische Zurückhaltung des Gremiums lassen ihn wie ein Instrument einer Entpolitisierung *von* und *durch* Nachhaltigkeit wirken.

Setzt man indes unter republikanischen Vorzeichen den Akzent auf die Input-Legitimation, so ergeben sich konkrete Fragen. Werden die Ratsmitglieder von der Exekutive benannt, vom Parlament gewählt, von den Berufsvereinigungen der entsprechenden Experten entsandt? Wie verhindert man den Einfluss von Lobbyisten bei der Zusammensetzung dieser Gremien? Michiel de Vries unterscheidet drei typische Rekrutierungsmechanismen: »Mandate, die ganz eindeutig Interessengruppen repräsentieren«, »Ad-personam-Mandate, bei denen die Verbindung zum Hintergrund der Person eher locker ist« und »Ad-personam-Mandate im engsten Sinn«.[112] Jede dieser Optionen verleiht den Gremien je-

109 Vgl. RNE, *Geschäftsordnung*, Berlin 2016, ⟨www.nachhaltigkeitsrat.de/wp-content/uploads/2017/11/20161122_Geschaeftsordnung_RNE_November_2016.pdf⟩, letzter Zugriff am 1.8.2022. Offen bleibt: Wer unterbreitet dem Bundeskanzler Vorschläge für die Ernennung? Auf Basis welcher Kriterien erfolgen diese Vorschläge? Gibt es hier Ansprüche auf Proporz? Usw.

110 Sie können auch mehrfach berufen werden; wie oft, ist jedoch unklar.

111 Man könnte sich zum Beispiel vorstellen, dass allein die Verpflichtung, die Ernennung in der jeweiligen Regierungserklärung im Parlament öffentlich zu verkünden, die Rolle des RNE symbolisch aufwerten würde.

112 Michiel de Vries, *The Role of National Sustainable Development Councils in Europe in Implementing the UN's Sustainable Development Goals. Overview and Conclusions*, Den Haag, Berlin, London 2015, S. 22-24. Ausschlaggebender als

weils eine andere Ausrichtung und Relevanz, daher ist dieser Punkt aus republikanischer Sicht von erheblicher Bedeutung. So würde etwa ein Verfahren, bei dem Berufs- oder Forschungsverbände (die Deutsche Forschungsgemeinschaft, die Max-Planck-Gesellschaft, die Fraunhofer-Gesellschaft usw.) ihre Experten *direkt* entsenden, in höherem Maße konfliktfähig gegenüber Legislative, Exekutive und Judikative werden. Die von Tremmel vorgeschlagene Vereinheitlichung der komplexen Landschaft aus Beiräten (RNE, WBGU, SRU [Sachverständigenrat für Umweltfragen] etc.) zu einem völlig neu strukturierten *Zukunftsrat* würde auf ähnliche Weise die Frage der Input-Legitimation thematisieren. Wie bei der Strategie »Nachhaltigkeit durch Recht« kommt es auch bei der Strategie »Nachhaltigkeit durch Expertenbeiräte« auf die konkrete Ausgestaltung an: Aus republikanischer Sicht brauchen Expertenräte transparente Input-Legitimation.

(c) Es dürfte deutlich geworden sein, dass die beiden bisher behandelten Strategien – Nachhaltigkeit durch Recht und Nachhaltigkeit durch Expertenbeiräte – eine klare expertokratische Tendenz haben. Außerdem hat sich herausgestellt, dass sich Expertenbeiräte auch meritokratisch lesen lassen, jedenfalls dann, wenn transparente Verfahren der Rekrutierung diese mit höherer Legitimität ausstatten können. Beide Strategien lösen das Problem der Partizipation unter Bedingungen von Komplexität und Distanz dadurch, dass sie entsprechend kompetente Personen die Bürgerinnen und Bürger vertreten lassen. Allerdings: Die Deliberation über Nachhaltigkeit wird so tendenziell zu einer Aufgabe für diejenigen, die sich dafür besonders qualifizieren. Die Gleichheit der Diskursteilnehmer wird hier, zumindest tendenziell, der Qualität von Diskursbeiträgen geopfert – *quality* übertrumpft *equality*. Frank Fischer hat deshalb den Vorschlag gemacht, deliberative Verfahren zur Nachhaltigkeit komplett auf die kommunale Ebene zu beschränken, weil dort die Bürgerinnen und Bürger über eine direkte Anschauung der verhandelten Fragen verfügen – ein Vorschlag, der der Komplexität von Nachhaltigkeitsfragen nicht gerecht wird.[113]

die Kriterien dürfte indes die Frage sein, ob die entsprechenden Entscheidungen öffentlich begründet werden. Kriterien sind ja nur sinnvoll, insofern überprüfbar ist, ob ihnen entsprechend gehandelt wird.

113 Fischer, *Climate Crisis and the Democratic Prospect*. In der Tat sind Kommunalverwaltungen, man denke an Kopenhagen, zentrale Akteure der Transfor-

Anders hingegen die dritte Strategie, von mir als »Nachhaltigkeit durch Bürgerräte« bezeichnet. Sie nimmt die Grundanliegen des Paradigmas deliberativer Demokratie ernst und will durch spezifische Mechanismen dafür sorgen, dass Deliberation auch bei Entscheidungen gelingt, die besonders anspruchsvoll, langfristig, komplex und mit Fernwirkungen verbunden sind, und zwar ohne dabei Abstriche bei der Repräsentativität zu machen. Der Republikanismus der Nachhaltigkeit würde sich aus dieser Perspektive als eine spezielle Variante der deliberativen Demokratie präsentieren – ganz im Einklang mit John S. Dryzek, der diese seit langem als die Antwort auf die Herausforderung der Nachhaltigkeit profiliert.[114]

Zentral für diese dritte Strategie sind verschiedene Formate von Bürgerräten, in denen konsultative Verfahren zur Anwendung kommen.[115] Konkret bedeutet das: Per Zufallsprinzip[116] ausgewählte Bürgerinnen und Bürger deliberieren unter Anleitung von Moderatorinnen und Moderatoren über Nachhaltigkeitsfragen und erarbeiten möglichst konkrete Politikvorschläge.[117]

Die Grundidee dieses Formats geht auf James S. Fishkin und

mation. Aber auch Kopenhagens Strategie ist in eine nationale Anstrengung Dänemarks eingebunden, weil wichtige Fragen nicht ausschließlich lokal geregelt werden können.

114 Dryzek spricht in diesem Zusammenhang von *green democracy*. Vgl. Dryzek, *Deliberative Democracy and Beyond*, S. 140-161.

115 Der etablierte englische Begriff, der die Vielzahl derartiger Institutionen zusammenfasst, lautet »citizen panels«. Norbert Kersting erinnert daran, dass Beiräte zu spezifischen Sachfragen seit Jahrzehnten auf lokaler Ebene gang und gäbe sind, in Form von »Ausländerbeiräten«, »Seniorenbeiräten« und »Behindertenbeiräten«. Dabei geht es jedoch vor allem um die »Integration von Partikularinteressen« und natürlich von spezifischen Kompetenzen. Siehe Norbert Kersting, »Beiräte und Kommissionen. Integration von Partikularinteressen«, in: ders. (Hg.), *Politische Beteiligung. Einführung in dialogorientierte Instrumente politischer und gesellschaftlicher Partizipation*, Wiesbaden 2008, S. 107-122.

116 Dies kann durch Telefonregister erfolgen, nach einer Gesetzesänderung in Baden-Württemberg auch direkt über die Melderegister. Natürlich kann man die Beteiligung ablehnen. Vgl. hierzu: Frank Brettschneider, »Partizipative Landesgesetzgebung in Baden-Württemberg«, in: Ursula Münch, Andreas Kalina (Hg.), *Demokratie im 21. Jahrhundert. Theorien, Befunde, Perspektiven*, Baden-Baden 2020, S. 275-301.

117 Neben »Bürgerrat« werden auch Bezeichnungen wie »Bürgerkonferenz«, »Runder Tisch« oder »Bürgerdialog« verwendet.

dessen Konzeption der »deliberativen Meinungsumfrage« zurück.[118] Die Intention dieses Verfahrens lautet, die Vorteile der Deliberation zu nutzen, ohne die Nachteile einer Deliberation *aller* bearbeiten zu müssen. Bezogen auf die aus dieser Idee hervorgegangene Konzeption der »Kleinstöffentlichkeiten« (*mini-publics*) gelingt Robert Goodin und John Dryzek eine Charakterisierung, die die Idealvorstellung dieses Ansatzes hervorragend zum Ausdruck bringt. Gremien der repräsentativen Deliberation sollen »klein genug sein, um genuin deliberativ zu sein, und repräsentativ genug, um genuin demokratisch zu sein«.[119] Bisweilen nennt man die Teilnehmenden an *mini-publics* daher auch »stellvertretende Bürger« (»citizen representatives«).

Vor allem in Kanada und Australien wurden bereits umfangreiche praktische Erfahrungen mit diesem Modell der Beteiligung gesammelt. Michael MacKenzie und Kieran O'Doherty konnten am Beispiel einer Deliberation über die Gen-Sequenzierung von Lachsen zeigen, dass in einem entsprechenden Format stellvertretender Bürger-Deliberation nicht nur erhebliche Lernprozesse angestoßen, sondern auch tatsächlich deliberativ Argumente ausgetauscht wurden.[120] Langfristige Themen, die durch Komplexität und Distanz gekennzeichnet sind, können ihnen zufolge jedoch nur fruchtbar bearbeitet werden, wenn die Deliberationsprozesse sehr gut strukturiert sind. Gwendolyn Blue und Jacquie Dale haben nachgewiesen, dass selbstverständlich auch in Beteiligungsverfahren zum Klimawandel – ihr Beispiel ist der Alberta Climate Dialogue (ABCD) in Kanada – Framing-Effekte eine starke Wirkung entfalten. Nur die Reflexion über diese Effekte könne die entsprechenden Prozes-

118 James S. Fishkin, *When the People Speak. Deliberative Democracy and Public Consultation*, Oxford 2009. Eine rückblickende Zusammenfassung liefert Fishkin auch in: »Deliberative Poll. Jenseits von ›polling alone‹«, in: Kersting (Hg.), *Politische Beteiligung*, S. 80-91. Zu den radikalsten Vertretern dieses Ansatzes gehört derzeit: Hélène Landemore, *Open Democracy. Reinventing Popular Rule for the Twenty-first Century*, Princeton, Oxford 2020.

119 Robert E. Goodin, John S. Dryzek, »Deliberative Impacts: The Macro-Political Uptake of Mini-Publics«, in: *Politics & Society* 34:2 (2006), S. 219-244, hier: S. 220.

120 Michael K. MacKenzie, Kieran O'Doherty, »Deliberating Future Issues: Minipublics and Salmon Genomics«, in: *Journal of Public Deliberation* 7:1 (2011), S. 1-27.

se vor illegitimer Einflussnahme schützen.[121] Der von MacKenzie und O'Doherty bearbeitete Fall zeichnet sich zudem dadurch aus, dass den Bürgerinnen und Bürgern hier zwar eine moralische Frage gestellt wurde, ihnen aber keine langfristigen Verzichtsleistungen zugunsten langfristiger Vorteile abverlangt wurden.[122] Daher lassen sich, wie die Autoren selbst einräumen, aus dem Beispiel keine weitreichenden Schlüsse über das Verhältnis von Demokratie und Nachhaltigkeit ziehen.

Dennoch kann wenigstens festgehalten werden, dass gerade stellvertretend deliberative Verfahren nicht als ausschließlich emergente Prozesse konzipiert sein dürfen. Wer deliberiert und über was genau deliberiert sowie in welcher Form, ist nicht etwas, das dem Zufall chaotischer Selbstorganisation überlassen werden sollte. Aus Sicht des Republikanismus kommt dieser Hinweis der empirischen Deliberationsforschung wiederum nicht überraschend, denn Öffentlichkeit ist hier als ein Gemeingut gedacht, als eine *res publica*, die es kollektiv und für alle verbindlich zu strukturieren und zu organisieren gilt, die also nicht dem »freien Spiel der Kräfte« auf einem unregulierten Markt überlassen werden kann. Eine genuin republikanische Theorie der politischen Öffentlichkeit akzentuiert die Notwendigkeit der Pflege der öffentlichen Sphären, auch bezogen auf digitale Öffentlichkeiten (siehe unten, 6.3). Ein entsprechendes Plädoyer für die politische Rahmung von Deliberation, der Sicherung von deliberativen Mindeststandards durchzieht die Entwicklung der Theorie deliberativer Demokratie seit ihren Anfängen wie ein Cantus firmus. Bei Entscheidungen über Nachhaltigkeit ist die *Organisation von Deliberation* jedoch von besonderer Bedeutung. Denn anders als bei Wertekonflikten (Schwangerschaftsabbruch, gleichgeschlechtliche Ehe etc.) spielt hier mathematisch-naturwissenschaftliches Wissen eine maßgebliche Rolle[123] – ja, Fragen

121 Gwendolyn Blue, Jacquie Dale, »Framing and Power in Public Deliberation with Climate Change. Critical Reflections on the Role of Deliberative Practitioners«, in: *Journal of Public Deliberation* 12:1 (2016), S. 1-22, hier: S. 17.

122 Anders formuliert: Es blieb unklar, welchen Preis die jeweilige Entscheidung für oder gegen die Gensequenzierung von Lachsen für die Beteiligten eigentlich bedeutete.

123 Auch bei Wertkonflikten ist solches Wissen unter Umständen relevant, jedoch »nur« mittelbar. So kann beispielsweise statistisches Wissen, ob durch ein Abtreibungsverbot die Zahl von Abtreibungen tatsächlich sinkt oder lediglich il-

der Nachhaltigkeit beziehungsweise der Energiepolitik hängen *unmittelbar* mit Erkenntnissen aus den Naturwissenschaften und der Mathematik zusammen. Gerade das Verhältnis zwischen Bürgern und Wissenschaft scheint indes (nicht nur, aber vielleicht besonders deutlich in den USA) gestört. Ähnlich wie im Falle verfassungsrechtlicher Expertise steht der Verdacht im Raum, Experten könnten die Volkssouveränität übertrumpfen, und vor allem Populisten schüren einen Generalverdacht gegen Experten.[124] Für die Ausgestaltung der Bürgerräte ergibt sich daraus eine paradox anmutende Aufgabenbeschreibung: Will man Deliberation über Nachhaltigkeit in repräsentativ besetzten Bürgerräten tatsächlich ermöglichen, muss sowohl Expertise »demokratisiert« als auch Demokratie »expertisiert« werden.[125]

Längst ist die Beteiligung von Bürgerinnen und Bürgern in vielerlei Formaten eine vor allem auf lokaler Ebene professionell betriebene Praxis.[126] Bürgerräte sind in vielen Ländern verbreitet – und sehr häufig arbeiten sie erfolgreich und kommen zu erstaunlichen Ergebnissen, vor allem dann, wenn sie konkrete Aufgabenstellungen bearbeiten. Dies zeigt beispielsweise die Citizens' Assembly in Irland, in der 99 zufällig ausgeloste Bürgerinnen und Bürger Vorschläge zur Durchsetzung der *de jure* längst geltenden Gleichstellung der Geschlechter erarbeiten sollten. Das repräsentativ zusammengesetzte Gremium tagte vom 20. Januar 2020 bis zum 18. April 2021, coronabedingt größtenteils online. Der Abschlussbericht[127]

legale und womöglich viel gefährlichere Methoden verwendet werden, nützlich sein.

124 Im Vorfeld des Brexit-Votums wurde in Großbritannien immer wieder der Satz formuliert »We are sick of experts«. Und während der COVID-19-Pandemie wurden Wissenschaftlerinnen und Wissenschaftler immer wieder zur Zielscheibe massiver Hetzkampagnen. Ich komme in Kap. 6.3 auf das Verhältnis von Wissenschaft und Demokratie zurück.

125 Siehe Angela Liberatore, Silvio Funtowicz, »›Democratising‹ Expertise, ›Expertising‹ Democracy: What does this Mean, and Why Bother?«, in: *Science and Public Policy* 30:3 (2003), S. 146-150.

126 Dem Bundesland Baden-Württemberg kommt in Deutschland in dieser Hinsicht eine Vorreiterrolle zu. Vgl. das »Beteiligungsportal Baden-Württemberg«, ⟨https://beteiligungsportal.baden-wuerttemberg.de/de/startseite⟩, letzter Zugriff am 11. 10. 2022.

127 Einsehbar unter ⟨http://citizensassembly.ie/en/about-the-citizens-assembly/report-of-the-citizens-assembly-on-gender-equality.pdf⟩, letzter Zugriff am 1. 8. 2022.

enthält keineswegs bloße Worthülsen oder Allgemeinplätze, sondern sehr konkrete Vorschläge und vor allem Zielvorgaben, auf die hier aus Platzgründen nicht im Einzelnen eingegangen werden kann.[128] Der Fall des irischen Bürgerrats ist auch insofern interessant, da ja auch die Gleichstellungspolitik ein Querschnittsthema darstellt, das nicht auf lokale Kontexte begrenzt werden kann – ebenso wie Nachhaltigkeitspolitik.

Während der deutsche Bürgerrat zum Thema »Demokratie« noch nicht zum Abschluss gekommen ist, liegen die Ergebnisse des französischen Projekts der Convention Citoyenne pour le Climat vor[129] und wurden von Emmanuel Macron im Juni 2020 bereits ausführlich kommentiert.[130] Der Abschlussbericht vom 29. Januar 2021 ist (inklusive sehr ausführlicher Anhänge) rund 450 Seiten stark und enthält sehr umfassende Vorschläge, die sowohl die Kenntlichmachung der Klimawirkungen einzelner Produkte und Dienstleistungen betrifft als auch die Eindämmung, ja das grundsätzliche Verbot bestimmter Arten von Werbung.[131]

Leider wurde die Arbeit der Convention Citoyenne pour le Climat durch die Coronapandemie überschattet. Doch selbst unter den widrigen Bedingungen gelang es dem Bürgerrat, Aufmerksamkeit für das Thema zu generieren. Zweifellos wird man einwenden können, dass Präsident Macron diesen Prozess auch zur

128 Ich greife zur Illustration nur ein Beispiel heraus, das sehr bescheiden wirkt, aber zumindest eine überprüfbare Zielgröße enthält: »Increase the State share of GDP spent on childcare, from the current 0.37 % of GDP to at least 1 % by no later than 2030 in line with the UNICEF target.«

129 Alle Dokumente sind auf der offiziellen Homepage einsehbar: ⟨https://www.conventioncitoyennepourleclimat.fr⟩, letzter Zugriff am 1. 8. 2022.

130 Er gab bekannt, dass er von den 149 Vorschlägen 146 unterstützen wolle, siehe ⟨https://www.elysee.fr/front/pdf/elysee-module-15714-fr.pdf⟩, letzter Zugriff am 1. 8. 2022.

131 Zumindest zwei Vorschläge möchte ich im Wortlaut zitieren, um die Radikalität der Formulierungen zu veranschaulichen; der Begriff »incitation« ist im Französischen bekannt aus der Wendung »incitation à la haine raciale« – »Anstachelung zum Rassenhass«, hier taucht er auf im Kontext einer »Anstachelung zum Überkonsum«: »Vorschlag C2.1: Auf wirksame und durchsetzbare Weise die Werbung für besonders klimaschädliche Produkte auf allen Werbekanälen verbieten.

Vorschlag C2.2: Die Werbung dahingehend regulieren, dass die tägliche und nicht gewählte Ermunterung zum Konsum entfällt.«

Generierung jener Legitimität instrumentalisiert hat, deren Fehlen die Gelbwesten-Proteste dramatisch vor Augen geführt haben. Wer jedoch die (teilweise bis zu vier Stunden dauernden) Debatten zwischen dem Rat und Präsident Macron im Einzelnen verfolgt, wird sich des Eindrucks nicht erwehren können, dass es sich hier um einen echten inhaltlichen Austausch handelt und eine nicht nur symbolische, sondern tatsächlich politische Anerkennung ermöglicht wurde.[132]

Welche Perspektive ergibt sich unter den demokratietheoretischen Voraussetzungen eines Republikanismus der Nachhaltigkeit auf diese Entwicklung? Diese Frage mag zunächst erstaunen, denn wie oben dargestellt, erweist sich zumindest aus Habermas' Perspektive das Paradigma deliberativer Demokratie ja gerade als eine Synthese aus liberaler und republikanischer Tradition. Dennoch lassen sich auch innerhalb des Deliberationsparadigmas verschiedene Ausprägungen unterscheiden. Denn die politische Gestaltung von Bürgerbeteiligungsprozessen kann entweder in einem liberalen Sinne auf die Eigenkräfte der Zivilgesellschaft hoffen und die gelingende Deliberation einem emergenten Prozess überlassen. Oder sie kann die Bedingungen von gelingender Deliberation selbst als *Gemeingut* verstehen, das durch staatliche Intervention geschützt und bereitgestellt werden muss.

Diese beiden Optionen bilden selbstverständlich nur die Pole eines breiten Spektrums. Deliberative Verfahren wird man nie vollständig dem »freien Spiel der Kräfte« überlassen können, ohne der Manipulation durch ökonomisch starke Akteure Tür und Tor zu öffnen. Umgekehrt lässt sich auch eine Form durchorganisierter Bürgerbeteiligung denken, die die »Einbeziehung« der Bürgerinnen und Bürger zu einer – wenn auch sanften – Variante diskursiver Hegemonie werden lässt. Zur Beteiligung aufgerufen zu werden, wäre dann eine Form des Regiertwerdens.

Im Vorgriff auf die Thesen, die ich weiter unten (7.2) entwickeln werde, lohnt es sich jedoch, auf einen Aspekt hinzuweisen, der in der Debatte um Deliberation und Nachhaltigkeit oft ausgeblendet wird. Der *Anspruch* staatlicher Akteure gegenüber Bürgerinnen und

132 Vgl. zum Beispiel die Debatte vom 14.12.2020, siehe ⟨https://www.elysee.fr/emmanuel-macron/2020/12/14/echanges-du-president-emmanuel-macron-avec-les-membres-de-la-convention-citoyenne-pour-le-climat⟩, letzter Zugriff am 9.11.2022.

Bürgern, diese mögen sich beteiligen und damit Verantwortung übernehmen, hat nicht nur die Funktion, kollektiv bindende Entscheidungen besser zu legitimieren oder deren epistemische Qualität zu steigern.[133] Aus einer republikanischen Sicht ist vor allem die Rückwirkung dieses Anspruchs auf das Selbstbild der Bürgerinnen und Bürger bedeutsam. Ein Bürgerrat, der zufällig und zugleich repräsentativ Bürgerinnen und Bürger zur Beteiligung anleitet (»Es geht um deine Sache!«), adressiert die betroffenen Personen direkt und die breite Öffentlichkeit vermittelt als Citoyens.[134] Man könnte daher im Rekrutierungsmechanismus für Bürgerräte eine Analogie zur Wehr- oder Schulpflicht sehen. Für den französischen Republikanismus war und ist vor allem die *école républicaine* das entscheidende bildungspolitische Instrument für die Subjektivierung von *citoyens*. Aber auch die Wehrpflicht lässt sich als ein Mechanismus deuten, der den Bürgerinnen und Bürgern die Rolle als Stakeholder vor Augen führt, ja faktisch aufzwingt.[135] In diesem Sinne richten republikanisch verstandene Bürgerräte durchaus einen Anspruch an die Bürgerinnen und Bürger.

Auch der von Nanz und Leggewie unterbreitete Vorschlag einer »vierten Gewalt«, einer Konsultative also, lässt sich folglich republikanisch lesen: nicht nur als Option, die Bürgerinnen und Bürgern die Formulierung ihrer je persönlichen Präferenzen ermöglicht, sondern vielmehr als ein Medium symbolischer Repräsentation der *res publica*, die zugleich Bürgerinnen und Bürger als Citoyens adres-

133 Zur zentralen Frage, inwiefern Deliberation die epistemische Qualität politischer Entscheidungen verbessert, vgl. z. B. die Diskussion bei: Jürgen Habermas, »Hat die Demokratie noch eine epistemische Dimension? Empirische Forschung und normative Theorie«, in: ders., *Ach, Europa. Kleine Politische Schriften* XI, Frankfurt/M. 2008, S. 138-191.

134 Die Hoffnung lautet, dass die öffentliche Deliberation in den Bürgerräten eine Form der Identitätsrepräsentation herstellen würde, die es möglichst vielen Bürgerinnen und Bürgern erlauben könnte, sich in dieser Repräsentation »wiederzuerkennen«. Der Satz: »Ich fühle mich durch die da oben nicht repräsentiert!« würde so unwahrscheinlicher.

135 In Demokratien mit Wehrpflicht wird über Auslandseinsätze anders diskutiert als in jenen Ländern, deren Spezialeinheiten aus Personal bestehen, deren Tod – wie im Falle der Fremdenlegion – keine politische Rechtfertigung nötig macht. Die historische Verknüpfung von allgemeiner Wehrpflicht und republikanischen Ordnungsvorstellungen (man denke an die *Discorsi* Machiavellis, die *levée en masse* in Frankreich oder an die Schweiz) hat daher durchaus systematische Gründe.

siert.[136] Die größte Wirkung, die man sich von Bürgerräten erhoffen könnte, wäre dann ihre Einbettung in die Lebenswelten: Bürgerräte machen anschaulich, dass die Gestaltung von Lebenswelten gerade keine an »Profis« zu delegierende Aufgabe ist, sondern alle angeht – sei es in Bürgerräten oder in repräsentativen Gremien wie Parlamenten. Ihre Wirkung würde dann nicht ausschließlich und womöglich noch nicht einmal primär in ihren Ergebnissen liegen, sondern in ihrer Funktion als Orte repräsentativer Deliberation.

5.6 Expertokratie, Meritokratie, Demokratie

Alle drei Strategien, die Dimension der Nachhaltigkeit in politischen Verfahren zur Geltung zu bringen, haben auf die eine oder andere Weise ein Problem zum Vorschein gebracht, das die Demokratie zwar seit ihren Anfängen begleitet, im Kontext der Nachhaltigkeitsfrage aber mit besonderer Vehemenz zutage tritt: Ist es möglich, *equality* beim Input zu verteidigen und zugleich die *quality* des Inputs zu sichern? Oder muss man akzeptieren, dass eine qualitätsorientierte, durch Recht, Experten- oder Bürgerräte organisierte Beteiligung beim Aufbau nachhaltiger Lebenswelten automatisch »Beteiligungseliten« hervorbringen wird? Ist nicht auch Greta Thunberg – ein privilegiertes weißes Kind aus der »ersten Welt« – ein Sinnbild für eine diskursive Asymmetrie? Zum Abschluss dieses Kapitels will ich das Problem der Beteiligungseliten aus der Perspektive eines republikanischen Politikverständnisses beleuchten und dadurch diesen oft gegen deliberative Verfahren formulierten Vorwurf entkräften.

Kommen wir noch einmal auf die weitverbreite Ansicht über das Verhältnis von Demokratie und Nachhaltigkeit zurück, gegen die ich mich in diesem Buch stemme. Sie lautet: Um der großen Transformation willen muss das Prinzip der demokratischen Gleichheit zugunsten einer mehr oder weniger autoritären Expertokratie geopfert werden, weil ansonsten Politiker und Wähler nachhaltige Lösungen auch weiter verhindern werden, da sie sich an kurzfristigen Zielen orientieren und den »unbequemen« Argumenten weitsichtiger Experten kein Gehör schenken. Im *Widerstreit* von Experten und Betroffenen müsse es also einen Verlierer geben: »Wenn

136 Vgl. hierzu Kap. 7.2.

prometheische Eliten auf vorsichtige Öffentlichkeiten treffen, muss jemand nachgeben.«[137]

Richtig ist in der Tat, dass die Spannung zwischen den konkurrierenden Ansprüchen von *quality* und *equality* nicht vollständig auflösbar ist, sondern bis zu einem gewissen Grad aporetisch bleibt. Allerdings bedeutet dies aus meiner Sicht nicht, dass es nicht bessere und schlechtere, demokratischere und weniger demokratische Möglichkeiten gibt, mit der Nachhaltigkeitsfrage umzugehen. Mit Blick auf die »Beteiligungseliten« geht es dann nicht so sehr um die Frage, ob es sie gibt, sondern nach welchen Kriterien sie sich rekrutieren. Hier wird dann oft eingewendet, die deliberative Demokratie mache es vor allem Bürgerinnen und Bürgern mit hohem sozioökonomischen Status leicht, ihre Interessen durchzusetzen, wohingegen die in dieser Hinsicht weniger Privilegierten das Nachsehen hätten und bei entsprechenden Rekrutierungen systematisch den Kürzen zögen. Um dem entgegenzuwirken, bietet die Tradition des republikanischen Denkens einen Begriff an, der vor allem in den republikanisch geprägten Stadtstaaten (in Florenz zum Beispiel oder in Genf und in den burgundisch-niederländischen Republiken der frühen Neuzeit) eine zentrale Rolle spielte und bis heute den französischen Republikanismus stark prägt: Meritokratie. Meritokratisch geprägte Beteiligungsverfahren fokussieren bei der Rekrutierung nicht auf Bildung, Vermögen oder symbolisches Kapital,[138] sondern beispielsweise auf herausragendes Engagement, wie es etwa Greta Thunberg zeigt. Dies passt auch zu der in den Transformationswissenschaften betonten Rolle von »Heroes of Change« oder »Helden der Nachhaltigkeit«.[139] Natürlich muss

137 So die Formulierung bei John S. Dryzek u. a., »Promethean Elites Encounter Precautionary Publics. The Case of GM Foods«, in: *Science, Technology & Human Values* 34:3 (2009), S. 263-288, hier: S. 284. Die Autoren vergleichen in diesem Artikel Beteiligungsverfahren zum Thema genmodifizierte Nahrungsmittel.

138 Vgl. Michael A. Neblo u. a., »Who wants to Deliberate and Why?«, in: *American Political Science Review* 104:3 (2010), S. 566-583.

139 Vgl. z. B. das Projekt »HeldeN!« (das große »N« steht für Nachhaltigkeit) des Landes Baden-Württemberg. Auch das von Harald Welzer initiierte Projekt »FuturZwei« arbeitet ganz explizit mit »Narrativen« des Wandels. Zahlreiche andere Beispiele aus dem Vereinigten Königreich, aus Neuseeland und den USA ließen sich anführen. Eine systematische Analyse der Rolle von Eliten im Transformationsprozess leistet: Jens Aderhold, »Gesellschaftliche Eliten im Kontext

auch die meritokratische Rekrutierung beispielsweise von Epertenbeiräten hohen Maßstäben von Transparenz genügen, schon allein um zu verhindern, dass es sich den »Eliten des Wandels« um *selbsterklärte* Eliten handelt.

Bei der Diskussion der drei Strategien der Institutionalisierung von Nachhaltigkeit hat sich gezeigt, dass die Gefahr einer Expertokratie bei der »Nachhaltigkeit durch Recht« am größten ist, zumindest wenn sich diese »liberal«, das heißt als Einhegung von demokratischer Souveränität versteht. Zwar ist der »Klimabeschluss« des Bundesverfassungsgerichts auf breite Zustimmung gestoßen, aber diese »Harmonie« zwischen der Entscheidung eines Elitengremiums und der öffentlichen Meinung ist kontingent. Andere Urteile und andere Reaktionen sind möglich. Dass die Entscheidungen des Bundesverfassungsgerichts nach wie vor von weiten Teilen der Gesellschaft als legitim betrachtet werden und dass die Institution hohes Ansehen genießt, erklärt sich »republikanisch« aus dem elaborierten Verfahren der Rekrutierung: Trotz der Vorbehalte, die hin und wieder anlässlich der Berufung einzelner Richterinnen und Richter erhoben werden, bleibt die meritokratische Ausrichtung des Verfahrens erkennbar und überzeugend. Dass es auch anders sein kann, zeigt das Beispiel des Obersten Gerichtshofs der Vereinigten Staaten. Der Supreme Court hat in den vergangenen Jahren eine beispiellose interessenpolitische Instrumentalisierung durch eine eben nicht meritokratisch motivierte Rekrutierung erlebt.

Expertenbeiräte, die sich nicht durch Output-Beschränkung auszeichnen, sondern durch Input-Legitimation, lassen sich ebenfalls als meritokratisch organisiert bezeichnen. Für die derzeitige Praxis der Rekrutierung der Mitglieder des RNE gilt das beispielsweise aus den bereits erwähnten Gründen (»Zuruf aus dem Bundeskanzleramt«) offenkundig nicht, weshalb sie aus republikanischer Sicht nicht tragbar ist. Auch bei den Bürgerräten rückt aus der Perspektive eines Republikanismus der Nachhaltigkeit die Bedeutung der konkreten Ausgestaltung in den Fokus. Eine Konsultative ist sinnvoll, aber nur dann, wenn sie Bürgerinnen und Bürger nicht bloß im liberalen Sinne berechtigt, sondern zugleich als Citoyens in

nachhaltigkeitsbezogener Erfordernisse von Ermittlung und Vermittlung«, in: Jana Rückert-John (Hg.), *Soziale Innovation und Nachhaltigkeit. Perspektiven sozialen Wandels*, Wiesbaden 2015, S. 195-225.

die Pflicht nimmt. Im schlimmsten Fall verstärken Bürgerräte eine Haltung des fordernden Konsumbürgers, im besten Fall konfrontieren sie auch mit der Komplexität politischer Entscheidungen.

Zusammenfassend kann festgehalten werden, dass es mit Blick auf die Institutionalisierung von Nachhaltigkeitsthemen zwar keine Patentlösungen gibt, sich jedoch klare Spielräume benennen lassen. Dass diese Spielräume überall dort, wo Nachhaltigkeit zu einem ernstgemeinten Politikziel geworden ist, genutzt werden, hat einen systematischen Grund. Denn nachhaltige Politik muss in besonderem Maße auf »geplantes Verhalten« abzielen und die Infrastrukturen unserer Lebenswelten neu konfigurieren. Das kann langfristig und unter demokratischen Vorzeichen nur mit einer zumindest mehrheitlichen Zustimmung von Bürgerinnen und Bürgern funktionieren.

Im nächsten Kapitel geht es um die praktischen Konsequenzen, die ein Republikanismus der Nachhaltigkeit in drei Politikfeldern zeitigt: in der Verbraucherpolitik, in der Mobilitätspolitik und in der Politik der Digitalisierung. Es wird sich zeigen, dass nachhaltige Politik in besonderem Maße darin besteht, kollektive Selbstbindungen zu formulieren und eine autopaternalistische Regierung des Verhaltens zu betreiben.

6
Die autopaternalistische Regierung des Verhaltens: Drei Anwendungsfelder

Meine Analyse der Struktur des Nachhaltigkeitsproblems hat zu der These geführt, dass eine Transformation hin zu einer nachhaltigen Gesellschaft politisch nur auf der Basis eines Demokratieverständnisses aussichtsreich erscheint, das die Notwendigkeit kollektiver Selbstbindungen akzentuiert und dadurch den skizzierten Gefahren von Gefangenendilemma-Strukturen begegnet. Diese These mag zunächst noch abstrakt erscheinen, weshalb ich in diesem Kapitel an drei paradigmatischen Politikfeldern vorführen werde, inwiefern die entwickelte Perspektive zu konkreten Folgen bei der Gestaltung nachhaltiger Lebenswelten führt. Die hierzu gewählten Beispiele – Verbraucherdemokratie, Mobilitätspolitik und die politische Gestaltung digitaler Lebenswelten – ließen sich durch andere Themenfelder, etwa Stadtplanung oder Wasserwirtschaft, ergänzen. Die Auswahl der Beispiele beansprucht daher keine Vollständigkeit; vielmehr soll sie an möglichst unterschiedlichen Politikfeldern veranschaulichen, wie sich konkrete politische Fragen darstellen, wenn man die hier entwickelte Perspektive einnimmt.

6.1 Verbraucherdemokratie: Politik des nachhaltigen Konsums

Zu den wichtigsten Trägern des neuen Nachhaltigkeitsdiskurses gehören jene großen Unternehmen, die in ihrer Außendarstellung via öffentlich zugängliche Nachhaltigkeitsberichte, Verlautbarungen, ja auch direkt in ihrer Produktwerbung über ihre Bemühungen informieren oder zumindest das Ideal der Nachhaltigkeit für sich in Anspruch nehmen. Man mag bedauern oder gar beklagen, dass aus dieser an sich begrüßenswerten Entwicklung längst eine regelrechte Industrie des Greenwashing entstanden ist.[1] Entscheidend ist, dass

1 Sehr kritisch in diesem Sinne: Kathrin Hartmann, *Die grüne Lüge. Weltrettung als profitables Geschäftsmodell*, München 2018.

im hiesigen Zusammenhang mit den Unternehmen Akteure in den Fokus der Aufmerksamkeit rücken, die in der Politischen Theorie ansonsten meist nur von außen wahrgenommen werden.[2] Dass auch Unternehmen als im weiteren Sinne politische Institutionen zur politiktheoretischen Reflexion einladen, ist, wie in Kapitel 5 gesehen, aus republikanischer Sicht einleuchtend: Auch Unternehmen gestalten Lebenswelten, und zwar in allen drei Dimensionen. Sie gestalten Infrastrukturen und programmieren Produkte und Entscheidungsarchitekturen, sie nehmen über den Lobbyismus massiven Einfluss auf die Politik und sie laden Objekte mit dingpsychologischen Imperativen auf. Zudem formen Unternehmen über Werbung die Selbstbilder, Erwartungen und Wünsche von Menschen.[3] Neben der sozialen Verantwortung, die in der Formel von der Corporate Social Responsibility zum Ausdruck kommt, haben Unternehmen folglich auch eine politische Verantwortung, eine Corporate Political Responsibility.[4]

Ich werde mich im Folgenden auf einen Aspekt aus der breiten wirtschaftsethischen Debatte konzentrieren, der nicht so sehr die soziale Verantwortung von Unternehmen allgemein oder ihre politische Verantwortung im engeren Sinne in den Mittelpunkt rückt, sondern bei dem es das Verhältnis von Unternehmen, Bürgern und Staat anhand des Modells der *Verbraucherdemokratie* geht. Auf den ersten Blick mag die Idee einer gesellschaftlichen und politischen Einflussnahme von Bürgerinnen und Bürgern durch Konsum ganz und gar liberal erscheinen: Der *Marktmechanismus*, so lautet die tragende These, wird über eine sich verändernde Nachfrage andere Angebote hervorbringen. An die Seite der politischen Rechte und der politischen Partizipation tritt im Modell der Verbraucherde-

2 Beispielsweise wenn es darum geht, die politische Wirkung bzw. Macht von Unternehmen durch Lobbyismus zu beschreiben. *Politisch* ist dann die Wirkung des Unternehmens nach außen, nicht seine innere Struktur oder Zielsetzung. Vgl. hierzu: Patrick Bernhagen, *The Political Power of Business. Structure and Information in Public Policymaking*, London 2018.

3 Besonders einleuchtend lässt sich diese Wirkung anhand des Einflusses von Werbung auf die Körperideale von Frauen (und vielleicht in weniger dramatischer Form auch von Männern) beobachten – ein mittlerweile intensiv diskutiertes Thema.

4 Felix Heidenreich, »Corporate Political Responsibility – Plädoyer für eine reflektierte politische Verantwortung von Unternehmen«, in: *Forum Wirtschaftsethik* 4 (2014), S. 8-10.

mokratie der bewusst und gewissermaßen politisch konsumierende Wirtschaftsbürger. Der in den vergangenen Jahren zu beobachtende Boom im Bereich der veganen Ernährung scheint diesen Mechanismus der Transformation als durchaus effektiv auszuweisen. Aber wie ist die Idee der Verbaucherdemokratie aus demokratietheoretischer Sicht zu beurteilen? Und welche Konsequenzen ergeben sich für eine mögliche Verbraucherdemokratie, wenn man diese explizit republikanisch konzipiert? Um diese Fragen zu beantworten, werde ich zunächst die Grundgedanken der Verbraucherdemokratie rekonstruieren (a), dann klassische Einwände diskutieren (b) und schließlich an einigen konkreten Beispielen vorführen, welche Ansätze sich mit Blick auf das Ziel, die Transformation von Lebenswelten hin zu einer nachhaltigen Wirtschaftsweise zu fördern, als tauglich erwiesen haben (c).

(a) In den Transformationswissenschaften spielt die Frage nach der Verantwortung von Konsumenten eine zentrale Rolle.[5] Die Forderung nach einem verantwortungsbewussten beziehungsweise nachhaltigen Konsum zieht sich wie ein roter Faden durch die in der breiten Öffentlichkeit geführten Debatten und hat auch auf der Ebene der wissenschaftlichen Begleitung zu einer ausdifferenzierten Diskussion darüber geführt, ob und gegebenenfalls wie ethischer Konsum ermöglicht und organisiert werden kann.[6] Demokratietheoretisch relevant wird dieses Thema indes erst, wenn man ethischen Konsum (oder den Konsumverzicht) nicht mehr als Projekt von Individuen oder ethischen Gemeinschaften (etwa Religionsgemeinschaften mit spezifischen Konsumrestriktionen), sondern als genuin *politisches* Projekt betrachtet. Aus Sicht einer politischen Theorie nachhaltiger Lebenswelten stellen Konsumoptionen, Konsumgewohnheiten sowie ihre Rahmung schlicht einen Teil jener Infrastrukturen dar, die die jeweiligen Lebenswelten ausmachen. Eingedenk dessen, dass »nichtnachhaltiges Verhalten« (John Barry) in weiten Teilen aus nichtnachhaltigem Konsum besteht, bietet es sich an, für die Konzeption einer politischen Gestaltung der großen Transformation auf die Idee der Verbraucherdemokratie zurückzugreifen.

5 Vgl. als Überblick die Beiträge in: Frank Belz, Georg Karg, Dieter Witt (Hg.), *Nachhaltiger Konsum und Verbraucherpolitik im 21. Jahrhundert*, Weimar 2007.

6 Jörn Lamla, *Verbraucherdemokratie. Politische Soziologie der Konsumgesellschaft*, Berlin 2013.

Die Wurzeln dieser Idee reichen zurück bis zur Bewegung der Konsumgenossenschaften, und ihr einleuchtender Grundgedanke lautet, dass jeder Konsumakt insofern politisch ist, als er Präferenzen ausdrückt und dadurch künftige Angebote zumindest mitgestaltet. Durch Boykotte, aber auch durch gezieltes Konsumieren gewünschter Güter (*buycotts*) soll die Produktion von Konsumgütern den Präferenzen der politisch (und nicht nur ökonomisch) entscheidenden Bürgerinnen und Bürger angepasst werden.[7] Das Spektrum an politisch orientiertem Konsum ist breit. Tauschbörsen und Reparaturcafés sollen die Anschaffung von neuen Gerätschaften unnötig machen; der Boykott bestimmter Güter soll ganze Branchen in die Knie zwingen;[8] auch kulturelle Ziele werden auf der Konsumebene verfolgt, indem zum Beispiel als sexistisch eingestufte Literatur boykottiert – also explizit nicht (mehr) konsumiert – wird.[9] Dahinter steht der demokratietheoretische Gedanke, dass Staatsbürger Präferenzen nicht nur durch Wahlen und Beteiligungen, sondern auch, ja vor allem durch Konsumakte ausdrücken. Dass ethische und politische Überlegungen für Konsumentscheidungen durchaus relevant sind, lässt sich auch empirisch zeigen, wobei umstritten ist, ob und gegebenenfalls wie stark sich die Bedeutung dieser Aspekte tatsächlich verstärkt, ob wir also tatsächlich eine »Moralisierung der Märkte« erleben.[10] Einen dramatischen Bedeutungsgewinn verbuchen die Mechanismen der Verbraucherdemokratie für die Nachhaltigkeitspolitik durch die Übertragung entsprechender Kriterien auf die Finanzindustrie (*green investment*

7 Dass solche Formen der Verbraucherdemokratie sogar außenpolitische Relevanz gewinnen können, zeigt die hochgradig umstrittene BDS-Bewegung, die einen Boykott von Gütern empfiehlt, die in den von Israel besetzten Gebieten (und nicht nur dort) produziert wurden.

8 In diesem Sinne gehört auch ethischer Vegetarismus zum Spektrum verbraucherdemokratischen Verhaltens.

9 Vgl. z. B. Rebecca Solnit, »80 Books No Woman Should Read«, in: *Lithub* (2015), ⟨http://lithub.com/80-books-no-woman-should-read/⟩, letzter Zugriff am 19. 11. 2022. Solnit schlägt vor, Autoren wie Philip Roth oder Jonathan Franzen aus dem Kanon der Literatur zu entfernen.

10 Nico Stehr, *Die Moralisierung der Märkte. Eine Gesellschaftstheorie*, Frankfurt/M. 2007. Stehrs Analyse ist zweifellos besonders optimistisch. Bemerkenswert ist, dass der Anteil fair produzierter Produkte je nach Marktsegment stark divergiert. In der Bekleidungsindustrie z. B. ist er trotz zahlloser Skandale und einem sehr ausgereiften Zertifizierungssystem immer noch verschwindend gering.

bzw. *divestment*). Das Angebot an klimaneutralen Investitionsmöglichkeiten wächst beständig, und an einzelnen Beispielen wie dem Staatlichen Pensionsfonds des Königreichs Norwegen lässt sich demonstrieren, wie stark die Hebelwirkung entsprechender Investitionskriterien tatsächlich ist.[11]

Eine explizit liberale Sicht kann hierin eine Bestätigung für die Koordinierungsfähigkeit des Marktes sehen. Die Mechanismen der Verbraucherdemokratie belegen aus dieser Perspektive nicht nur die Macht des Einzelnen, sondern auch die *individuelle* Verantwortung von Akteuren: Souveräne Subjekte entscheiden durch Konsum, und zwar ungebunden und rational. Demokratietheoretisch bedeutsam ist dabei vor allem die liberale Grundintuition, wonach zivilgesellschaftliche Initiativen und Angebote *emergent* im vorpolitischen Raum entstehen. Überall dort, wo Mechanismen der Verbraucherdemokratie nicht nur rein individuell, sondern eben organisiert genutzt werden, können nach liberaler Lesart diese Mechanismen auf die Eigeninitiative von Bürgerinnen und Bürger zurückgehen – und sollten es auch. Aus diesem Grund betrachten viele liberal argumentierende Theoretiker der Verbraucherdemokratie den nichtstaatlichen Charakter entsprechender Mechanismen gerade als Vorteil. Unproblematisch ist aus dieser Perspektive daher beispielsweise der Umstand, dass die Nachhaltigkeitszertifizierung und die Vergabe entsprechender Siegel und Logos in vielen Fällen *privatwirtschaftlich* organisiert sind. Die Mechanismen der Akkreditierung und Zertifizierung von Nachhaltigkeit sind nicht nur mit Blick auf *fair trade* oder für die Kontrolle nachhaltig hergestellter Kleidung relevant.[12] Der wichtigste Schritt wird langfristig zweifelsohne die Zertifizierung nachhaltiger Finanzinvestitionen sein, weil hier riesige Summen kanalisiert werden. Während die großen Rating- und Zertifizierungsagenturen momentan noch keine ausgereiften Prozesse anbieten können, sind es auch hier wieder zivilgesellschaftliche Akteure wie beispielsweise das Forum nachhaltige Geldanlagen, die entsprechende Siegel (in diesem Fall das FNG-Sie-

11 Es handelt sich um den größten Staatsfonds der Welt, der durchaus nicht unumstritten ist.

12 Das in der EU wichtigste Siegel für fair gehandelte Produkte wird durch den Verein TransFair – Verein zur Förderung des Fairen Handels in der Einen Welt vergeben. Im Bereich der nachhaltigen Kleidung gilt zur Zeit der »Blaue Engel« als das strengste Siegel; es wird vom Verband der Naturtextilwirtschaft (IVN) vergeben.

gel) vergeben. Nach liberaler Lesart ist damit zu rechnen, dass der Marktmechanismus vertrauenswürdige und preisgünstige Anbieter hervorbringen wird – analog zu den großen privaten Rating-Agenturen Moody's, S&P Global oder Fitch.

(b) Ist das Entstehen verbraucherdemokratischer Mechanismen also ein emergenter Prozess der Ausbildung nachhaltiger Lebenswelten, der keinerlei politischer Begleitung bedarf? Nein, lautet die Antwort auf diese Frage aus Sicht einer republikanischen Theorie nachhaltiger Lebenswelten. Denn ihr zufolge geht es ja gerade darum, durch kollektive Willensbildung zu legitimierten Strukturen zu gelangen, in denen verbraucherdemokratische Mechanismen nach tatsächlich demokratischen (und nicht nur marktwirtschaftlichen) Kriterien zur Anwendung kommen. Was das konkret bedeutet, werde ich als Nächstes erläutern, und zwar hinsichtlich des demokratischen Anspruchs auf gleiche Beteiligung (i) sowie der – privatwirtschaftlichen oder politischen – Regulierung entsprechender Märkte (ii).

(i) Aus demokratietheoretischer Sicht sind Kaufakte schon allein deshalb nicht mit Wahlakten gleichzusetzen, weil die Ressourcen für Kaufakte sehr ungleich verteilt sind.[13] Während diese Ungleichheit bezogen auf einzelne Produktkäufe noch wenig relevant erscheint, wird ihre Tragweite offensichtlich, sobald man nachhaltige Finanzinvestitionen betrachtet: Wer keine Investmentfonds kaufen kann, kann auch keine nachhaltig investierenden Fonds kaufen. Anders als die staatsbürgerliche Souveränität ist die Konsumentensouveränität nicht demokratisch, weil sie keinen Egalisierungsmechanismus hat.

Während auf nationalstaatlicher Ebene die mit dieser Frage einhergehende Dramatik womöglich nicht unbedingt vor Augen steht, gewinnt das Problem an Kontur, sobald man internationale Beispiele anführt. Die Bill & Melinda Gates Foundation verfügt über ein Stiftungskapital von über 46 Milliarden US-Dollar.[14] Das Enga-

13 Diese Ungleichverteilung von Ressourcen liegt für deliberative Verfahren natürlich auch bezüglich von Bildung und rhetorischer Kompetenz vor.

14 Stand: 2018. Die Stiftung wurde 2007 heftig dafür kritisiert, die Renditen mit besonders unnachhaltigen Investitionen zu gewinnen. Vgl. Charles Piller, Edmund Sanders, Robyn Dixon, »Dark Cloud over Good Works of Gates Foundation«, in: *Los Angeles Times* vom 7.1.2007, online unter ⟨https://www.latimes.com/archives/la-xpm-2007-jan-07-na-gatesx07-story.html⟩, letzter Zugriff am

gement der Stiftung übertrumpft in manchen Bereichen längst die Möglichkeiten der WHO.[15] Andere Beispiele ließen sich anführen, um zu zeigen, dass auch auf der Ebene der Repräsentation und der Außendarstellung große Unternehmen in eine versteckte Konkurrenz mit Staaten geraten.[16] Vor dem Hintergrund dieser enormen Ressourcenungleichverteilung könnte man in der Macht von Verbrauchern und Investorinnen nachgerade ein *demokratiegefährdendes* Element sehen.[17]

Es sind reiche Einzelakteure, die weitreichende Entscheidungen mit direkten Folgen für Tausende von Menschen treffen. Wir haben es hier also mit einer Form von Beherrschung (*domination*) zu tun, die teils mit direkten Eingriffen und/oder Maßnahmen (*interferences*) arbeitet, teils aber auch ohne diese auskommt.[18] Die Verbraucherdemokratie ermöglicht dann zwar die Willkürfreiheit von wenigen, jedoch auf Kosten der vielen. Der Begriff der Konsumentensouveränität verbirgt den trivialen Umstand, dass sehr viele Menschen in ihren Konsumentscheidungen überhaupt nicht souverän (das heißt ungebunden) sind, weil sie ihre Bedürfnisse mit knappen Mitteln befriedigen müssen und daher wenig Wahlfreiheit haben.

Der Appell zum nachhaltigen Konsum scheint vor diesem Hintergrund nur dann demokratiekompatibel zu sein, wenn er nicht als vollgültige Alternative zu kollektiv bindenden, also politischen Entscheidungen präsentiert beziehungsweise angesehen wird. Demokratietheoretisch hochgradig fragwürdig ist es schließlich, wenn große institutionelle Anleger die Nachhaltigkeit ihrer Investitionen nach Gutdünken evaluieren können.

11.11.2022. Seit einigen Jahren verfolgt die Stiftung allerdings eine Strategie des systematischen Divestments und zieht das Kapital aus der Ölindustrie ab.

15 Jakob Simmank, »Der heimliche WHO-Chef heißt Bill Gates. Die wichtigste Organisation der Weltgesundheit, die WHO, hat ein Problem: Sie ist pleite und deshalb auf Spenden angewiesen. Verliert sie darüber ihre Unabhängigkeit?«, in: *Die Zeit* vom 4.4.2017, ⟨https://www.zeit.de/wissen/gesundheit/2017-03/who-unabhaengigkeit-bill-gates-film⟩, letzter Zugriff am 7.2.2023.

16 Dies betrifft z. B. Selbstdarstellungen, in denen Konzerne ankündigen, sich an geltendes Recht halten zu wollen – ganz so, als dürften sie auch anders.

17 Sighard Neckel spricht diesbezüglich von Refeudalisierung: Sighard Neckel, »Refeudalisierung der Ökonomie. Zum Strukturwandel kapitalistischer Wirtschaft«, *MPIfG Working Paper* 10/6 (2010).

18 Es entbehrt vor diesem Hintergrund nicht einer gewissen Ironie, dass die Gates-Stiftung mit dem Slogan wirbt »Alle Leben sind gleich viel wert«.

(ii) Ein zweites systematisches Problem betrifft die Frage, welche Institutionen die verbraucherdemokratischen Mechanismen eigentlich ermöglichen und kontrollieren. Die europäische Regelung trennt hier recht eindeutig zwischen dem Legalen und dem Wünschenswerten. Fragen der Verbraucher*sicherheit* sind selbstverständlich durch Industrienormen geregelt. Diese werden meist direktstaatlich oder durch staatsnahe Institutionen (zum Beispiel das Kraftfahrt-Bundesamt, KBA) umgesetzt und kontrolliert.[19] Ganz anders sieht die Situation etwa im Bereich von Nachhaltigkeitssiegeln aus. Hier konkurrieren ganz verschiedene »Anbieter«, Vereine und Branchenverbände mit ganz verschiedenen Angeboten. So sind etwa in der Europäischen Union neben dem offiziellen EU-Bio-Siegel sieben weitere von jeweiligen Herstellern eigenverantwortlich konzipierte Siegel in Umlauf. Viele andere Beispiele ließen sich anführen, auch im Bereich des nachhaltigen Investments, wo es ebenfalls in der Regel nichtstaatliche Akteure sind, die die entsprechenden Rating-Dienstleistungen anbieten.[20] Ob und inwiefern diese Ratings interessengeleitet sind, ist für Außenstehende *de facto* nicht überprüfbar.

Für die Idee der Verbraucherdemokratie ist dieser Umstand insofern problematisch, als Konsumakte in ihr ja unter transparenten Bedingungen stattfinden sollten. In einem ordoliberalen Theorierahmen würde man darauf hinweisen, dass funktionierender Wettbewerb so etwas wie »Wettbewerbshüter« braucht. Problematisch ist allerdings, die Schiedsrichter und Zertifizierer aus den Reihen der Anbieter zu rekrutieren. Der Schritt zu einem einheitlichen Bio-Siegel für Lebensmittel im Jahr 2010 ist daher nichts anderes als ein systematisch notwendiger Paradigmenwechsel, der politisch forciert werden musste.[21] Verbraucherdemokratische Mechanismen bedürfen eines Ordnungsrahmens, der selbst nicht mehr einer Marktkonkurrenz ausgesetzt ist. Noch einmal: Das Ziel eines Republikanismus der Nachhaltigkeit ist der Aufbau von nachhaltigen Lebenswelten, in denen Zertifizierungen auf kollektiv bindende

19 Wenn auch bekanntlich nicht in jedem Fall konsequent.

20 Dies ist insofern besonders problematisch, als das Nachhaltigkeitsrating extrem aufwendig und hochkomplex ist und die Nachhaltigkeit von Investitionen sich nur sehr schwer quantifizieren lässt.

21 Die transparente Einstufung von Produkten wird damit quasi zum Gemeingut erklärt.

(also politische) Weise geleistet werden – und nicht eine spontan entstehende, auf extremer Ungleichheit beruhende und intransparent regulierte Verbraucherdemokratie. Die *Bottom-up*-Initiativen der Zivilgesellschaft bedürfen einer republikanischen *Top-down*-Struktur als Partner, um tatsächlich breite Wirkung zu entfalten.[22]

Dass eine solche politische Verantwortung für die Zertifizierung sich keineswegs automatisch gegen Unternehmen richtet oder diese zwangsläufig mit unzumutbaren Anforderungen konfrontiert, lässt sich an verschiedenen Beispielen zeigen. Gerade die Auslagerung eigentlich staatlicher Aufsichtspflichten an zivilgesellschaftliche Organisationen oder Privatpersonen kann Unternehmen einer unberechenbaren und intransparenten Pseudokontrolle und Willkür ausliefern, beispielsweise wenn die Bürgerinnen und Bürger von staatlicher Seite aufgefordert werden, Hersteller auf Internetplattformen anzuprangern.[23] Mit anderen Worten: Die Privatisierung von Aufsicht ist langfristig auch für Unternehmen problematisch, selbst wenn sich kurzfristig Vorteile ergeben mögen.

Durch die republikanische Perspektivierung gewinnt man folglich einen anderen Blick auf die Verbraucherdemorkatie: Ethisches Konsumverhalten ist auf Bedingungen der Möglichkeit angewiesen, die allein durch dieses Verhalten weder hergestellt noch legitimiert werden können. Die Zertifizierung von Produkten und ihrer Herstellung ist Aufgabe der Republik, ist eine *res publica*. Was sich in der Landwirtschaft allmählich durchsetzt – eine staatliche Zertifizierung auch des Tierwohls –, wäre dringend in anderen Bereichen geboten, vor allem im Investmentbanking.

(c) Was ergibt sich nun aus einer explizit republikanischen Per-

22 Die Pläne für »Kopenhagen 2025« (siehe oben, Kap. 3.5) zeigen dieses Wechselverhältnis sehr deutlich, besonders im Bereich Wassermanagement. Bürgerinitiativen können sich durch *urban gardening* für Grünflächen engagieren und so zur Hochwasserprävention beitragen; aber das Wassermanagement einer Metropole bedarf eben auch hierarchischer Verantwortlichkeiten.

23 Dies habe ich an anderer Stelle am Beispiel des Portals www.lebensmittelklarheit.de zu zeigen versucht, auf dem die Bundesregierung Bürgerinnen und Bürgern die Möglichkeit bietet, sich über unzureichende Lebensmittelkennzeichnungen *öffentlich* zu beschweren. Was als *empowerment* der Zivilgesellschaft dargestellt wird, ist in Wirklichkeit eine Privatisierung von Aufsichtspflichten. Siehe Felix Heidenreich, *Wirtschaftsethik zur Einführung*, Hamburg 2012, S. 105 ff.; siehe auch ⟨https://www.lebensmittelklarheit.de/produkt-melden⟩, letzter Zugriff am 2. 8. 2022.

spektive beim Blick auf die wachsenden Versuche, durch Konsumentscheidungen auch politische Macht auszuüben, wenn man der Kritik an einer liberalen Konzeption der Verbraucherdemokratie folgt? Es fällt auf, dass wichtige Mechanismen der Verbraucherdemokratie mit der Herstellung von Transparenz und der Etablierung von *Frames* zu tun haben (wenn man Siegel und Logos als Frames betrachtet). Versteht man diese Mechanismen also nicht bloß als rein ordnungspolitische Maßnahmen, sondern als Elemente von Lebenswelten, die in ihrer symbolischen und ästhetischen Struktur auf mentale Infrastrukturen zurückwirken, so wird das Design entsprechender Entscheidungsarchitekturen als genuin *politisch* erkennbar. Die *Nudging*-Mechanismen werden hier geradezu idealtypisch angewandt. Die Frage, wie groß entsprechende Siegel sein müssen, wo sie anzubringen sind und wie sie gestaltet sind, erweist sich dann als nicht mehr nachrangig. Trivial anmutende Fragen der Verpackungsindustrie haben erheblichen Einfluss auf unsere Lebenswelten.

Während diese Fragen im Falle von Nahrungsmittelkennzeichnung bereits hochgradig politisiert sind (man denke an die Debatten über die Kennzeichnung von Tabakprodukten oder die Diskussion um die Warnampeln auf zucker- oder fetthaltigen Nahrungsmitteln), sind entsprechende Designfragen in anderen Bereichen noch größtenteils entpolitisiert. Dabei gibt es bereits Maßnahmen und Vorschläge, die darauf abzielen, zum Beispiel den durchschnittlichen CO_2-Ausstoß von Fahrzeugen in der Werbung verpflichtend zu benennen[24] oder die Verbrauchsanzeige in den Fahrzeugen selbst – gut sichtbar! – verpflichtend zu machen. Betrachtet man diese Maßnahmen nicht als bloße Bereitstellung von Informationen für Kunden, sondern als Elemente einer Lebenswelt, so werden die Details der entsprechenden Framings relevant. Analog würde sich

24 Einschlägig wäre hier die PKW-Energieverbrauchskennzeichnungsverordnung vom 28.5.2004 (BGBl. I, S.1037), die zuletzt am 31.8.2015 durch Art. 330 (BGBl. I, S.1474) ergänzt wurde, der auf eine EU-Richtlinie zurückgeht. Sie verpflichtet Hersteller und Händler von PKWs zur Angabe des Durchschnittsverbrauchs und des durchschnittlichen CO_2-Ausstoßes. Warum nicht eine Verbrauchsanzeige im Wageninneren verpflichtend machen, die dazu auch noch Monatssummen anzeigt? Den Fantasien bezüglich eines künftigen Nudging sind hier quasi keine Grenzen gesetzt und das Beispiel der Schockbilder auf Zigarettenschachteln belegt, dass die Grenzen des Durchsetzbaren schnell verschoben werden können.

beispielsweise anbieten, das Offsetting – also die Klimakompensation – im Flugverkehr verpflichtend als Default-Einstellung einzurichten. Flugreisende müssten dann nicht etwa das Offsetting explizit wählen, sondern sich umgekehrt aktiv gegen eine Klimakompensation entscheiden – ein Unterschied in der Entscheidungsarchitektur, der enorme Auswirkungen hat, wie Cass Sunstein an amerikanischen Beispielen zeigen konnte.[25] Die Frage lautet dann, in welcher Schriftgröße, in welcher Farbe, mit welcher Penetranz und Aufdringlichkeit Verbraucher auf die von ihnen verursachten Klimaschäden hingewiesen werden sollen.[26] Verbraucherdemokratie findet aus dieser Sicht nie im luftleeren Raum statt, sondern auf einem mehr oder minder klar umrissenen Spielfeld, das durch explizite und implizite Regeln und Strukturen geprägt ist.

Eine weitere republikanische Umdeutung des Begriffs der Verbraucherdemokratie bietet sich an, so dass dieser dann nicht mehr, wie unter liberalen Vorzeichen, auf die Souveränität von Verbrauchern *im Kaufakt* verweist, sondern auf die politische Souveränität von Verbrauchern *im Wahlakt* oder in anderen Formen der Partizipation. Die Verbraucherinnen würden dann nicht nur vor die Wahl gestellt, dieses oder aber jenes zu konsumieren, sondern sie würden in die Lage versetzt, auch über das Spektrum und das Framing des Angebots mitbestimmen zu dürfen. Ergebnis wäre dann nicht eine Übertragung ökonomischer Kategorien in die Politik (wie sie dem Neoliberalismus häufig zugeschrieben wird, insofern dieser Politiker und Parteien als Anbieter auf einem Markt konzipiert), sondern die politisch legitimierte Beeinflussung von Konsumverhalten, die

25 Siehe Cass R. Sunstein, »Preferences and Politics«, in: *Philosophy and Public Affairs* 20:1 (1991), S. 3-34. Das Beispiel zeigt aber auch die Komplexität des Aufbaus von Lebenswelten. Denn eine unreflektierte Form des Offsettings könnte auch die negative Folge einer Normalisierung des Fliegens haben, weil der (falsche) Eindruck entsteht, der entstandene Klimaschaden sei nicht nur kompensiert, sondern gewissermaßen auch »aus der Welt geschafft«.

26 Hier ein angemessenes Maß zu finden, stellt dann eine genuin politische Frage dar, die nicht mehr theorieintern entschieden werden kann, sondern die die demokratische Öffentlichkeit entscheiden muss. Dass es sich bei hierbei keineswegs um realitätsferne Szenarien handelt, zeigen die Veränderungen bei der Nahrungsmittelkennzeichnung. Hier hat beispielsweise die Kennzeichnungspflicht für Nahrungsergänzungsmittel in den vergangenen Jahren dazu geführt, dass Restaurants ihre Gerichte nur noch via Speisekarten mit ausführlichem Fußnotenapparat anbieten dürfen.

immer schon stattfindet, nun aber transparent wird. Dass in Bayern das Rauchverbot in Gaststätten – in den Augen liberaler Kritiker ein Eingriff in die Grundrechte – durch eine Volksabstimmung durchgesetzt wurde, ist vor diesem Hintergrund bezeichnend.

Die Folgen, die sich aus einer genuin republikanischen Konzeption der Verbraucherdemokratie ergeben, möchte ich noch kurz am Beispiel der Werbung verdeutlichen. In den vergangenen Jahren hat sich das Image der Werbung durch verschiedene empirische Studien erheblich verschlechtert. Aus den zahlreichen Untersuchungen zu den negativen Auswirkungen von Werbung sei hier stellvertretend nur kurz auf ein Experiment verwiesen, das auf breites Interesse gestoßen ist. Bereits 1978 haben Marvin Goldberg und Gerald Gorn einen Aufsatz mit dem Titel »Some Unintended Consequences of TV Advertising to Children« publiziert.[27] Sie hatten systematisch verglichen, wie sich Kinder im Alter von vier bis fünf Jahren gegenüber gleichaltrigen Kindern verhalten, wenn sie Fernsehwerbung konsumieren und wenn sie es nicht tun. Sie stellten fest, dass bereits ein minimaler Konsum von Fernsehwerbung die Wertorientierungen von Kindern erkennbar verschob und materieller Gewinn gegenüber sozialem Verhalten präferiert wurde.[28]

Doch psychologische Studien wie diese sind nicht der einzige Grund für den Imageverlust der Werbung. In zahllosen Städten und Gemeinden wehren sich Menschen gegen die Okkupation des öffentlichen Raums durch Außenwerbung. Grenoble hat als eine der ersten Städte in Europa ein vollständiges Außenwerbeverbot erlassen und wird von *Adbustern* weltweit als Modell gefeiert. Eine analoge Initiative in Berlin hat ebenfalls Aussicht auf Erfolg.[29] Wenn Werbung wirkt, spricht unter den Vorzeichen einer zu gestaltenden Suffizienzrevolution viel für ein Außenwerbeverbot. Eine liberale und eine republikanische Form der Verbraucherde-

27 Marvin Goldberg, Gerald Gorn, »Some Unintended Consequences of TV Advertising to Childen«, in: *Journal of Consumer Research* 5:1 (1978), S. 22-29.

28 Dies scheint insofern plausibel, als bei Kindern die Plastizität des Gehirns noch besonders ausgeprägt ist und sich daher ihre mentalen Infrastrukturen leichter verändern lassen. Vgl. hierzu die zahlreichen weiteren empirischen Studien in Tim Kasser, Allen Kanner (Hg.), *Psychology and Consumer Culture. The Struggle for a Good Life in a Materialistic World*, Washington, D.C. 2003.

29 Vgl. den aktuellen Stand auf ⟨https://berlin-werbefrei.de⟩, letzter Zugriff am 2.8.2022.

mokratie lassen sich hier idealtypisch gegenüberstellen. Während eine liberale Konzeption des souveränen Konsumenten dazu raten kann, genau jene (zum Beispiel nichtnachhaltigen) Produkte nicht zu kaufen, die beworben werden, um die werbenden Firmen abzustrafen, müsste aus republikanischer Sicht eine kollektiv bindende Entscheidung hergestellt werden. Souveräne Verbraucher sind hier diejenigen, die ihre politischen Rechte geltend machen, um eine Volksabstimmung anzuregen oder über Parteien oder Wahlen Einfluss auf den parlamentarischen Prozess zu nehmen, wo dann gegebenenfall ein solches Verbot – das heißt eine qualitativ signifikante Veränderung – beschlossen wird. Natürlich: Ein generelles Verbot von Außenwerbung auf nationaler oder gar europäischer Ebene ist derzeit nicht in Sicht und wirkt utopisch. Das Beispiel Grenoble zeigt jedoch, wie schnell sich *baselines* verschieben können, wie rasch sich Normalisierungen einstellen und wie fern dann vergangene Vergleichsgrößen wirken. Wer in Grenoble lebt, empfindet bei Besuchen in anderen Städten deren Außenwerbung nicht nur als penetrant, sondern als anormal.

Schließlich sei noch darauf hingewiesen, dass die Öffentlichkeit selbst, der öffentliche Raum, aus republikanischer Sicht gewissermaßen die Materialisierung der *res publica* ist. Eine von privatwirtschaftlicher Werbung[30] überladene Stadtöffentlichkeit ist demzufolge selbst eine Infrastruktur, die die Aufmerksamkeitsströme und Selbstbilder von Bürgerinnen und Bürgern beeinflusst. Wer als Konsument angesprochen wird, wird womöglich auch als solcher antworten. Wer indes als Bürgerin angesprochen wird, wird auch als solche antworten, das heißt politisch.[31]

6.2 Die Macht des Möglichen: Nachhaltige Mobilität gestalten

»Mobilität« ist fast durchweg positiv konnotiert. Mobilität verspricht Freiheit, Abwechslung, Unabhängigkeit. Viele Hinweise

30 Die Stadt Grenoble wirbt wohlgemerkt mit Plakaten für die Oper – aber diese ist eben selbst Teil des Forums, ist kein privatwirtschaftlicher, sondern ein öffentlich-rechtlicher Akteur.

31 Auf diesen Gedanken komme ich in Kap. 7.2 im Zusammenhang eines *compulsory sustainability service* zurück.

sprechen zudem dafür, dass es sich beim menschlichen Bedürfnis nach Mobilität um eine anthropologische Konstante handelt, weil der Mensch nur leben kann, solange er sich zumindest in minimalem Maße zu bewegen vermag. Zugleich stellt Mobilität immer auch ein Moment der Selbstreflexion, der Neuverortung, dar. Mobilität bedeutet die Möglichkeit der Selbstveränderung, der Selbstmetamorphose. Vor allem der moderne Individualismus hat in zahlreichen Varianten die Selbstbehauptung des Subjekts mit dem Topos des Aufbruchs verknüpft. Individualität, Unabhängigkeit, Mut und Entschlossenheit manifestieren sich im kollektiven Imaginären in der Bereitschaft zur Mobilität, zum Aufbruch.[32] Der Exodus der Israeliten aus Ägypten oder die Figur des Odysseus sind Archetypen einer Mobilität der Selbstermächtigung.

Dieser menschliche Drang nach Unrast, nach Mobilität als Freiheit gerinnt in materiellen Infrastrukturen, sobald kollektives Handeln kollektive Mobilitätsoptionen institutionalisiert. Die mentale Infrastruktur eines positiv konnotierten Mobilitätsbegriffs drückt sich dann in technisch-materiellen Infrastrukturen aus: im Bau von Autobahnen, Hochgeschwindigkeitstrassen und Flughäfen. Diese Ausweitung von Mobilitätsoptionen scheint zwar auf das Bedürfnis nach Mobilität zu antworten, reproduziert jedoch zugleich soziokulturell – in Werbung, Literatur und Film – den Topos der Mobilität als individualisierende, befreiende und subjektstärkende Erfahrung, die dann wiederum auf die Erwartungen und Selbstbilder von Menschen zurückwirkt. Mobilitätspolitik[33] eignet sich daher in besonderem Maße für eine Untersuchung des Wechselverhältnisses von technisch-materiellen, soziokulturellen und mentalen Infrastrukturen.

Um am Beispiel der Mobilitätspolitik zu zeigen, dass entgegen einer liberalen Selbstbeschreibung staatliches Handeln gegenüber den vermeintlich privaten Interessen niemals neutral sein kann, werde ich in zwei Schritten vorgehen. Zunächst werden ich das liberale Paradigma der Mobilitätspolitik als Verkehrspolitik rekonstruieren (a), um in einem zweiten Schritt zu zeigen, dass es gerade

32 Vor diesem Hintergrund ist es verständlich, dass die im Juni 2018 erstmals erteilte Erlaubnis für Frauen in Saudi-Arabien, selbst Auto fahren zu dürfen, als Schritt der Emanzipation gefeiert wurde. Hier ist das Auto noch Symbol individueller Selbstbestimmung.

33 Den Begriff verwende ich in expliziter Abgrenzung zur bloßen »Verkehrspolitik«.

in der Mobilitätspolitik zu einer modalen Interferenz kommt, bei der die Optionen auf die Präferenzen der Bürgerinnen und Bürger zurückwirken (b). Eine stärker am Ideal der Nachhaltigkeit orientierte Mobilitätspolitik erweist sich daher nur als aussichtsreich, wenn sie als Gestaltung von Lebenswelten *in allen drei Dimensionen* verstanden wird, also auch kulturelle Leitbilder expansiver Mobilität kritisch thematisiert.

(a) Um dieses Wechselverhältnis auszuleuchten, ist es sinnvoll, zunächst einen analytischen Blick auf die vorherrschende Mobilitätspolitik zu werfen, die nicht zufällig einfach als »Verkehrspolitik« bezeichnet wird. In wenigen Fällen dürfte die Dominanz des quantitativen Begriffs von Freiheit so offensichtlich sein wie in der öffentlichen Diskussion über Mobilität. Zur Veranschaulichung reicht ein Verweis auf eine beliebig herausgegriffene Rede eines Verkehrsministers:

> Wir wollen Mobilität sichern, ausbauen und bestmöglich organisieren. Unter anderem dank der beiden Konjunkturpakete investieren wir auf Rekordniveau in unsere Infrastruktur. Das ist wichtig, um schnell aus der Krise zu kommen. Wir setzen mit diesem Haushalt 2010 deutliche Impulse für Wachstum und Beschäftigung. Das bedeutet: Weniger Staus, mehr Mobilität von Menschen und Gütern und mehr Freiheit in Deutschland.[34]

Geradezu idealtypisch werden hier Mobilität und Freiheit in eins gesetzt. Analog zum Gesundheitsminister, der davon ausgehen kann, dass mehr Gesundheit besser ist als weniger, analog zum Familienminister, der Familie für grundsätzlich förderungswürdig halten muss, analog selbst zum Bildungsminister, der mehr Bildung besser finden muss als weniger, ist mehr »Mobilität« ein unhinterfragtes Ziel moderner Politik – und sogar »mehr Freiheit«. Doch trägt diese Analogie wirklich? Ist mehr Mobilität im selben Maße wünschenswert wie mehr Gesundheit? Ist Mobilitätssteigerung ein legitimes (implizites) Staatsziel, das keiner Rechtfertigung bedarf?

Die Kosten von Mobilität lassen sich ziemlich gut und in verschiedenen »Währungen« beziffern: natürlich in Euro (für den Ausbau der Infrastruktur), aber auch in Menschenleben (beziehungsweise Unfalltoten), in Tonnen (von ausgestoßenem CO_2 und weiteren Schadstoffen), in Quadratmetern (der bebauten Flächen)

34 Peter Ramsauer am 22.1.2010, Pressemitteilung des Ministeriums für Verkehr, Bau und Stadtentwicklung (Nr. 17/210, S. 1).

etc. Aber all diese Kosten würden noch nicht dafür sprechen, dass es sich bei »Mobilität« um ein *kategorial* anderes Ziel als »Gesundheit« handelt: Auch Gesundheit verursacht Kosten und ist, wenn auch nicht *um jeden Preis*, so doch *an sich* erstrebenswert. Gesundheit ist für alle Gesunden gut, und das Framing der Verkehrspolitik scheint zu implizieren, Mobilität sei für alle Mobilen erstrebenswert.

An diesem Punkt wird die in Kapitel 5 entwickelte Unterscheidung von Freiheitsbegriffen konkret relevant. Denn die als »Verkehrspolitik« apostrophierte Mobilitätspolitik lässt sich als paradigmatisches Beispiel für gewisse Paradoxien eines liberalen Staatsverständnisses betrachten. Mit Liberalismus ist hier keineswegs eine parteipolitische Strömung gemeint, sondern vielmehr der »strukturelle Liberalismus«, der dem modernen Gedanken des neutralen Rechtsstaates zugrunde liegt (vgl. oben, 4.1).[35] Die durch Mobilität eröffneten Möglichkeiten haben, so werde ich zeigen, eine eigentümliche Sogwirkung, so dass nicht nur von einer »Kunst des Möglichen«,[36] sondern durchaus auch von einer *Macht des Möglichen* gesprochen werden kann. Philip Pettits Konzept einer Herrschaft ohne Zwang (*domination without interference*) findet hier eine Veranschaulichung.

Wie oben dargelegt, beruht das im weitesten Sinne liberale Staatsverständnis, das unsere westlichen Demokratien trägt, auf der Überzeugung, dass der Staat dem Bürger zwar Optionen bieten sollte, ihm aber – im Rahmen der freiheitlich-demokratischen Grundordnung – die freie Wahl darüber zu lassen hat, welche von diesen er wählt. Der Staat stellt die Spielregeln bereit, hütet sich jedoch vor jedwedem Paternalismus, der den Bürgern einzelne Spielzüge aufzwingt. Diese Überzeugung kommt in kaum einem Politikfeld so klar zum Ausdruck wie in dem der Verkehrs- und Mobilitätspolitik. Gerade hier ist augenscheinlich, dass der Staat durch Straßenbau und Bereitstellung öffentlicher Verkehrswege oder gar eines öffentlichen Personennahverkehrs den Bürgerinnen zwar Optionen bietet, sie aber keinesfalls dazu zwingen kann, diese auch tatsächlich zu nutzen. Die Bürgerinnen und Bürger können ja auch einfach zu Hause bleiben. Nur vor diesem Hintergrund wird

35 Es geht hier also keineswegs um die Kritik an der Verkehrspolitik einer bestimmten Partei.

36 Vgl. Christoph Hubig, *Die Kunst des Möglichen. Grundlinien einer dialektischen Philosophie der Technik*, 2 Bde., Bielefeld 2006.

die Behauptung verständlich, dass mehr Mobilität immer der Ausdruck von mehr Freiheit ist. Mobilität ist nach dieser Lesart stets *frei gewählte* Mobilität.

Diese Grundarchitektur eines liberalen Verständnisses staatlichen mobilitätspolitischen Handelns leuchtet zunächst vollkommen ein. Mobilitätspolitik war seit dem Aufstieg des Liberalismus nicht nur ein wichtiger Motor der sozialen Integration, sondern auch eine zuverlässige Quelle politischer Legitimation. Sie bietet eine anschauliche Lösung für die Aufgabe, möglichst viel Freiheit mit gleichzeitiger Integration zu verknüpfen, weil Mobilitätspraktiken immer schon beide Aspekte, Vergemeinschaftung und Vereinzelung, in sich tragen. Die Umstellung von Werten auf Normen, die mit dem Liberalismus einhergeht,[37] wird denn auch nicht selten am Beispiel der Straßenverkehrsordnung illustriert: Hier gilt es lediglich, normenkonform zu agieren, beispielsweise Geschwindigkeitsbeschränkungen einzuhalten, ohne dass hierfür bestimmte intrinsische Motivationen (nämlich Werte) notwendig wären. Entsprechend können Verstöße (bis zu einem gewissen Grad!) auch ausschließlich mit Verhaltenssanktionen, nicht mit Missachtung der Person geahndet werden. Nur eine dauerhafte und gemeingefährliche Übertretung von Normen stellt keine Ordnungswidrigkeit mehr dar, sondern eine Straftat und wird gesamtgesellschaftlich mit Missachtung belegt (und nicht mehr als »Kavaliersdelikt« betrachtet).[38]

Zugleich bietet jedoch gerade der Verkehr ein Reservoir an Integrationsangeboten: Als Verkehrsteilnehmer haben wir gemeinsam Anteil an der bürgerlichen Freiheit, die die Analogie von Mobilität und Freiheit verspricht. Wie in den Pilgerreisen des Mittelalters bedeutet Mobilität nämlich immer auch die Inklusion in die Gemeinschaft der Mobilen. Die Herstellung gemeinsamer »Bewegung« war nicht nur in totalitären und militärischen Kontexten ein wichtiger Faktor sozialer Inklusion, sondern bleibt bis heute ein enormer Faktor auf symbolischer Ebene. »Individualverkehr« ist, wie oben (3.5) gezeigt, ein zentraler Bestandteil der Lebenswelt von »Minneapolis 1956«.

37 Besonders plastisch dargestellt bei: Albert O. Hirschman, *Leidenschaften und Interessen. Politische Begründungen des Kapitalismus vor seinem Sieg*, Frankfurt/M. 1987.

38 Dass die Grenze zwischen diesen beiden Modi der Ahndung beständig neu verhandelt wird, zeigt das Beispiel der Ausweitung des Strafrechts auf »Raser«.

Insofern scheint gerade die Mobilitätspolitik die Spannungen zwischen einer liberalen Privatisierung beziehungsweise Vereinzelung und dem vom Kommunitarismus in Erinnerung gerufenen Anspruch auf Gemeinschaft auszugleichen: Der Einzelne muss nicht mitfahren im Zug der Mobilen, aber er kann und darf in ihn einsteigen, wenn er möchte.[39]

Diese kollektive Strukturierung der Handlungsoptionen kann folglich nur dann von sich behaupten, mit dem Modell liberaler Demokratie vereinbar zu sein, wenn die Entscheidungsstrukturen, die sie bereitstellt, unsere Entscheidungen nicht inhaltlich vorherbestimmen, der Raum des Möglichen also nicht die faktische Wahl determiniert.[40] Die Grundannahme des liberalen Paradigmas lautet hier: Der Staat eröffnet Optionen, die Bürgerinnen und Bürger wählen selbst.

Ausgerechnet bei den Mobilitätsoptionen scheint die Möglichkeit neutraler Entscheidungsstrukturen allerdings schwer denkbar. Durch Infrastruktur wird der Möglichkeitshorizont künftiger Mobilitätspraktiken festgelegt, der eben *bestimmte* Optionen bereithält, andere hingegen erschwert: Jeder Verkehrswegeplan bietet gewisse Wege an und schließt andere aus. Die Figur der bestimmten Negation à la Hegel ist hier am Werk: Das eine ermöglichen bedeutet das andere verunmöglichen.

Unausgesprochene Voraussetzung dieser liberalen Konzeption ist jedoch, dass wir als freie Bürger tatsächlich die Wahl haben, die Mobilitätsangebote wahrzunehmen oder eben nicht. Mit anderen Worten: Im Hintergrund dieser theoretischen Rekonstruktionen einer liberalen »Verkehrspolitik« steht die von der Theorie der rationalen Wahl übernommene Vorstellung eines freien, zwischen Optionen nach Maßgabe einer rationalen, das heißt konsistenten Präferenzordnung wählenden Subjekts. Entscheidend an

39 Der Automobilclub unserer Tage stellt eine Synthese beider Dimensionen dar und kann in diesem Sinne als Paradigma einer möglichen Lösung der Ausgangsproblematik gelten: Er ist der gemeinschaftliche Verein der individuell Mobilen.

40 Wie fundamental diese Hypothese für ein liberales Staatsverständnis ist, lässt sich am Beispiel der Wahlzettel verdeutlichen: Die Anordnung der wählbaren Kandidaten (oder Parteien) darf uns keine Entscheidung nahelegen. Wahlzettel, auf denen bestimmte Kandidaten schwer zu finden, in kleinerer Schrifttype geschrieben oder anderweitig strukturell benachteiligt sind, sind schlicht undemokratisch.

dieser Konstruktion ist, dass das wählende Subjekt den Optionen als distanzierter, diese vollständig überblickender Betrachter gegenübersteht. Des Weiteren wird angenommen, dass die Zunahme von Optionen als solche den Wählenden nicht beeinträchtigt: Will der Wählende beispielsweise als höchste Priorität Objekt 1, so wird diese Präferenz nicht dadurch gestört, dass ihm zugleich das weniger präferierte Objekt 2 angeboten wird. Allerdings kann Objekt 1 durch das Hinzukommen von weiteren Optionen aus seiner Spitzenposition verdrängt werden, wenn dieses neue Objekt stärker präferiert wird. Dies aber bedeutet, dass die Zunahme von Optionen vom Akteur immer als Vorteil erlebt werden muss. Entweder stört es bestehende Präferenzen nicht oder aber es verbessert sogar die Position des Akteurs, weil neue, bessere Optionen hinzukommen. Die Zunahme an Optionen hat aus liberaler Sicht also prinzipiell keinen Zwangs- oder auch nur Machtcharakter, sondern erweitert lediglich das Spektrum der Möglichkeiten, ohne auf die Präferenzordnungen des Akteurs oder dessen innere Konstitution zurückzuwirken.

Weiter oben habe ich bereits darauf hingewiesen, dass Mobilität immer auch externe Kosten verursacht. Abgase, Lärm, Landschaftsverschandelung etc. Doch dies allein würde noch nicht bedeuten, dass eine sich liberal verstehende »Verkehrspolitik« paradoxal ist, denn es würde genügen, die externen Kosten zu reduzieren oder die Betroffenen entsprechend zu kompensieren. Natürlich sind Fälle denkbar, in denen die externen Kosten der Ausweitung von Mobilitätsoptionen ebenjenen zum Nachteil gereichen, denen diese Ausweitung zugutekommen sollte. Tendenziell wird man jedoch eher mit Fällen rechnen, in denen Profiteure und Geschädigte einer Ausweitung von Mobilitätsoptionen nicht identisch sind: Bei Straßenbau oder Fluglärm leiden die einen unter der Mobilität der anderen, nicht unter der eigenen. Externe Kosten sprechen noch nicht gegen das Modell der präferierenden, wählenden Bürger und eines neutralen Staates, der Optionen anbietet, sondern verkompliziert bestenfalls die Verfahren der Interessensaggregation.

(b) Im engeren Sinne paradox wird liberale Mobilitätspolitik erst, wenn man die in Kapitel 2.4 thematisierten Erkenntnisse der Wirtschaftswissenschaft in Betracht zieht, welche die These von neutralen Entscheidungsarchitekturen widerlegen. Dann nämlich zeigt sich, dass nicht erst die Ausweitung von Mobilitäts*praxis*, sondern bereits die Ausweitung von Mobilitäts*optionen* Kosten verursacht, die nicht aus externen Lasten bestehen, sondern das wählende Subjekt selbst betreffen, also die Hypothese in Frage stellen, dass die Zunahme von Optionen *als solche* einen Vorteil für das wählende Subjekt bedeutet.

Ich habe oben (2.5) bereits ausführlich referiert, inwiefern die liberale Konzeption des handelnden Akteurs sowohl von kommunitaristischer als von wirtschaftswissenschaftlich-empirischer Seite unter Druck gekommen ist, und speziell auf Amartya Sens Kritik verwiesen, Stichwort: *rational fools*.[41] Sen liefert eine Plausibilisierung für einen Mechanismus, der für die Mobilitätsfrage hochgradig bedeutsam ist und den man als *modale Interferenz* beschreiben kann.[42] Damit ist der Umstand bezeichnet, dass die modalen Bezugnahmen auf Optionen (können, wollen, müssen, wünschen etc.) interferieren, sich also gegenseitig beeinflussen, verändern, stören. Modalitäten lassen sich nicht einzeln ändern: Was wir *können*, verändert, was wir *wollen*. Im von Sen (siehe oben, 2.5) gewählten Beispiel: Wenn wir bei unserem Gastgeber *auch* Kokain wählen könnten, sehen wir uns genötigt, auch den Kaffee abzulehnen. Wenn wir telefonisch erreichbar sein *können*, darf man von uns erwarten, dass wir auch erreichbar sein *müssen*.[43] Modale Interferenz zwingt uns, den gesamten Raum des Möglichen, des Gewünschten, des Erzwungenen als interdependenten Gesamtraum zu betrachten, als holistisch zu verstehendes Gefüge. Es gibt auch so etwas wie interdependente Infrastrukturen des Möglichen.

In diesem Sinne beinhaltet jede Lebenswelt auch einen spezifischen Möglichkeitsraum, der durch technische Dispositive, Subjektivierungspraktiken (die *mögliche* Antworten nötig machen) und Anreizstrukturen aufgespannt wird.[44] Was bedeutet dies im Kon-

41 Amartya Sen, »Rational Fools: A Critique of the Behavioural Foundations of Economic Theory«, in: *Philosophy and Public Affairs* 6 (1977), S. 317-344. Auch für Dierksmeier spielen Sens Arbeiten eine zentrale Rolle in der Erläuterung qualitativer Freiheit. Siehe oben, Kap. 5.2.

42 Diesen Begriff übernehme ich von Christoph Hubig (*Die Kunst des Möglichen*).

43 Skepsis gegenüber der Legalisierung von aktiver Sterbehilfe argumentiert mit dieser Form der modalen Interferenz: Es wird befürchtet, dass aus dem Können ein sanftes, aber doch irgendwie spürbares Sollen wird.

44 In diesem Sinne lässt sich auch Foucaults Begriff der *Gouvernementalität* verstehen: als Begriff für eine Regierungskunst, die den Raum des Möglichen und Denkbaren strukturiert.

text von Mobilitätspolitik? Kann auch hier die bloße Existenz von Optionen unser Handeln bestimmen, auch wenn diese abgelehnt werden? Ist tatsächlich eine Situation denkbar, in der bereits die Ausweitung von Optionen für den wählenden Akteur mit Kosten verbunden ist oder gar die Präferenzen verändert? Wie sieht die modale Interferenz in der Mobilitätspolitik aus?

Um eine solche Situation sinnvoll zu modellieren, muss zunächst in Rechnung gestellt werden, dass die Wahl oder Nichtwahl von Mobilitätsoptionen nicht losgelöst von anderen Wahlsituationen der Bürger betrachtet werden kann – ganz im Sinne von Sens »rationalen Idioten«. Der einzelne Akteur wählt Mobilität aus bestimmten Gründen, zu bestimmten Zwecken, deren Konstellation sich aus anderen Wahlmöglichkeiten speist, aber auch substanziell von diesen abhängt. Dies bedeutet konkret, dass beispielsweise die Wahl eines Verkehrsmittels abhängig ist von den Wahlmöglichkeiten auf dem Arbeitsmarkt. Das Pendeln zwischen Wohn- und Arbeitsort wird gewählt, weil parallel zwischen bestimmten möglichen Arbeitsstellen gewählt wird. Auch ein Reiseziel kann gewählt werden, weil diese Wahl zur sozialen Distinktion und damit zu einer verbesserten Situation bei der Partnerwahl beiträgt. Ein bestimmtes Automobil kann gewählt werden, weil parallel die beständige Wahl eines Selbstbildes stattfindet, zu deren Illustration Konsumobjekte, Mobilitätspraktiken, kulturelle Interessen, Kleidung oder Überzeugungen beitragen. Folglich müssen wir in jedem Fall mit intensiven Wechselwirkungen zwischen den Präferenzordnungen in einzelnen Optionsfeldern rechnen. Entsprechend muss die Ausweitung von Mobilitätsoptionen Auswirkungen auf die Wahlsituation beispielsweise am Arbeitsmarkt haben.

Dieses Geflecht aus Wechselwirkungen zwischen Wahlmöglichkeiten erklärt aber noch nicht, warum die Zunahme von Optionen nicht nur einen Gewinn darstellen soll, sondern tatsächliche Kosten verursachen kann, es also vernünftig sein kann, *bestimmte Optionen nicht haben zu wollen*. Auf triviale Weise produziert die Erweiterung des Optionenspektrums natürlich Transaktionskosten: Je mehr Optionen geprüft werden müssen, umso länger dauert die Erstellung einer kohärenten Präferenzliste. Dieses Phänomen ist bekannt geworden als *Paradox der Wahl* (*paradox of choice*).[45]

45 Barry Schwartz, *The Paradox of Choice. Why More Is Less*, New York 2004.

Im Falle der Mobilitätspolitik wird die paradoxe Struktur einer Legitimation durch Ausweitung der Optionen jedoch auf markante Weise erkennbar. Um dies deutlich zu machen, bedarf es einer Erklärung dafür, warum ein »Können« oder »Dürfen« gewissermaßen schleichend zu einem »Müssen« werden kann.

Betrachten wir hierzu noch einmal die Wechselwirkung zwischen Präferenzordnungen auf verschiedenen Feldern. Es ist leicht erkennbar, dass gerade im Fall von Mobilitätsoptionen eine massive Rückkopplung auf die Aushandlungsoptionen beispielsweise in der Dimension der Arbeitsplatzwahl stattfindet. Zunächst scheint hier der liberale Konsens zuzutreffen, der davon ausgeht, dass die Erweiterung von Mobilitätsoptionen auch die Ausweitung von Beschäftigungsmöglichkeiten bedeutet. Wenn durch staatlich bereitgestellte Möglichkeiten des Pendelns der Radius des einzelnen Akteurs ausgeweitet wird, so steigert sich dessen Verhandlungsoption gegenüber Arbeitgebern.

Wo mehr Mobilität möglich ist, kann jedoch auch mehr Mobilität verlangt werden, zwar nicht im Modus der Beeinflussung beziehungsweise des Zwangs (*interference*), aber eben doch als Beherrschung ohne Zwang (*domination without interference*). Die Ausweitung des Möglichkeitsraums bedeutet unvermeidlich auch die Ausweitung von Pflicht- und Konkurrenzräumen. Gerade weil Bürger mehr können, müssen sie auch mehr leisten: mehr Mobilität, mehr Kommunikation, mehr Flexibilität. Mit den Möglichkeiten steigen die Erwartungen: Wer kann, der muss auch – zumindest, wenn mit »müssen« hier eine Form der *domination without interference* gemeint ist. Diese stellt wohlgemerkt keine unmittelbare Beeinflussung, keinen Zwang im engeren Sinne dar. Doch eine besondere Schärfe erhalten diese weichen Formen des Zwangs durch die Struktur der Konkurrenz zwischen Akteuren.[46] Die einzelne Bürgerin prüft Optionen in einer Situation doppelter Kontingenz, nämlich unter der Vorgabe, dass parallel andere Akteure andere Optionen prüfen. Wo massive Mobilität die soziale Norm darstellt, wird Mobilitätsverweigerung zu einem auffälligen Verhalten, das vom Arbeitsmarkt bestraft wird.

Was folgt daraus für die Grundlagen der Mobilitätspolitik insgesamt? Ganz offenbar ist die klassische Formel, wonach mehr Mo-

46 Vgl. hierzu oben, Kap. 2.5, die Ausführungen zu Hartmut Rosas Theorie.

bilität gleich mehr Lebensqualität (und mehr Freiheit!) ist, schlicht nicht haltbar. Nicht einmal ein Mehr an Mobilitäts*optionen* könnte für sich in Anspruch nehmen, *a priori* (!) einen Zuwachs an Lebensqualität darzustellen.[47] Dies wiederum heißt, dass staatliches Handeln nicht mit Verweis auf eine Neutralität gegenüber Konzeptionen des guten Lebens begründet werden kann. Es ist schlicht falsch, dass die bloße Bereitstellung von Optionen keinerlei Vorwegnahme einer möglichen Wahl darstellt.

Dies stellt eine demokratische Mobilitätspolitik auf ein neues Fundament: Die These wonach ein Mehr an Mobilitätsoptionen nicht automatisch ein Mehr an Lebensqualität sein *muss*, bedeutet ja keineswegs, dass dies nicht der Fall sein *kann*. Es folgt lediglich, dass der Abwägungs- und Aushandlungsprozess, der zwischen dem Freiheitsgewinn durch die Ausweitung von Optionen und dem meist latenten Zwang, der durch denselben Prozess entsteht, nicht durch die Behauptung eines vermeintlich natürlichen Bedürfnisses vorentschieden werden kann.[48] Ideologisch aber ist es, Mobilität in Analogie zur Gesundheit für ein intrinsisches Ziel von Politik zu halten. Dies aber heißt: Die Analogie von Mobilität mit anderen Politikzielen wie Gesundheit ist nicht schlüssig. *Es kann mit Blick auf Mobilität rational sein, nicht können zu wollen.* Die Ausweitung von Mobilitätsoptionen bedarf folglich nicht nur wegen der unvermeidlichen externen Kosten, sondern auch aufgrund der unvermeidlichen Auswirkungen auf den Optionenhaushalt der Bürger einer genuin demokratischen Legitimation, die die Debatte nicht auf *Mittel* einschränkt, sondern auch die *Ziele* zur Diskussion stellt. In einem solchen Übergang von Verkehrspolitik zu Mobilitätspolitik würde sich folglich das Framing fundamental verändern. Mobilität ist dann nämlich nicht mehr ein Gut, dass es *quantitativ* zu steigern gilt, sondern eine Dimension in politisch gestalteten Lebenswelten, die so oder auch anders gewünscht und daher *qualitativ* bewertet werden können.[49]

47 Dies schließt nicht aus, dass *a posteriori* ein Mehr an Optionen aus guten Gründen präferiert wird.

48 Hier kann die Politische Theorie auf die Demokratie selbst verweisen und muss sich davor hüten, dem politischen Willensbildungsprozess vorausgreifen zu wollen.

49 Es scheint vor diesem Hintergrund bezeichnend, dass der Wunsch nach politischer Partizipation sehr oft im Kontext von Infrastrukturprojekten geäußert wird,

Diese Umstellung lässt sich anhand eines Vergleichs veranschaulichen. Wenn tatsächlich die Differenz zwischen frei gewünschter, als notwendig angesehener und durch Umstände aufgenötigter Mobilität durch die Quantifizierung verschwindet und nur noch die Menge an Mobilität gemessen wird, wohingegen die Motivation der mobilen Individuen außer Betracht bleibt, so fragt sich, anhand welcher Indikatoren Gesellschaften ihre Mobilität bewerten. Auch in Deutschland wird selbstverständlich die Zahl der Verkehrstoten wahrgenommen und das Absinken derselben als Erfolg gefeiert. Wie anders jedoch eine kollektive Infrastruktur durch politische Maßnahmen geprägt sein kann, zeigt der Vergleich mit der Vision-Zero-Politik in Schweden.[50] Anders als in Deutschland, wo die Steigerung der Mobilität zum expliziten politischen Ziel erhoben wird, wurde in Schweden die Utopie eines Verkehrs ohne tödliche Unfälle zur Zielgröße (mit Sunstein gesprochen: zum Ankerpunkt) erhoben. Durch diese Umstellung ist der Frage, wie die Zahl der Verkehrstoten gesenkt werden kann, zwar nicht inhaltlich vorausgegriffen; aber die Perspektivierung von Mobilitätspolitik hat sich damit erheblich verändert.

Dieses letzte Beispiel veranschaulicht, wie stark die Gestaltung von Lebenswelten bezüglich Mobilität abhängig ist von den als »Normalität« vorausgesetzten *baselines*. Auch am Beispiel der Mobilitätspolitik ließe sich vorführen, wie erstaunlich schnell sich diese etablierten Referenzgrößen und Normen verändern lassen. Die Einführung der Gurtpflicht wurde als Eingriff in die Privatsphäre kritisiert, die Geschwindigkeitsbeschränkungen auf Straßen in Ortschaften oder gar die Einführung von Tempo-30-Zonen als Ausgeburt eines bevormundenden Staates gegeißelt. Diese Verweise zeigen, wie stark Lebenswelten immer auch gestaltbar sind: *Baselines* können sich sehr schnell verschieben, auch in Richtung einer nachhaltigeren Lebenswelt. Selbst wenn man eine Tendenz zur Mobilität als anthropologische Konstante begreift, so ist damit eben keineswegs festgelegt, wie dieser Veranlagung zu entsprechen ist.

die mit Mobilität zusammenhängen: Bahnhofsprojekte (Stuttgart), Autobahnen (Oberbayern) oder der Ausbau von Flughäfen (Frankfurt am Main) provozieren nicht nur den Widerspruch von konkret betroffenen Anwohnern, sondern thematisieren in vielen Fällen auch die Grenzen des Wachstums von Mobilität.

50 Vgl. die ausführliche Darstellung auf ⟨http://www.welivevisionzero.com/vision-zero/⟩, letzter Zugriff am 11. 11. 2022.

Aus Sicht eines Republikanismus der Nachhaltigkeit lautet die Leitfrage in der Mobilitätspolitik nicht mehr, wie sich Mobilität steigern lässt, sondern welche Lebenswelten von den Bürgerinnen und Bürgern gewünscht werden und zugleich nachhaltig sind. Dass diese beiden Zielgrößen harmonieren werden, ist keineswegs gesagt. Im Gegenteil: Anders als in einer Verkehrspolitik, die ihre Ziele als natürlich gegeben ausgibt, führt eine Mobilitätspolitik zur Aufdeckung von Konflikten und zur Politisierung von Mobilität.

6.3 Digitale Lebenswelten für Nachhaltigkeit

Ein weiteres wichtiges Feld, auf dem sich die Perspektive des Republikanismus der Nachhaltigkeit veranschaulichen lässt, ist die politische Gestaltung der Digitalisierung. Die Wechselwirkung von technisch-materiellen und mentalen Infrastrukturen wird hier besonders anschaulich, denn der beständige Kontakt mit Algorithmen und Programmen übt und formt in einem ganz wörtlichen Sinne mentale Infrastrukturen in Gestalt von neuronalen Verknüpfungen im Gehirn.[51] Ähnlich wie verschiedene Sprachen das Gehirn auf spezifische Weise prägen, wirken sich auch Apps auf das Gehirn aus, indem sie Denk- und Handlungsroutinen formen. Erneut ist es Husserl, der mit dem Begriff der »Sedimentation« weit vor der Entwicklung der modernen Neurowissenschaften einen begrifflichen Vorschlag unterbreitet hat, um die Prozesse der Neuroplastizität zu beschreiben.[52]

Die Auswirkungen einer umfassenden Digitalisierung von Le-

51 Bei James Williams kann man nachlesen, wie die Programmierer von Apps die Erkenntnisse über die Dopamin-Ausschüttung im Gehirn benutzen und sich sehr systematisch an den Erfahrungen aus der Gestaltung von Spielautomaten bedienen. James Williams, *Stand Out of Our Light. Freedom and Resistance in the Attention Economy*, Cambridge 2018. Siehe auch Nicholas Carr, *The Shallows. What the Internet is Doing to Our Brains*, New York 2011. Zum Thema »addictive technology« vgl. auch: Adam Alter, *Irresistible. The Rise of Addictive Technology and the Business of Keeping Us Hooked*, New York 2018.

52 Zum Begriff der Sedimentation bei Husserl und Derrida vgl. Philippe P. Haensler, »›Es sedimentiert sich sozusagen.‹ Derrida als Übersetzer Husserls«, in: Stefanie Heine, Sandro Zanetti (Hg.), *Transaktualität – ästhetische Dauerhaftigkeit und Flüchtigkeit*, Paderborn 2017, S. 271-280.

benswelten auf die sozialen, kulturellen und mentalen Infrastrukturen sind hochgradig komplex. Sie betreffen die Öffentlichkeit ebenso wie die Selbstbilder und den psychischen Haushalt der einzelnen Bürgerinnen und Bürger. Die diesbezügliche kontroverse Diskussion lässt vermuten, dass hier keine eindeutigen und abschließenden Aussagen möglich sind, so dass die Auswirkungen der Digitalisierung etwa auf die Struktur der *politischen* Öffentlichkeit (obwohl breit wissenschaftlich diskutiert) noch nicht absehbar sind. Gänzlich gegenläufige Trends zeichnen sich hier ab, die von der katalytischen Wirkung digitaler Kommunikation bei der Demokratisierung von Autokratien einerseits (etwa im Zuge des »Arabischen Frühlings«) bis hin zur diskursiven Verrohung, der »Trumpisierung« von etablierten Demokratien andererseits reichen. Digitale und digitalisierte Lebenswelten können sowohl die Qualität der demokratischen Debatte anheben, weil und insofern sie Wissen leichter zugänglich machen, als auch, wie Sunstein gezeigt hat, zur Entstehung von »Echokammern« beitragen und so den Austausch von Argumenten erschweren.[53] Analog kann digitale Kommunikation Menschen psychisch stabilisieren, ihre Sozialisierung erleichtern oder aber zu einer digitalen Resonanzsucht, einem technisch verstärkten Narzissmus oder zur sozialen Isolation beitragen. Vor diesem Hintergrund scheint die laufende Debatte über die Folgen der Digitalisierung für die Demokratie in eine Art Antinomie geraten zu sein. Gefahren und Chancen scheinen sich zu einem unentwirrbaren Knäuel verbunden zu haben, so dass beispielsweise die Politikwissenschaft die Prozesse der Digitalisierung in vielen Fällen nur noch deskriptiv mitverfolgt, ohne dabei abstrahierende Thesen wagen zu wollen – und das, obwohl die ersten »Planskizzen« für die digitale Demokratie« bereits zwei Jahrzehnte alt sind.[54] Trotz dieser unübersichtlichen Lage ist mit Blick auf die hier interessierende Nachhaltigkeitsfrage eine Auseinandersetzung mit dem Thema der Digitalisierung unerlässlich, wenn man Politik als Gestaltung von Lebenswelten betrachtet: Lebenswelten sind heute immer auch, ja beinahe ausnahmslos digitalisierte Lebenswelten.[55]

53 Cass R. Sunstein, »The Law of Group Polarization«, in: *The Journal of Political Philosophy* 10: 2 (2002), S. 175-195.

54 Thomas Zittel, »Elektronische Demokratie: Planskizze für eine Demokratie des 21. Jahrhunderts«, in: *Neue Politische Literatur* 3 (2001), S. 433-470.

55 Der Begriff »digialisierte Lebenswelten« scheint angesichts von *ubiquituous com-*

Es überrascht nicht, dass sich auch in der Nachhaltigkeitsforschung eine gewisse Ambivalenz gegenüber dem ungebrochenen Trend zur Digitalisierung aller Lebensbereiche beobachten lässt.

Einerseits birgt die Digitalisierung enorme Potenziale für nachhaltige Politik. Digitalisierung erleichtert nicht nur die Vernetzung von Akteuren, beispielsweise von Stadtverwaltungen, die sich in besonderem Maße in der großen Transformation engagieren.[56] Vor allem im Bereich Logistik könnten die Effizienzgewinne, die die Digitalisierung des Personen- und Güterverkehrs verheißt, enorm sein. Nicht nur effizientere Routen und die *Just-in-time*-Koordination zwischen verschiedenen Verkehrsträgern werden denkbar und sind teilweise bereits in Umsetzung.[57] Ein oft aufgerufenes Szenario imaginiert einen vollständig digitalisierten und vernetzten Bestand von autonom fahrenden (idealerweise mit nachhaltig hergestelltem Strom gespeisten) Fahrzeugen, die per App herbeigeholt werden, miteinander kommunizieren und ihre Routen und Geschwindigkeiten so anpassen, dass keine Staus mehr entstehen.[58] Ein anderer, ebenfalls in Teilen bereits umgesetzter Vorschlag lautet, alle Verkehrsträger – Eisenbahn, Flugverkehr, Mietautos, Taxis, Mieträder, ÖPNV – müssten mit einer einzigen App als Gesamtsystem reibungslos nutzbar gemacht werden, so dass Mobilität als Dienstleistung über alle Sparten des Angebots hinweg konsumierbar wird. Grundlegender sind indes jene Einsparungen, die Güter- oder Personenverkehr durch Digitalisierung tatsächlich *ersetzen*, nämlich die neue Generation digitaler Konferenzräume, vernetzter Operationssäle, virtueller Hörsäle oder des digitalen Homeoffice, die spätestens seit der Corona-Pandemie zur neuen *baseline* geworden sind. In diesem Fall wäre die Digitalisierung ein Medium zur Reduzierung der Nachfrage nach Mobilität und würde den Scheitelpunkt (*peak*) von Mobilität früher und auf niedrigerem Niveau erfolgen lassen.

puting und *enhanced reality* gerechtfertigt; analoge und digitale Welt gehen bereits fließend ineinander über.

56 Vgl. z.B das internationale Netzwerk CityZen, ⟨www.cityzen-smartcity.eu⟩, letzter Zugriff am 2. 8. 2022.

57 Dabei ist die RFID-Technologie entscheidend, weil sie das präzise *tracking* auch von kleineren Objekten erlaubt. RFID steht für *radio-frequency identification*. Die Technologie findet z. B. in Transpondern Anwendung.

58 Vgl. hierzu z. B. Stephan Rammler, *Schubumkehr. Die Zukunft der Mobilität*, Frankfurt/M. 2014, S. 254-269 f.

Darüber hinaus scheint die Digitalisierung enorme Potenziale für die Attribuierung und Besteuerung von nichtnachhaltigem Verhalten zu beinhalten. Ein vollständig elektronisch erfolgender Zahlungsverkehr würde sehr gezielte Konsumsteuern ermöglichen,[59] die massenhafte Erfassung des Fahrverhaltens könnte Risikoprämien der Versicherer zielgenauer machen, und ein vollständig digital erfasster Konsum würde ein umfassendes Selbstmonitoring erlauben, bei dem das Verhalten nach Tagen, Wochen, Monaten präzise auf seine Fernwirkungen hin durchleuchtet werden kann. Sogenannte Eco-Apps sind längst zu einem eigenen Subgenre einer Wachstumsbranche geworden.[60] Das Spektrum an Möglichkeiten zur Nutzung der Digitalisierung für Nachhaltigkeit scheint in der Tat unbegrenzt und die in diesem Kontext oft bemühte Analogie zwischen dem *smart home*, dem digital perfekt kontrollierbaren Eigenheim, und der *smart society* durchaus treffend.[61]

Andererseits jedoch befürchten Kritiker, auch ein durch Digitalisierung effizienter zugängliches Angebot werde durch steigende Nachfrage wieder eingeholt, das heißt: auch hier sind Rebound-Effekte zu erwarten. Die unkontrollierte und ungesteuerte Digitalisierung hat aus dieser Perspektive nicht nur gesellschaftspolitisch problematische Folgen (auf die ich noch näher eingehen werde), sondern auch ganz konkret für den globalen Ressourcenverbrauch. Wenn Millionen Menschen Online-Spiele nutzen, steigen die Energiekosten für die Server auf ein spektakulär hohes Niveau. So kommt Joachim Lohse bereits für das Jahr 2007 zu dem Ergebnis, dass der CO_2-Ausstoß durch die globale Nutzung des Internets etwa jenem des gesamten globalen Flugverkehrs entsprochen hat.[62]

59 Sie hätte vor allem den großen Vorteil, gewisse Sockelgrößen des nichtnachhaltigen Konsums pro Person steuerfrei machen zu können und so der Gefahr eines sozialen Bias in der Steuerpolitik zu begegnen.

60 Vgl. zum Beispiel die App *Eco Challenge*.

61 Dabei handelt es sich keineswegs um eine weltferne Utopie oder Dystopie; man vgl. die Lebenswelten, die Influencer wie Tim Ferris vom Silicon Valley aus propagieren.

62 Vgl. Öko-Institut e. V. (Hg.), *Das Jahr 2007 – Meilensteine und Beispiele unserer Arbeit*, Freiburg im Breisgau 2007, S. 23, online unter ⟨https://www.oeko.de/uploads/oeko/publikationen/jahresberichte/07_jb_de.pdf⟩, letzter Zugriff am 11. 11. 2022. »Assessing the Carbon Impact of ICT« ist seitdem zu einer Art eigener Subdisziplin geworden; die neuesten Beiträge zu dieser Debatte gehen davon aus, dass der Gesamtanteil des Internets am Ausstoß von Klimagasen bei bis zu

Diesbezügliche Schätzungen sind schwierig, aber das Problem lässt sich nicht leugnen: Auch Surfen schadet dem Klima. Schon allein auf der materiell-technischen Ebene bleibt die Digitalisierung folglich ein hochgradig ambivalenter Trend. Vor allem aber: Digitale Kommunikation kann sowohl Informationen über einen nachhaltigen Lebensstil vermitteln[63] als auch jenen Kampf um Positionsgüter befeuern, den ich oben (2.4) unter Verweis auf Fred Hirsch rekonstruiert habe.[64] Das Internet wäre dann – durch die Ausweitung der Konkurrenzzone – Katalysator eines demonstrativen Distinktionskonsums, der auf Fragen der Nachhaltigkeit gerade keine Rücksicht nimmt.[65]

Aus der Diagnose dieser Ambivalenzen zu schließen, der Medienwandel verhalte sich neutral zur Frage nachhaltiger Lebenswelten, denn digitale Medien seien neutrale Mittel, sozusagen Röhren, durch die Inhalte verzerrungsfrei transportiert würden, wäre allerdings falsch. Zu veranschaulichen ist vielmehr die spezifische Perspektive, die sich aus der Sicht eines Republikanismus der Nachhaltigkeit auf das Verhältnis von Nachhaltigkeit, Demokratie und Digitalisierung ergibt, ohne sich eine deterministische medientheoretische These zu eigen zu machen (die oft Marshall McLuhan und seinen Adepten zugeschrieben wird). Entsprechend der Leitfrage nach Gelingensbedingungen nachhaltiger Entwicklung und deren demokratietheoretischen Implikationen besteht die Aufgabe darin, an Beispielen zu konkretisieren, inwiefern digitale Lebenswelten politisch *gestaltbar* sind. Dafür muss zunächst begründet werden, warum die Frage der Digitalisierung für eine politische Theorie der Nachhaltigkeit hochgradig relevant ist.

Das systematisch entscheidende Argument hierfür kann als *medientheoretische Hypothese* bezeichnet werden. Gemeint ist da-

3,9 Prozent liegen könnte. Vgl. als ein Beispiel: Charlotte Freitag u. a., »The Real Climate and Transformative Impact of ICT. A Critique of Estimates, Trends, and Regulations«, in: *Patterns* 2:9/10 (2021), S. 1-18.

63 Ein gutes Beispiel hierfür sind die Podcasts der »Minimalisten« Joshua Fields Millburn und Ryan Nicodemus, ⟨www.theminimalists.com⟩, letzter Zugriff am 2. 8. 2022.

64 Die meisten professionellen YouTube-Influencer verdienen ihr Geld, indem sie zum Konsum anregen.

65 Dieser Effekt wird technisch durch die *Sharing*-Funktion befeuert, mit der man Kaufakte direkt an Facebook-Freunde oder Twitter-Follower kommunizieren kann.

mit die Vermutung, dass auch Verbreitungsmedien wie Sprache, Schrift, Buchdruck, Radio, Fernsehen und eben digitale Medien gegenüber den in ihnen transportierten Inhalten nicht neutral sind. Diese Einsicht in das Wechselverhältnis von Medium und Inhalt ist selbstverständlich keineswegs neu; meist wird Platons Schriftkritik im Dialog *Phaidros* als erste medientheoretische Argumentation benannt.[66] Auch die in Kapitel 5.4 referierten Framing-Theorien lassen sich als *medientheoretische* Thematisierung von Kontexten lesen: Eine Nachricht als E-Mail zu übermitteln oder aber handgeschrieben auf Büttenpapier heißt, den Nachrichteninhalt mit einer bestimmten Rahmung zu versehen. Sunsteins Behauptung, dass es keine neutralen Entscheidungsarchitekturen gibt, lässt sich also auch medientheoretisch verstehen. Auch und gerade der mediale Kontext beeinflusst die Rezeption des Inhalts. In den 1970er Jahren war es bekanntlich Marshall McLuhan, der die These von der Wechselwirkung zwischen Medium und Inhalt auf die zugespitzte Formel brachte *The medium is the message*.[67] Derartige Identitätsaussagen, die man sonst nur aus Hegels Analyse des spekulativen Satzes kennt (»Das Wahre ist das Ganze«), würde man heute wohl nicht mehr formulieren.[68]

Die umfassende medientheoretische Debatte der vergangenen Jahrzehnte hat für die Demokratie die Konsequenz, dass diese die *Medien der Demokratie* zu reflektieren hat. Eine mögliche, beispielsweise von Dirk Baecker in verschiedenen Varianten vorgetragene (und bei Luhmann bereits angedeutete) Hypothese lautet dann, dass es eine Korrelation zwischen verschiedenen Formen der Or-

66 Platon formuliert hier (*Phaidros* 274b-275c) mit Bezug auf einen (angeblich ägyptischen) Mythos den Verdacht, dass die Schrift, eben weil sie auf die Fragen der Leser nicht antworten kann, eine unzureichende Quelle der Erkenntnis darstelle.

67 Marshall McLuhan, *Understanding Media*, London 2001. Zur Debatte um McLuhan vgl. Stefan Hoffmann, »Wiedergelesen. Marshall McLuhan: Understanding Media«, in: *Medienwissenschaft* 1 (2002), S. 118-121; Derrick de Kerckhove, *McLuhan neu lesen. Kritische Analysen zu Medien und Kultur im 21. Jahrhundert*, Bielefeld 2008. Die mythische Aura des Internets, das oft zu einem handelnden Akteur personifiziert wird, wurde schon früh reflektiert und thematisiert. Siehe die Beiträge in Stefan Münker, Alexander Roesler (Hg.), *Mythos Internet*, Frankfurt/M. 1997.

68 McLuhan war selbstironisch genug, um die Erstauflage seines Buches mit dem Titel *The Medium is the Massage* drucken zu lassen. Die Medien *massieren* also die Gehirne …

ganisation des politischen Gemeinwesens mit entsprechenden Verbreitungsmedien gibt.[69] Während *erstens* die mündliche Kommunikation typisch für tribale Gesellschaften ist, basierten *zweitens* Großreiche wie das altägyptische und das Römische Reich, aber auch die Feudalgesellschaften des Mittelalters auf beschränkt zugänglicher Schriftsprache. Die neuzeitliche Demokratie scheint *drittens* nach der Erfindung des Buchdrucks möglich zu werden – ein Umstand, der in den systemtheoretisch inspirierten Demokratietheorien oft mit der durch den Buchdruck erfolgten Kontingenzsteigerung erklärt wird.[70] Zeitungen, Rundfunk und Fernsehen ermöglichen *viertens* totalitäre oder massendemokratische Kommunikation.

Aus dieser Perspektive müssen die Erfindung und die Verbreitung digitaler Kommunikation fundamentale Veränderungen auch der demokratischen Praxis bedeuten – was die empirische Forschung zur politischen Kommunikation in den digitalen Medien auch fast ausnahmslos bestätigt. Auch wenn keine Einigkeit bezüglich der Frage besteht, ob und unter welchen Umständen die Digitalisierung die demokratische Kommunikation eher verbessern oder eher verschlechtern wird: die Auffassung von der Neutralität der Kommunikationsmittel wird aus guten Gründen kaum noch vertreten, zumal die epochalen Wirkungen der Digitalisierung überall offensichtlich sind.

Um die Chancen und Handlungsoptionen, die die Digitalisierung für einen *Republikanismus der Nachhaltigkeit* bietet, systematisch aufzuzeigen, werde ich im Folgenden zunächst zwei Thesen über die politischen Auswirkungen der Digitalisierung verteidigen: Digitalisierung bedeutet zunächst eine Enthierarchisierung von Wissen und Kommunikation, die dann aber wieder rehierarchisiert werden (a); Digitalisierung kann zudem ein höheres Maß an Transparenz ermöglichen (b). Daraus ergeben sich Handlungsoptionen für eine republikanische Gestaltung nachhaltiger digitaler Lebenswelten (c).

(a) Wie bereits der Buchdruck, so wirken sich auch die Digi-

69 Siehe Dirk Baecker, *Studien zur nächsten Gesellschaft*, Frankfurt/M. 2007.

70 Die explodierende Buchproduktion der frühen Neuzeit erlaubt, so ein immer wieder bemühtes Bild, die Koexistenz divergierender Meinungen auf einem Schreibtisch. Bestseller wie Montaignes *Essais* spiegeln diesen Effekt durch die Konfrontation sich widersprechender Zitate.

talisierung des Wissens und seine Verbreitung über das Internet zunächst als eine Dehierarchisierung aus. Stefan Münker hat hierfür die Formel von der »Emergenz digitaler Öffentlichkeiten« geprägt.[71] An die Stelle tendenziell narrativer Darstellungen in längeren Texten, wie sie paradigmatisch die Traktate des 16. und 17. Jahrhunderts darstellen, rückte im 18. Jahrhundert der kürzere Aufsatz, der in Periodika publiziert wird. Damit wird das Genre wissenschaftlicher und zugleich performativer Schriften (wie sie die wissenschaftliche Öffentlichkeit des 17. Jahrhunderts aus den Briefen großer Gelehrter kennt[72]) verallgemeinert und zu einem neuen Modell erhoben. Abhandlungen wie Kants »Was ist Aufklärung?« hatten Appellcharakter (»Sapere aude!«) und trugen dazu bei, ein Zwischengenre zwischen wissenschaftlichem Traktat, Predigt und politischer Rede zu etablieren. Der enorme quantitative Zuwachs von Publikationen steigerte zudem die Möglichkeit des Wissensvergleichs. Neben jedes Buch ließ sich zumindest potenziell ein anderes Buch legen, dass andere, womöglich sogar gegenläufige Thesen zu ein und derselben Fragestellung enthielt. Diese Prozesse sind in der Geschichtswissenschaft ausführlich rekonstruiert worden[73] und lassen sich als solche der Kontingenzsteigerung beschreiben.

Der Medienwandel zu Beginn des 21. Jahrhunderts hatte und hat eine ähnliche Wirkung.[74] Das Internet beschleunigt die Vergleichbarkeit von Wissen, multipliziert die Perspektiven auf Wis-

71 Stefan Münker, *Emergenz digitaler Öffentlichkeiten. Die Sozialen Medien im Web 2.0*, Frankfurt/M. 2009.

72 Diese Briefe und Briefwechsel (man denke beispielsweise an den Briefwechsel Descartes-Mersenne) richteten sich, da sie systematisch weiterverbreitet wurden, an spezifische Teilöffentlichkeiten, keineswegs nur an die Briefpartner. Vgl. Nadir Weber, »Zwischen Arkanum und Öffentlichkeit – Der Brief als Medium politischer Kommunikation im 18. Jahrhundert«, in: Felix Heidenreich, Daniel Schönpflug (Hg.), *Politische Kommunikation. Von der klassischen Rhetorik zur Mediendemokratie/La communication politique. De la rhétorique classique à la démocratie des médias*, Berlin (2012), S. 53-73.

73 Als klassische Studie in der Geschichtswissenschaft gilt die umfangreiche Arbeit von Elisabeth Eisenstein, *The Printing Press as an Agent of Change*, Cambridge 1982.

74 Es ist daher durchaus nachvollziehbar, dass zumindest in Teilen dieser neuen Öffentlichkeit explizite Verweise auf das 18. Jahrhundert erfolgen, etwa beim Online-Magazin *salon*, (⟨www.salon.com⟩, letzter Zugriff am 25. 8. 2022), wo der Salon des 18. Jahrhunderts zum Idealtypus gelingender Kommunikation erklärt wird.

sen, enthierarchisiert und dynamisiert es. Damit werden jene »Schleusen« und »Filter« in Frage gestellt, die über lange Zeit darüber entschieden haben, welches Wissen und welche Meinung überhaupt öffentlich zugänglich wird:[75] die Redaktionen von Fernsehanstalten, Radiosendern, Zeitungen und Zeitschriften, die Lektorate von Fachverlagen und Fachzeitschriften. Zumindest in den etablierten Demokratien, wo das Internet nicht politisch zensiert wird, formiert sich Wissen in immer größerem Umfang in postredaktionellen Öffentlichkeiten. David Weinberger bringt in der Formel *small pieces loosely joined* die »neue Unordnung« oder »neue Unübersichtlichkeit« auf den Punkt.[76] Wissen im digitalen Zeitalter scheint zunächst unstrukturiert, denn zwischen Qualitätsmedien und Verschwörungstheorien, zwischen naturwissenschaftlicher Forschung und Esoterik liegen oft nur wenige Klicks. Die Rede vom »Netz« soll diese postarchimedische Struktur benennen, die kein Oben und kein Unten mehr zu kennen scheint. James Bohman bringt diesen Effekt auf die Formel: »Sowohl in den Institutionen als auch in den verschiedenen Teilöffentlichkeiten beobachten wir einen Wandel von der einheitlichen (*unitary*) zur desintegrierten und verteilten Wissensform.«[77]

Nun ließe sich – beispielsweise mit Verweis auf Foucaults Analyse der juridischen Gouvernementalität – einwenden, die »einheitliche Form« sei immer schon eher Fiktion als Realität gewesen.[78] Das Netz als Leitmetapher zur Imagination der Ordnung des Wissens weist Analogien zu jenem Weltbild auf, das Hans Blumenberg als »kopernikanische Welt« beschrieben hat. Im Gegensatz zur ptolemäischen Welt gibt es in dieser kein Zentrum mehr, sondern nur Sterne und Planeten in einem grenzenlosen Kosmos. Der Übergang zur dehierarchisierten Leitvorstellung von Wissen wäre insofern

75 Diese »Schleusen« und »Filter« spielen bekanntlich in Habermas' Theorie der Öffentlichkeit eine zentrale Rolle. Vgl. Jürgen Habermas, *Faktizität und Geltung. Beiträge zur Diskurstheorie des Rechts und des demokratischen Rechtsstaats*, Frankfurt/M. 1992, S. 398.

76 David Weinberger, *Small Pieces Loosely Joined. A Unified Theory of the Web*, Cambridge (MA) 2003.

77 James Bohman, »The Transformation of the Public Sphere«, in: Jeroen van den Hoven, John Weckert (Hg.), *Information Technology and Moral Philosophy*, Cambridge 2009, S. 66-92, hier: S. 67.

78 Gerade gegen die Vorstellung, der König könne durch die Besiegelung eines *lettre de cachet* das Land regieren, wendet sich Foucaults Machttheorie.

schlicht eine *Entdeckung*, ein Prozess des Bewusstmachens einer Situation, die immer schon so gewesen ist, auch wenn sie anders erschien. In diesem Sinne spricht auch Weinberger davon, dass das Netz lediglich eine immer schon bestehende Unübersichtlichkeit »enthüllt« (*uncovers*) und diese nicht genuin herstellt.[79] Nun mag es richtig sein, dass das Wissen immer schon nichthierarchisch organisiert und nur locker integriert war und dass die Digitalisierung diesen Umstand lediglich transparent gemacht hat, indem sie soziale Hierarchisierungen als überkommen erscheinen lässt. Allerdings stellt auch ein Wandel der (Selbst-)Wahrnehmung von Gesellschaften eine soziale Tatsache dar, die dann jedenfalls von der Digitalisierung geschaffen wurde.

Unberührt davon, ob man vom Ende einer optischen Täuschung oder von einer tatsächlichen Umstrukturierung der Wissensformierung ausgeht, lässt sich jedoch eine Entwicklung als direkte Folge der Digitalisierung beobachten, die im Kontext unserer Fragestellung von Relevanz ist: Das Vertrauen in Experten und Eliten scheint zu schwinden. Dies lässt sich in einer digitalisierten Lebenswelt überall dort beobachten, wo die Exklusivität von Wissen bislang an spezifische Rollen gekoppelt war, was die Zuschreibung von Autorität gewissermaßen erleichtert hat. Nun aber treten beispielsweise Patienten ihren Ärzten – die früheren »Halbgötter in Weiß« – als digital informierte und potenziell kritische und skeptische »Nebenexperten« gegenüber, was das Arzt-Patient-Verhältnis durchaus belasten kann. Ein dritter Akteur, das Internet, stellt der Patientin eine Vielzahl konkurrierender Meinungen zur Verfügung und setzt die behandelnde Ärztin unter Erklärungs- und Rechtfertigungsdruck. Analoge Prozesse lassen sich in zahlreichen Projekten der Bürgerbeteiligung im Rahmen von Infrastrukturprojekten oder der Stadtteilentwicklung beobachten.

Nun ist Misstrauen gegenüber Experten nicht per se problematisch, im Gegenteil: Die in der Aufklärung eingeforderte *Mündigkeit* besteht ja gerade darin, dass auch Expertenmeinungen auf der Basis erworbenen Wissens hinterfragt werden können. Dass die Autorität von Experten in Frage gestellt wird, ist so gesehen ein demokratischer Fortschritt; die Pflicht zur Rechtfertigung wird damit ausge-

79 Am 13. Juni 2013 hielt Weinberger am Internationalen Zentrum für Kultur- und Technikforschung (IZKT) der Universität Stuttgart einen Vortrag mit dem Titel »What Does the Web Uncover?«.

weitet, fachliche Autorität muss begründet werden. Problematisch wird die Dehierarchisierung erst dann, wenn sie eine Auflösung der Wissenschaftsstandards bedeutet, wenn sie zu postfaktischem Argumentieren verleitet und selbst basale wissenschaftliche Tatsachen geleugnet werden, oft mit Verweis auf konkurrierende, »von oben unterdrückte« »Quellen«. Am Beispiel der »Klimaskeptiker« lässt sich diese Problematik genauer veranschaulichen.

Während in Europa die sogenannten Klimaskeptiker eine kleine Minderheit darstellen,[80] sind in den USA rund 40 Prozent der Bevölkerung der Ansicht, dass es keinen menschenverursachten Klimawandel gibt oder die Wissenschaft hierüber in einem unentscheidbaren Dissens befangen sei.[81] Das sogenannte Climate Change Denial Movement stellt allerdings keine spontan entstandene Graswurzelbewegung dar, sondern ist eine von Denkfabriken und Lobby-Organisationen systematisch unterstützte, wohlorganisierte Bewegung mit politischer Agenda.[82] Spätestens in der Regierungszeit von Donald Trump gewann diese aus europäischer Sicht abstruse Position massiven politischen Einfluss, der auch nach seiner Abwahl anhält.

Eine Durchsicht der Texte und Selbstdarstellungen des Climate Change Denial Movement lässt erkennen, worin die rhetorische Strategie dieser Bewegung besteht. Ziel ist es, eine Art Äquidistanz zu allen denkbaren Positionen herzustellen und dabei jeden nachrangigen und faktisch unbedeutenden Dissens in den Naturwissenschaften als Beleg dafür anzuführen, dass man über den menschlichen Einfluss auf das Weltklima nichts Gesichertes sagen könne. Die demokratiegefährdende Dimension einer Dehierarchisierung des Wissens besteht folglich in einem skeptizistischen Generalverdacht, der in seinen extremsten Formen einer »postfaktischen« Zu-

80 Vgl. die internationale Umfrage von YouGov vom September 2019, ⟨https://yougov.co.uk/topics/politics/articles-reports/2019/09/15/international-poll-most-expect-feel-impact-climate⟩, letzter Zugriff am 11.11.2022.

81 Siehe dazu Robert J. Brulle, »Institutionalizing Delay. Foundation Funding and the Creation of U.S. Climate Change Counter-Movement Organizations«, in: *Climatic Change* 122:4 (2014), S. 681-694, hier: S. 681.

82 Siehe ebd. sowie: Jean-Daniel Collomb, »The Ideology of Climate Change Denial in the United States«, in: *European Journal of American Studies* 9:1 (2014), S. 1-17; Aaron McCright, Riley E. Dulap, »Cool Dudes. The Denial of Climate Change among Conservative White Males in the United States«, in: *Global Environmental Change* 21 (2011), S. 1163-1172.

spitzung einen Wahrheitsbegriff, der auf der Korrespondenz von Sachverhalten in der Welt und sprachlichen Aussagen pocht, vollends verabschiedet. Ein solcher im weitesten Sinne »positivistischer« Wahrheitsbegriff ist gewiss nicht der einzige, der in der politischen Kommunikation nötig und angemessen ist. Auch pragmatische, moralische beziehungsweise wertorientierte Sprachspiele sind unerlässliche Elemente demokratischer Kommunikation. Aber der Versuch, die Frage »Was ist der Fall?« für unbeantwortbar zu erklären beziehungsweise alle darauf gegebenen Antworten als gleichrangige (»alternative«) Fakten zu kategorisieren, entzieht dem demokratischen Diskurs die Erdung und den Realitätsbezug. Daher ist wissenschaftliche Autorität, das Vertrauen in Experten *in einem bestimmten Maße und Sinne*, eine unerlässliche Voraussetzung einer funktionierenden demokratischen Öffentlichkeit. Demokratie braucht, mit Hannah Arendt gesprochen, eine »gemeinsame Welt«.[83]

Die Frage nach dem angemessenen, »vernünftigen« Maß an Skepsis gegenüber Experten ist indes keine nach der bloß richtigen Dosierung, sondern hängt wesentlich daran, ob gesellschaftliche Institutionen und Entscheidungsverfahren so zugeschnitten sind, dass sie vertrauensbildend wirken. Ein bereits in Kapitel 5 behandeltes Beispiel sind die Rekrutierungsmechanismen für Richterinnen und Richter an Verfassungsgerichten, die ja in besonderem Maße eine Expertenrolle ausfüllen. Bereits unter prädigitalen Bedingungen wurden hier bekanntlich elaborierte Verfahren zur Prüfung von Expertise erarbeitet. Den Weg ins Verfassungsgericht ebnet nicht allein die Nähe zu politischen Parteien, sondern vor allem die fachliche Qualifikation. Die Frage ist, wie sich Expertise in Zeiten der Digitalisierung so organisieren, ja auch inszenieren lässt, dass der demokratische Diskurs auf angemessene Weise mit Expertenwissen versorgt werden kann, ohne dass dieses Wissen als sakrosankt gilt und eine expertokratische Alternativlosigkeit suggeriert.

Diese Frage führt zurück zum Vergleich zwischen dem Medienwandel des 16. Jahrhunderts und jenem der Gegenwart. In beiden Fällen lässt sich der Medienwandel nämlich nicht nur als *De*hierarchisierung, sondern auch als mehr oder weniger organisierter und gesteuerter Prozess der *Re*hierarchisierung von Wissen beschreiben. Im Fall des Buchdrucks geschieht dies über den Nimbus von Ver-

83 Arendt meint damit jedoch mehr als eine gemeinsame Welt aus Fakten, nämlich durchaus auch eine gemeinsame Welt aus Werten und Wertungen.

lagen. Sehr gut aufgearbeitet ist beispielsweise die Rolle der 1659 in Tübingen gegründeten Cotta'schen Verlagsbuchhandlung, die vor allem in Gestalt des Verlegers Johann Friedrich Cotta den deutschen Idealismus wesentlich mitgeprägt hat.[84] Andere Beispiele für einflussreiche Verlage und prägende Verlegerfiguren ließen sich nennen. Zudem entsteht mit dem Buchdruck eine neue Kultur von *Review*-Verfahren, die sich zunächst in den Schriften der Akademien niederschlägt und schließlich die bekannten Hierarchisierungen in den wissenschaftlichen Suböffentlichkeiten hervorbringt, in denen die Fachzeitschriften quantifiziert bewertet werden. Neben der Dehierarchisierung produziert Medienwandel folglich auch (allerdings zeitlich verzögert) Rehierarchisierung. An die Stelle religiöser oder politischer Zensur, die durch die dezentrale Produktionsweise umgehbar wird (man denke an Spinoza), tritt allmählich ein neuer Mechanismus der Exklusion, durch den es zur Ausdifferenzierung von Wissenschaft, seriösen Publikationen und angesehenen Publikationsorten auf der einen Seite und einer grauen Literatur, in der esoterische Pseudowissenschaften weiterhin ihren Ort haben, auf der anderen Seite kommt.

Im Falle der Digitalisierung sind diese komplexen Prozesse vor allem dadurch geprägt, dass sie emergent ablaufen, bislang jedenfalls. Welche Nachrichtenportale welches Renommee gewinnen, entscheidet sich allein durch den Marktmechanismus, der Aufmerksamkeit und Klickzahlen durch Werbeeinnahmen belohnt. Dies hat dazu geführt, dass Portale wie *The Huffington Post* (seit 2017 *HuffPost*) oder *Breitbart News* zu den wichtigsten Informationsquellen in den USA geworden sind, während der Qualitätsjournalismus in eine ökonomische Krise geriet.[85] Vor allem das Beispiel der USA zeigt recht deutlich, dass die Ökonomisierung der demokratischen Öffentlichkeit nicht zur Sicherung journalistischer Qualität beigetragen hat – ein Prozess, der bereits durch den Aufstieg von *Fox News* in den 1990er Jahren beobachtbar war. Ein relativ aktuelles Beispiel aus Deutschland verdeutlicht die Drama-

84 Peter Kaeding, *Die Hand über der ganzen Welt. Johann Friedrich Cotta. Der Verleger der deutschen Klassik*, Stuttgart 2009.

85 Eines der wenigen offenbar tragfähigen Gegenmodelle scheint bisher der britische *Guardian* entwickelt zu haben, dessen Online-Auftritt sich bis heute primär über Leserspenden finanziert.

tik dieser Entwicklung: Die Facebook-Seite der AfD erreichte im Frühling 2017 erstmals eine Wirkung, die an jene der *Bild* heranreicht.

Diese Entwicklung zeigt, worin die Gefahr einer bloß emergenten Rehierarchisierung im Prozess des Medienwandels besteht. Die Filterfunktion wird gewissermaßen privatisiert, ja singularisiert. Jeder Einzelne kann nun die eigenen Nachrichten »kuratieren«, also seine privaten Filtermechanismen benutzen und sich so eine Echokammer bauen.[86] Diese Prozesse der ökonomisierten und *individualisierten* Filterung von Wissen entstehen nicht nur durch gezieltes Surfen, sondern sind längst in technische Dispositive eingearbeitet, beispielsweise in Apps, die Nachrichten individualisiert zusammenstellen – und dann eben nur noch die je individuellen Interessen bedienen.[87]

Welche Perspektive auf diese Problematik ergibt sich aus Sicht des Republikanismus der Nachhaltigkeit? Um diese Frage zu beantworten, mag es zunächst hilfreich sein, die in Kapitel 4 entwickelte Unterscheidung zweier demokratietheoretischer Grammatiken auf das anzuwenden, was man die »Politik der Wahrheit« nennen könnte. Veranschaulichen lässt sich diese Unterscheidung am Beispiel der Definition historischer Tatsachen durch den Staat, auch wenn diese nur indirekt mit dem Thema der Nachhaltigkeit zusammenhängt. Bezeichnenderweise haben Frankreich und Großbritannien diesbezüglich geradezu idealtypisch gegenläufige Wege beschritten. Während in Frankreich nicht nur die Leugnung des Holocaust, sondern auch die des Völkermords an den Armeniern unter Strafe steht, vertraut man in Großbritannien darauf, dass sich falsche Ansichten nicht durchsetzen werden – so dass zum Beispiel David Irving über viele Jahre absurde Thesen über eine Holocaust-Verschwörung verbreiten konnte. Während in Frankreich die

86 Cass R. Sunstein, »Democracy and the Internet«, in: van den Hoven, Weckert, (Hg.), *Information Technology and Moral Philosophy*, S. 93-110.

87 Unter den (überwiegend) usergenerierten Nachrichtenportalen ist *Buzzfeed* das bekannteste. Ebenfalls zu nennen sind *SmartNews*, *Feedly* oder *Flipboard*. Der Gegentrend zur algorithmisch kuratierten Form der Nachrichtenlektüre besteht im systematischen Rückgang auf die Primärquellen bei den großen Nachrichtenagenturen. In den USA gilt es bereits als schick, selbst die Seiten von *Reuters*, *Associated Press* oder *Agence France-Presse* zu lesen – und auf diese Weise den Einfluss von Redaktionen zu minimieren.

Leugnung des Holocaust zur Strafanzeige führte,[88] kam es in Großbritannien lediglich zu zivilrechtlichen Verleumdungsklagen, darunter die berühmte von Irving selbst angestoßene gegen Deborah Lipstadt und den Verlag Penguin. Das Gericht wies Irvings Klage ab und stellte fest, dass er öffentlich als Lügner, Geschichtsfälscher, Rassist und Antisemit bezeichnet werden darf.

Diese französisch-britische Differenz im Umgang mit der Frage nach Tatsachenwahrheiten lässt sich so verstehen, dass sich hier die Paradigmen von *Markt* und *Forum* gegenüberstehen: Während die liberale Tradition – Großbritannien – darauf setzt, dass sich die wahren Behauptungen gegen die falschen auf dem oft beschworenen »Markt der Meinungen« durchsetzen werden, setzt der Republikanismus – Frankreich – auf staatlich unterstützte Verfahren der Tatsachenfeststellung und (teilweise sanktionsbewehrte) Mechanismen der Exklusion – ein Umstand, der in Frankreich immer wieder massiven Protest gegen die politische Einflussnahme in der Erinnerungspolitik provoziert hat.[89]

Abstrakt gesagt und losgelöst vom konkreten Beispiel: Im liberalen Modell steht am Ende der »Politik der Wahrheit« das Zivilrecht, im republikanischen Modell das Strafrecht. Während die Konkurrenz von Meinungen auf einem Markt oder auch die zivilrechtliche Auseinandersetzung über mutmaßliche Verleumdungen horizontal verläuft, führt die vertikale, staatlich zertifizierte und unter Umständen strafrechtlich erfolgende Verteidigung von Tatsachenbehauptungen nicht nur Hierarchien in die Wissensbestände ein, sondern operiert selbst hierarchisch.[90] Aus liberaler Sicht kann man hoffen, dass Initiativen wie AlgorithmWatch in einem emergenten *Bottom-up*-Prozess die Machtstrukturen in der digitalen Welt einhegen, aus republikanischer Sicht wird man die Notwendigkeit einer kollektiv bindenden Regelung von algorithmischer Macht betonen.[91]

Die Frage, wie sich eine demokratische Öffentlichkeit vor einer

88 Und auch in Österreich, wo David Irving wegen des Straftatbestands der nationalsozialistischen Wiederbetätigung zu einer Gefängnisstrafe verurteilt wurde.

89 Vgl. hierzu auch Paul Ricœurs letztes großes Werk *La Mémoire, l'Histoire, l'Oubli*, Paris 2003.

90 Man denke an Institutionen wie das Collège de France oder die Académie française.

91 Siehe ⟨https://algorithmwatch.org⟩, letzter Zugriff am 25.8.2022.

gezielten »Bullshitisierung«[92] zu schützen vermag, hat durch die Zunahme von propagandistischer Beeinflussung an Dramatik gewonnen. Gerade mit Blick auf die gezielten Desinformationskampagnen und das Problem der Zivilisierung des Diskurses in Zeiten der Digitalisierung tritt die strukturelle Schwachstelle der liberalen Strategie deutlich zutage. Durch die Ökonomisierung von Öffentlichkeit entsteht nämlich eine heftige Konkurrenz zwischen Entertainment und Politik, die in manchen Fällen zu einer völligen Fusion der beiden Sphären geführt hat – mit bedenklichen Konsequenzen.[93] Darüber hinaus erweist sich die Möglichkeit der anonymen Verbreitung von Gerüchten als problematisch, weil das liberale Modell auf dem Prinzip der Verantwortlichkeit fußt: Verleumdung beispielsweise lässt sich nur dort rechtlich verfolgen, wo sich der Urheber dingfest machen lässt, also etwa ein verleumderischer Artikel klarnamentlich gekennzeichnet ist oder die redaktionell Verantwortlichen im Impressum angegeben sind. Digitale Kommunikation setzt genau diesen Zivilisierungsmechanismus aus und ermöglicht in bisher ungekanntem Ausmaß anonyme Kommunikation in einen öffentlichen Raum hinein, die eine klare Zuschreibung von Verantwortung ungemein erschwert bis verunmöglicht. Erstmals seit der Entstehung der Flugblätter im 16. Jahrhundert gibt es jetzt wieder massenhaft Nachrichten ohne Absender.[94] Gegen gezielte Verleumdungskampagnen, die sich als eine Gewalt vorbereitende Formung von Lebenswelten verstehen lassen, gibt es kaum noch wirksame Mittel.[95]

92 Als »Bullshit« definiert der Philosoph Harry G. Frankfurt (*Bullshit*, Berlin 2014) Behauptungen, die noch nicht einmal falsch sind – die also im oben beschriebenen Sinne dazu dienen, den Schein einer Äquivalenz zwischen wissenschaftlichen und nichtwissenschaftlichen Behauptungen herzustellen.

93 Der Trend zur Boulevardisierung von Nachrichten lässt sich empirisch nachweisen: Jacob Leidenberger, *Boulevardisierung von Fernsehnachrichten. Eine Inhaltsanalyse deutscher und französischer Hauptnachrichtensendungen*, Wiesbaden 2015. Siehe auch Markus Prior, »News vs. Entertainment. How Increasing Media Choice Widens Gaps in Political Knowledge and Turnout«, in: *American Political Science Review* 49:3, S. 577-592.

94 Das prädigitale Äquivalent wären die anonym gedruckten und dann öffentlich verteilten Flugblätter, die z. B. während der Konfessionskriege im 16. Jahrhundert eine wichtige Rolle spielten.

95 Das klassische Beispiel für eine »erfolgreiche« prädigitale Verleumdung durch Kommunikation ohne Absender sind die *Protokolle der Weisen von Zion*. Und Sender wie RT (bis 2009: Russia Today) haben ihre Funktion bereits erfüllt,

Die Problembeschreibung verschiebt sich allerdings erheblich, wenn man den öffentlichen Raum nicht nach dem Modell eines *Marktes*, sondern nach dem Paradigma eines *Forums*, das heißt republikanisch denkt. Auch digitale Infrastrukturen gelten dann in erster Linie als Allgemeingüter – Allmenden –, die nicht einem unkontrollierten Spiel von Marktmächten ausgesetzt werden sollten. Daraus folgt, dass man auf der Grundlage von geeigneten politischen Entscheidungen jene Unternehmen, deren (zum Teil werbefinanziertes) Geschäftsmodell darin besteht, es Nutzern zu ermöglichen, »Nachrichten« (im weitesten Sinn) zu verbreiten, für diese Inhalte und ihre Wirkungen in Haftung nehmen kann.[96] Anders als auf einem Markt, wo sich der ökonomische Austausch in der Regel anonym abspielt, zeigen die Bürgerinnen und Bürger auf dem Forum ihr Gesicht.[97]

wenn bei den Zuschauern der Eindruck entsteht, dass z. B. die völkerrechtliche Einordnung der Annexion der Krim durch Russland im Jahr 2014 kontrovers diskutiert werde. Zu Recht weist Timothy Snyder daher immer wieder darauf hin, dass »post-truth« potenziell »pre-fascist« sei. Vgl. das Interview, das Sean Illing im März 2017 mit Timothy Snyder führte: »Post-truth is Pre-fascism«: A Holocaust Historian on the Trump Era«, ⟨https://www.vox.com/conversations/2017/3/9/14838088/donald-trump-fascism-europe-history-totalitarianism-post-truth⟩, letzter Zugriff am 11. 11. 2022.

96 Einschlägig ist der Konflikt zwischen Facebook und der Bundesregierung im Sommer und Herbst 2016. Die umstrittene Frage lautete hier, inwiefern Facebook für volksverhetzende Inhalte von Nutzern verantwortlich gemacht werden kann. Stellt Facebook lediglich eine Plattform zur Verfügung und ist daher für die Inhalte ebenso wenig verantwortlich wie der Hersteller von Kopiermaschinen? Oder ist Facebook verantwortlich im Sinne des Pressegesetzes und daher verpflichtet, verbotene Inhalte schnellstmöglich zu löschen, Täter auszuschließen und Inhalte in irgendeiner Form zu kontrollieren? Im Oktober 2015 eröffnete die Staatsanwaltschaft Hamburg zwar gegen den Geschäftsführer der Facebook Germany GmbH ein Ermittlungsverfahren wegen Volksverhetzung. In der rechtswissenschaftlichen Diskussion herrscht jedoch Konsens, dass die Rechtsprechung den technischen Entwicklungen noch erheblich hinterherhinkt.

97 Wobei momentan unklar ist, wie man langfristig z. B. das Retweeten von Falschbehauptungen und Verleumdungen strafrechtlich behandeln will. Während die falsche Verdächtigung strafbar ist (und im Kontext von Gerüchten über angebliche Straftaten von Geflüchteten entsprechende Falschbehauptungen bereits geahndet wurden), ist fraglich, inwiefern das Verlinken oder Retweeten derartiger Inhalte selbst justiziabel ist. Müssen Bürgerinnen und Bürger jede Nachricht prüfen, die sie an andere weiterleiten? Das erscheint wenig praktikabel.

Aber gerade die »Aktivierung« von Bürgerinnen und Bürgern oder gar Firmen kann auch antirepublikanisch erfolgen. Zum Beispiel stellt das am 1. Januar 2018 in Kraft getretene »Netzwerkdurchsetzungsgesetz« eine Privatisierung ursprünglich staatlicher Aufgaben dar. Die Netzwerkbetreiber selbst sind gezwungen, augenscheinlich strafrechtlich verfolgbare Inhalte zu löschen, womit die Entscheidung darüber, wo die Meinungsfreiheit endet und die Volksverhetzung anfängt, in die Abteilungen der entsprechenden Konzerne vorverlagert wird. Das mag Staatsanwaltschaften und Gerichte entlasten, hat aber die demokratietheoretisch zweifelhafte Folge, dass nun private Firmen über Grenzen entscheiden, die eigentlich vom Staat gezogen werden müssten.[98]

Demgegenüber würde die republikanische Alternative auf ausreichend besetzte Staatsanwaltschaften pochen und zur systematischen Aufklärung über die Grenze zwischen Meinungsäußerung, Verleumdung und Volksverhetzung drängen.

Analog zur oben dargestellten Rehierarchisierung des Wissens nach der Erfindung des Buchdrucks geht es im Zeitalter der digitalen Kommunikation also darum, demokratiekompatible Mechanismen zu finden, die es erlauben, einerseits die Pluralität von Meinungen zu erhalten und das freie Spiel konkurrierender Überzeugungen zu ermöglichen, andererseits verleumderische oder gar volksverhetzende Kommunikation auszuschließen sowie die Unterschiede zwischen vertrauenswürdiger Expertise und unqualifizierter Behauptung klar zu markieren. Vor allem Letzteres, die Sicherung anerkannter Expertise, deren Ergebnisse als Grundlage von Entscheidungsfindungen dienen können, ist für eine nachhaltige Entwicklung entscheidend. Vertrauenswürdige Institutionen der Tatsachenfeststellung bereiten den Boden für die politische Bewertung von Sachverhalten und Maßnahmen. Das bedeutet wie gesagt nicht, dass solcherart Institutionen nicht ihrerseits hinterfragt werden dürfen, etwa im Hinblick auf ihre mögliche Vermachtung, wie Felix Stalder es beschreibt:

> Ausgeübt wird Macht nicht dadurch, dass dem Einzelnen direkt vorgeschrieben würde, was er zu tun hätte. Vielmehr wird einfach die Umge-

98 Die letzten Novellierungen des Gesetzes traten im Juli 2022 in Kraft. Zum einen wurden die ursprünglichen Regelungen verschärft, zum anderen die Rechte von Nutzern gestärkt.

bung, in der sich jeder Einzelne selbstverantwortlich zurechtfinden muss, verändert. Der Boden der Tatsachen wird leicht schräg gestellt und damit die Wahrscheinlichkeit erhöht, dass die Faktizität der nun veränderten Tatsachen, als gesteuerte soziale Schwerkraft, in eine bestimmte Richtung wirkt.[99]

Es dürfte mittlerweile deutlich geworden sein, dass eine republikanische Theorie nachhaltiger Demokratie davon ausgeht, dass der »schräge Boden der Tatsachen« durch politische Anstrengungen immer wieder ins Lot gebracht, dass die Vertrauenswürdigkeit von Institutionen aktiv hergestellt und bewahrt werden muss. Zum Beispiel, indem Institutionen der *Unparteilichkeit*, »unabhängige Behörden«, politisch gewollt und eingerichtet werden: Ämter und Bundesanstalten, die vor direkter politischer Einflussnahme geschützt sind und durch eine solide und differenzierte Darstellung von Sachverhalten Bezugspunkte für die politische Debatte liefern.[100] Ebenfalls zentral ist die Transparenz von Prozessen der Wissensaggregation: Ämter, die »Wissen« produzieren und aufbereiten, müssen die von ihnen zugrunde gelegten Methoden und Verfahren vollständig offenlegen, wie es beispielsweise das Bundesamt für Statistik in weiten Teilen bereits tut. Ein weiterer Schritt in die richtige Richtung sind Anstrengungen, die behördliche Außenkommunikation zu verbessern, wie sie etwa die bundesdeutsche Polizei gerade unternimmt, zum Beispiel auf dem Gebiet der Erläuterung von Polizeistatistiken. Vertrauen in die Angaben zur Kriminalität werden die Behörden nur dadurch herstellen, dass sie die Verfahren bei der Datenerhebung vollständig transparent machen. Essenziell ist außerdem die möglichst heterogene Besetzung von Aufsichtsgremien (einschließlich der Nachhaltigkeitsbeiräte, siehe oben, Kap. 5.4), die darüber wachen, dass in den entsprechenden staatlichen Behörden oder wissenschaftlichen Institutionen keine selbstreferenziellen Subsysteme entstehen. Und schließlich gibt es noch den Gedanken, die Aufrechterhaltung von Meinungs- und Medienvielfalt zwar zu verteidigen, aber die politische Öffentlichkeit systematisch vor Ökonomisierung und politischer Instrumen-

99 Felix Stalder, *Kultur der Digitalität*, Berlin 2016, S. 226.

100 Pierre Rosanvallon, *Demokratische Legitimität. Unparteilichkeit, Reflexivität, Nähe*, Bonn 2013, S. 94-149. Das Robert Koch-Institut hatte genau diese Rolle in der Corona-Pandemie. Optimierungsbedarf scheint es beim RKI in Sachen Transparenz und Außenkommunikation zu geben.

talisierung zu schützen, genauer:[101] das genuin *politische* Forum vor einer Form der Ökonomisierung zu schützen, die Nachrichten als bloßes Wirtschaftsgut betrachtet und daher auch nicht davor zurückschreckt, diese im Zweifelsfall und wenn es die Rendite steigert, im wahrsten Sinne zu »produzieren«, also mehr oder weniger frei zu erfinden.

Schon in den frühen 1960er Jahren hat Jürgen Habermas auf den historischen Moment hingewiesen, als (in der Zwischenkriegszeit) die Nachrichten zu bloßen Lückenfüllern zwischen den Werbeanzeigen wurden[102] – als sich das Verhältnis von Werbung und Nachrichten umzukehren begann. Die Digitalisierung verschärft diesen Prozess und die mit ihm verbundene Gefahr durch Beschleunigung: Da die Klicks in Echtzeit gemessen werden können, produzieren große Online-Nachrichtenportale häufig mehrere Varianten einer Meldung und schalten schließlich diejenige für das gesamte Portal frei, die während einer Art »Testphase« die meisten Klicks generiert hat – ein Prozess, der insgesamt nur einige Minuten dauert. Der Selektionsdruck besteht aber nicht nur zwischen verschiedenen Varianten einer Nachricht; auch der »Content« der »Siegernachricht« wird in Reaktion auf die generierten Klickzahlen dauernd neu arrangiert. Vor allem bei Portalen wie www.bild.de sind die Inhalte daher in ständigem Fluss – einem, der sich den Präferenzen der Masse vollautomatisiert anpasst. Auf diese Weise verschwindet der inhaltliche Wert einer Nachricht in Echtzeit hinter ihrem Geldwert, und es ist die Mehrheit, die durch Klicks über die Priorisierung von Nachrichten entscheidet. Im Falle von Plattformen, die für die geteilten Inhalte nicht haften, verschärft sich das Problem. Die mittlerweile hinreichend bekannten Effekte der Selbstverstärkung, der emotionalen Ansteckung sind die Folge:[103] Anschauliche,

101 Dies ist der Grundgedanke der öffentlich-rechtlichen Medienanstalten, die nach 1945 in der Bundesrepublik nach dem Vorbild der BBC eingerichtet wurden.

102 Jürgen Habermas, *Strukturwandel der Öffentlichkeit. Untersuchungen zu einer Kategorie der bürgerlichen Gesellschaft*, Neuwied, Berlin 1962, S. 211-215. In seiner erneuten Auseinandersetzung mit dem Thema wird diese Diagnose bezogen auf den digitalen Kapitalismus aktualisiert. Auch hier verteidigt Habermas die These, dass Nachrichten keine Waren wie andere sind, dass ihre Verbreitung mit besonderen Haftungsverpflichtungen einhergehen müsse, z. B. mit der Verpflichtung, Falschmeldungen zu korrigieren. Siehe Jürgen Habermas, *Ein neuer Strukturwandel der Öffentlichkeit und die deliberative Politik*, Berlin 2022, S. 66.

103 Vgl. hierzu auch die Darstellung bei Stalder, *Kultur der Digitalität*, S. 221 f.

dramatische Einzelereignisse treten in den Vordergrund, während schwer darzustellende, langsame Prozesse wie zum Beispiel der Klimawandel die aufmerksamkeitsökonomischen Verlierer sind.

Es ist keineswegs so, dass alle diese Entwicklungen als unabwendbar hingenommen werden müssen. Auch sie, das heißt die Prozesse der Rehierarchisierung von digitalen Öffentlichkeiten, lassen sich im Sinne einer nachhaltigen Digitalisierung politisch gestalten (wenn auch nicht schlagartig bewältigen). Das Feld der Online-Werbung beispielweise ist zumindest prinzipiell regulierbar; und eine klare Trennung zwischen Nachricht, Unterhaltung und Werbung ist, das zeigt die Kennzeichnungspflicht für Anzeigen in Printmedien, durchaus möglich.

(b) Neben den Prozessen der Dehierarchisierung und der Rehierarchisierung von Wissen gehören die neue Transparenz durch Digitalisierung und ihre Folgen zu den für eine Nachhaltigkeitspolitik zentralen Herausforderungen. Die deutlichsten Beispiele dafür, wie Digitalisierung zur Ausweitung von Transparenz beitragen kann, sind Formen des E-Governments: wenn beispielsweise die Akten von Ämtern, die Bewerbungen um öffentliche Ausschreibungen oder die Planungsakten von öffentlichen Infrastrukturprojekten online zugänglich gemacht werden. Es ist unstrittig, dass im Bereich von Partizipation und Planung zumindest für die öffentliche Verwaltung längst neue Standards bezüglich einer durch Digitalisierung ermöglichten Transparenz entstehen. The Open Government Institute (TOGI) an der Zeppelin Universität in Friedrichshafen hat unter der Leitung von Jörn von Lucke hierzu umfangreiche Vorschläge ausgearbeitet.[104]

Sehr viel rudimentärer sind indes noch die Praktiken digitaler Transparenzherstellung im Bereich der privatwirtschaftlichen Produktion. Noch stellt sich die Herstellung von Produkten für die Konsumenten meist als ein intransparenter Prozess dar, der gewissermaßen auf der Hinterbühne des Wirtschaftsgeschehens abläuft, kaum durchschaubar und nur schwer zugänglich für diejenigen, die wissen wollen, wie die Produkte entstanden sind, zu dessen Konsum sie aufgefordert werden. Doch auch hier lassen sich neue Ansätze erkennen. Ein augenfälliges Beispiel ist die Möglichkeit, die

104 Vgl. auch Bernd Wirtz, *E-Government. Grundlagen, Instrumente, Strategien*, Wiesbaden 2010.

Klimaschädlichkeit des eigenen Mobilitätsverhaltens zu kompensieren; vor allem im Flugverkehr sind die Angebote des Offsettings mittlerweile weitverbreitet und digital bequem in die entsprechenden Nutzeroberflächen integriert. Jeder Flug lässt sich bezüglich seiner Wirkung einschätzen und via Mausklick kompensieren.

Unabhängig davon, wie man die Idee des Offsettings einschätzt, ist entscheidend an diesem Beispiel, dass Digitalisierung dazu beitragen kann, das Verhalten von Firmen, Organisationen und Individuen mit Blick auf Nachhaltigkeit transparent zu machen: Digitale Transparenz ermöglicht Gouvernementalität durch Beobachtung. Die digitalen Instrumente, die es etwa erlauben, den individuellen CO_2-Fußabdruck zu erstellen, werden immer besser und bedienungsfreundlicher. Ein herausragendes Beispiel hierfür ist Oroeco, eine App, die im Wesentlichen von Ian Monroe entwickelt wurde, der sie ganz explizit als eine Technik rationaler Selbstbindung, als eine Art von externalisiertem Mechanismus zur Überwindung von Willensschwäche beschreibt. Andere klassische Beispiele sind: INRIX Traffic, GoodGuide, Carticipate, iRecycle oder Locavore. Zwar haben diese Apps ihre je spezifischen Vorteile und Schwierigkeiten, aber sie belegen, dass Digitalisierung dazu beitragen kann, den Mitgliedern einer »Externalisierungsgesellschaft«[105] zumindest transparent zu machen, wo welche verdeckten Kosten für ihre Entscheidungen entstehen. Der Grenzbegriff dieser Entwicklung ist eine digitalisierte Lebenswelt, die das Verhalten auf allen Ebenen (staatlich, unternehmerisch, individuell) wie ein technisch externalisiertes Über-Ich ständig beobachtet und zumindest ein realistisches Feedback erstellt und auf diese Weise die Konsequenzen des eigenen Handelns transparent macht. Zum Kontoauszug könnte sich zukünftig der »Nachhaltigkeitsauszug« gesellen, der die Emissionen, den Ressourcenverbrauch, das nachhaltige Engagement ausweist.

Politisch relevant ist natürlich die Frage, *gegenüber wem* diese Daten transparent sind. Dienen sie als Technik rationaler Selbstbindung der Autonomie oder sind sie Teil einer heteronomen Fremdkontrolle? Auch Transparenz ist ein ambivalentes politisches Ziel. Man muss nicht die vor allem in der Kunstszene beliebten Diagno-

105 Stephan Lessenich, *Neben uns die Sintflut. Die Externalisierungsgesellschaft und ihr Preis*, Berlin 2016.

sen einer in apokalyptischen Tönen beschriebenen »Transparenzgesellschaft« bemühen,[106] um zu sehen, dass das Transparenzgebot immer dort problematisch wird, wo es nicht mehr um die Transparenz von Behörden oder Firmen, sondern um die Transparenz des *individuellen* Verhaltens *für andere* geht: für den Staat oder, jeder demokratischen Kontrolle entzogen, für große Unternehmen.[107] Es reicht vielmehr der Verweis auf die oben (4.1) referierte liberale Grundintuition bezüglich eines Werts des Privaten, um zu sehen, dass die digitale Gestaltung von Lebenswelten ein hochgradig politischer Prozess ist. Weder gibt es ein uneingeschränktes Recht auf Privatheit,[108] noch wird man aus dem Anspruch auf Nachhaltigkeit einfach die vollständige digitale Transparenz ableiten können. Denn schnell läuft die digitalisierte Demokratie Gefahr, für politische Eliten zu einem *umgekehrten Panoptikum* zu werden, in dem sie keine Äußerung und keine private Handlung mehr vollziehen können, die nicht von einer Handy-Kamera gefilmt und gegen sie verwendet wird. »Gläserne Demokratie (*monitory democracy*) und digital-mediale Netzwerke verhalten sich wie siamesische Zwillinge«, formuliert John Keane.[109] Mit Pierre Rosanvallon ließe sich dafür argumentieren, dass eine überschießende, grenzenlose Überwachung von politischen Entscheidungsträgern selbst demokratiegefährdend ist.[110]

106 Byung-Chul Han, *Transparenzgesellschaft*, Berlin 2012.

107 Harald Welzer unterscheidet (z. B. in *Die smarte Diktatur. Der Angriff auf unsere Freiheit*, Frankfurt/M. 2016) diese beiden Formen der Transparenz nach meinem Eindruck nicht ausreichend. In seiner Kritik an der Digitalisierung wird erstaunlicherweise eine unvollständige Performanz des Staates – die Möglichkeit von Bürgerinnen und Bürger, »unterzutauchen« – zu einem Qualitätsmerkmal von Demokratien. Aus republikanischer Sicht ist diese anarcho-libertäre Position jedoch fragwürdig. Will man ernsthaft behaupten, die Bundesrepublik habe ihren demokratischen Charakter dadurch unter Beweis gestellt, dass sie etwa dem späteren Attentäter Anis Amri ermöglichte, sich durch das Operieren mit mehreren Identitäten dem Zugriff der Behörden zu entziehen?

108 So wird beispielsweise im Falle von Cyberkriminalität und digitaler Volksverhetzung die Anonymisierung von Individuen durch die Rückverfolgung von IP-Adressen bekämpft.

109 John Keane, »Monitory Democracy?«, in: Sonia Alonso, John Keane, Wolfgang Merkel (Hg.), *The Future of Representative Democracy*, Cambridge 2011, S. 212-235, hier: S. 229.

110 Pierre Rosanvallon, *La contre-démocratie. La politique à l'âge de la défiance*, Paris

Ein Republikanismus der Nachhaltigkeit kann diese Dilemmata nicht einfach auflösen, sie aber in ein neues Licht rücken. Digital hergestellte Transparenz wird damit nicht nur bezogen auf die Staatstätigkeit, bezogen auf Parlamente, Behörden und Gerichte, zu einem *politischen* Thema. Betrachtet man die Frage der Transparenz republikanisch als eine der Gestaltung von Lebenswelten, so werden die Bürgerinnen und Bürger dazu angehalten, an der Gestaltung von Transparenzstrukturen mitzuarbeiten und über diese mitzuentscheiden. Transparenz ist dann nicht mehr etwas, das sich durch technische Innovationen schicksalhaft ergibt, sondern ein Element in *gestaltbaren* Lebenswelten.[111]

(c) Der *Republikanismus der Nachhaltigkeit* wurde bestimmt als eine auf wohlstrukturierten und umfangreich legitimierten Input sich berufende Form von Politik. Die große Debatte über die Möglichkeiten einer digital unterstützten politischen Partizipation ist daher auch für den Republikanismus der Nachhaltigkeit entscheidend: Republikanismus braucht die Bürgerinnen und Bürger als *citoyennes* und *citoyens*, als einbezogene, engagierte und handlungsbereite Mitglieder der Gesellschaft. Wir haben allerdings gesehen, dass die durch die Digitalisierung hervorgebrachten erweiterten medialen Möglichkeiten einerseits so etwas wie politischen Konsumismus, Emotionalisierung in Echokammern, Entzivilisierung in Posts und Tweets begünstigen können, andererseits aber auch handfeste Mittel zur Verbesserung von Partizipation und Deliberation darstellen.[112] Das Internet macht eben beides möglich: den eigenen Horizont in bisher unbekanntem Maße zu erweitern und sich in Teilöffentlichkeiten zurückzuziehen und dadurch in selbstreferenzielle Rückkopplungen zu geraten. Daher lautet die entscheidende Frage: Welche institutionellen Settings begünstigen das eine, welche das andere? Inwiefern lässt sich durch die demokratische Gestaltung der Entscheidungsarchitekturen einer digita-

2006, S. 257-260. Siehe auch: Felix Heidenreich, »Die Organisation des Politischen. Pierre Rosanvallons Begriff der ›Gegen-Demokratie‹ und die Krise der Demokratie«, in: *Zeitschrift für politische Theorie* 7:1 (2016), S. 53-72.

111 Die Verabschiedung der europäischen Datenschutzgrundverordnung (DSGVO), die am 25. 5. 2018 in Kraft trat, stellt einen ersten Schritt einer solchen kollektiven Transparenzautonomie dar.

112 Zum Begriff der Partizipation: Jan W. van Deth, »A Conceptual Map of Political Participation«, in: *Acta Politica* 49:3 (2014), S. 349-367.

lisierten Lebenswelt so etwas wie ein rationaler Diskurs befördern, jedenfalls wahrscheinlicher machen?

Die bisherigen Ausführungen in diesem Abschnitt dürften deutlich gemacht haben, dass die Bedingungen der Möglichkeit freier politischer Kommunikation auch und gerade in Zeiten der Digitalisierung einer *Sorge* (im Sinne der *cura*) bedürfen, die diese Bedingungen sicherstellt und gegen Angriffe schützt.[113] Mit anderen Worten: Zu glauben, digitale Öffentlichkeiten würden von sich aus zur kollektiven Vernunft neigen oder dem guten Argument gegenüber dem geschickt gestreuten Gerücht den Vorzug geben, ist politisch naiv. Aus republikanischer Sicht gilt, dass Öffentlichkeiten immer schon strukturierte oder »kuratierte« Öffentlichkeiten sind, deren »Offenheit« (im Sinne Karl Poppers) gepflegt und verteidigt werden muss. Fraglich ist dann nur, wer und auf Basis welcher Legitimation diese Strukturierung vornehmen sollte. Während liberale Positionen diesbezüglich auf die Mechanismen des Marktes oder des Zivilrechts hoffen, ist die Sicherung einer pluralistischen und zugleich verantwortlich genutzten Öffentlichkeit aus republikanischer Sicht eine öffentliche, das heißt politische Aufgabe. Die Gestaltung von Lebenswelten impliziert immer auch das Design von Strukturen, die Aufmerksamkeit lenken, schützen oder stören. Wie dramatisch die Folgen sein können, wenn eine digitale Öffentlichkeit ausschließlich nach Marktmechanismen organisiert ist, hat sich während der Corona-Pandemie gezeigt. Vor diesem Hintergrund ist es bezeichnend, dass der Podcast *Das Coronavirus-Update*, der von enorm vielen Bürgerinnen und Bürgern als hilfreich zum Verständnis der Pandemie empfunden wurde, nicht auf einer marktförmig organisierten Plattform entstanden ist, sondern öffentlich-rechtlich, nämlich vom NDR produziert wurde.[114] Die Formel von der »medialen Grundversorgung« hat hier eine ganz neue, im Wortsinn *existenzielle* Form angenommen.

Es bedeutet aus dieser Perspektive keine Überdehnung des Begriffs, wenn man »Nachhaltigkeit« zum Kriterium auch der Struk-

113 Den Bezug zur antiken *cura* arbeitet Bernard Stiegler heraus in: *Die Logik der Sorge. Verlust der Aufklärung durch Technik und Medien*, Frankfurt/M. 2008.

114 Bis zum 8.5.2020 (!) wurden die Folgen bereits über 40 Millionen Mal abgerufen. Inzwischen wird der Podcast in über 60 Ländern gehört. Siehe ⟨https://www.ndr.de/nachrichten/info/Behind-the-Scenes-Talk-mit-dem-Podcast-Team, audio661896.html⟩, letzter Zugriff am 26.8.2022.

tur und der rechtlichen Rahmung von Öffentlichkeiten macht. Dass die politische Öffentlichkeit eine für die Demokratie wichtige Infrastruktur ist, versteht sich von selbst. Dass sie auch eine verletzbare ist, sowohl von innen (durch Kommerzialisierung und Monopolisierung) als auch von außen (durch gezielte Einflussnahmen), rückt immer stärker ins Bewusstsein. Aus meiner Sicht wird nur eine republikanische Perspektive auf die digitale Infrastruktur als Element unserer Lebenswelt repräsentative Demokratien in die Lage versetzen, den Gefährdungen der politischen Öffentlichkeit angemessen zu begegnen.

6.4 Wie lässt sich die Theorie nachhaltiger Lebenswelten »anwenden«?

Ziel des Durchgangs durch die Themen Verbraucherdemokratie (6.1), Mobilitätspolitik (6.2) und Digitalisierung der Demokratie (6.3) waren nicht Modellbildungen oder »Prinzipien«, die dann in einem zweiten Schritt zur Anwendung zu bringen wären. Vielmehr sollte gezeigt werden, dass eine republikanische Theorie nachhaltiger Lebenswelten in allen drei Feldern eine spezifische Perspektive, eine bestimmte *Rahmung* ermöglicht, die eine Suchrichtung aufzeigt und unreflektierte Voraussetzung thematisierbar macht. Nicht mehr, aber auch nicht weniger. Es handelt sich um eine Form der Latenzbeobachtung, die beispielsweise als politisch gestaltbar ausweisen kann, was (wie wir beim Thema der Mobilität gesehen haben) als »natürlich« (natürliches Bedürfnis nach Mobilität) vorausgesetzt wird.[115] Dennoch erschöpft sich der Republikanismus nicht in einer Praxis des kritischen Hinterfragens von Gegebenem. Im Gegensatz zu den dekonstruktiven Strömungen in der Politischen Theorie, die meist als »postmodern« oder »poststrukturalistisch« zusammengefasst werden, zielt eine republikanische Konzeption nachhaltiger Demokratie nämlich auf die Frage der institutionellen Ausgestaltung von Lebenswelten. Auch wenn sie keine Zielpunkte benennt, kann sie begründen, in welcher Richtung Lösungen vermutet werden dürfen.

Alle drei diskutierten Beispiele – Mobilitätspolitik, Verbraucher-

115 In diesem Sinne hat sie auch eine *dekonstruktive* Dimension (vgl. Kap. 1.1).

demokratie und Digitalisierung – sollten zeigen, dass selbst vermeintlich kleine Differenzen in den juristischen oder technischen Infrastrukturen eine enorme Auswirkung auf die anderen Dimensionen von Lebenswelten haben können. Ein generelles Tempolimit von 130 km/h auf bundesdeutschen Autobahnen verändert das Kalkül Hunderttausender Pendlerinnen und Pendler; der Schritt zum fahrscheinlosen Nahverkehr stellt das Framing des ÖPNV grundlegend um. Auch staatliche Ratings für die Nachhaltigkeit von Investitionen könnten eine enorme Hebelwirkung entfalten, weil sich institutionelle Anleger wie Gewerkschaften, Kirchen und Stiftungen an diese gebunden fühlen könnten (anders als an die Empfehlungen von Bürgerinitiativen, deren Kompetenz und Motivation in Zweifel gezogen werden kann). Und auch für die Digitalisierung demokratischer Öffentlichkeiten lässt sich zeigen, dass kleine Veränderungen im Regelwerk große Auswirkungen haben können, selbst wenn sich hier, anders als in den anderen beiden Bereichen, die Provider durch die globale Vernetzung der nationalen Strafverfolgung entziehen können. Man stelle sich nur vor, die Chefs von Plattformen wie Facebook oder Twitter würden juristisch als »Verleger«, »Herausgeber« oder »Verantwortlicher Redakteur« (und damit als verantwortlich im Sinne des Pressegesetzes) eingestuft – die Folgen wären gigantisch.[116] Andere Optionen zur Regulierung von Plattformen bestünden durchaus, würden aber ebenfalls ein republikanisches Verständnis von Öffentlichkeit voraussetzen.[117]

Während also dekonstruktive politische Theorie meist auf die Neuverhandlung von Sprache setzt (nicht zufällig wird die Sprachpolitik der Gender-Bewegung auf Foucault und Derrida zurückgeführt) oder die Neuerzählung von Genealogien ermöglicht, geht es im *Republikanismus der Nachhaltigkeit* auch um institutionelle, materielle und rechtliche Regelungen und deren Fernwirkungen. Insofern steht der hier vorgeschlagene Ansatz in der Tradition Hegels und hofft auf die nicht nur bindende, sondern auch kulturell prägende Kraft des Rechts sowie der materiellen und sozialen Di-

116 Würden Publikationen auf Facebook dem Presserecht unterliegen, wäre das Geschäftsmodell grundlegend in Frage gestellt.

117 Ulrich Dolata, »Platform Regulation. Coordination of Markets and Curation of Sociality on the Internet«, in: Heinz D. Kurz u. a. (Hg.), *The Routledge Handbook of Smart Technologies*, London 2022, S. 455-475.

mensionen von Lebenswelten. Diese Form der »Anwendung« greift aber dem demokratischen Prozess nicht vor, da sie lediglich auf die Rekonstruktion erfolgreicher Strategien und deren »Grammatik« verweisen kann. Daher ist die Theorie nachhaltiger Lebenswelten einerseits bescheidener als eine konstruktive Theorie der deduktiven Begründung; andererseits ist sie ehrgeiziger als eine dekonstruktive Analyse herrschender Narrative.

Ihre Leistung besteht dann darin, ein Muster erkennbar zu machen: Das Muster einer republikanischen Herstellung kollektiver Handlungsfähigkeit durch kollektiv bindende Entscheidungen, die den gezielten Aufbau nachhaltiger Lebenswelten durch eine starke Input-Legitimation auch gegen die Widerstände einer auf private Lebensführung verweisenden Opposition durchsetzt. In diesem Sinne enthält die Theorie auch eine starke empirische These: dass nämlich überall dort, wo eine tatsächlich ehrgeizige Transformationspolitik stattfindet, republikanische Demokratieverständnisse in den Vordergrund treten und liberale normative Erwartungen abgeschwächt werden. In diesem Sinne soll der Republikanismus der Nachhaltigkeit gerade kein nachhaltiges Wolkenkuckucksheim entwerfen und auch nicht nach »Leuchttürmen« oder »Avantgarde-Modellen« fragen, sondern skalierbare Praktiken sichtbar und konzeptionell greifbar machen.

7
Schluss: Governance, Gouvernementalität und Demokratie der Nachhaltigkeit

Die Ausgangshypothese dieses Buches lautete, dass Nachhaltigkeit als Politikziel gegenüber den Mitteln und Formen, den Verfahren und Idealen der Demokratie nicht neutral ist. Auch wenn nachhaltige Demokratie nicht völlig anders aussehen wird, als es die Modelle der klassischen Demokratietheorie vorsehen, so ist doch mit einer sich an vielen Orten bereits jetzt klar abzeichnenden Ausweitung des Regelungsbedarfs zu rechnen. Demokratisches Regieren wird sich folglich nicht einfach in den bisherigen normativen und rechtlichen Bahnen bewegen können, sondern sich – wie immer schon – weiterentwickeln, vor allem bezüglich der Idee des Privaten. Katalytisch wirken dabei die neuen Regierungstechnologien, wie sie aus der Verhaltensökonomie und der Digitalisierung erwachsen (Stichwort »Nudging«). Welche Rolle der Begriff der Nachhaltigkeit in der öffentlichen Auseinandersetzung über diese Veränderung von Regierungstechnologien spielt, scheint folglich entscheidend für die Zukunft der Demokratie.

Die Corona-Krise hat gezeigt, wie weit auch demokratische Staaten in das Privatleben ihrer Bürgerinnen und Bürger im Falle eines Notstands eingreifen können. Die Krise zeigt aber auch, dass derartige Eingriffe nur dann akzeptiert und mit kooperativem Verhalten beantwortet werden, wenn sie sich auf hinreichende Input-Legitimation und kommunikative Plausibilisierung stützen können. Extreme Maßnahmen wie Ausgangssperren und Kontaktbeschränkungen wären allein mit der Androhung von Repression unmöglich durchsetzbar. Dies aber gilt nicht nur für die zugebenermaßen sich regelrecht überschlagenden politischen Entscheidungen während der Corona-Pandemie. Die heftigen Proteste der Gelbwesten-Bewegung in Frankreich anlässlich einer ökologisch begründeten Verteuerung von Treibstoffen zeigen, dass eine Politik der Nachhaltigkeit nicht erfolgreich *gegen* die Bürgerinnen und Bürger durchgesetzt werden kann.

Ob die Gestaltung nachhaltiger Lebenswelten tatsächlich demokratisch erfolgen wird, ist keineswegs vorhersehbar, denn der

Begriff der Nachhaltigkeit ist als »Wert«, Norm oder Ziel ebenso missbrauchsanfällig wie jeder andere auch. Wie die Gegenüberstellung von republikanischem und liberalem Demokratieparadigma gezeigt hat, kann Nachhaltigkeit mit anderen Werten wie Gerechtigkeit oder Freiheit in ein Spannungsverhältnis treten oder deren Umdeutung notwendig machen. Eine politische Theorie nachhaltiger Lebenswelten muss sich folglich davor hüten, performativ zu werden, Ambivalenzen zu überdecken oder gar Objekt und Modus miteinander zu vermischen, wie dies bisweilen bei Analysen von »Gerechtigkeit« oder »Toleranz« geschieht, wo die Aura der Themen auf die Autoren der Theorien abzustrahlen scheint. Luhmann hatte dieses Reflexivwerden mit einem Begriff von George Spencer Brown als *re-entry* beschrieben und empfohlen, stets die Frage zu stellen, ob es ungerecht sein kann, *zu* gerecht zu sein. Gibt es auch im Diskurs über Nachhaltigkeit solche *re-entries* oder Kippunkte?

Die oft unter dem Titel »Solutionismus« zusammengefassten Strömungen zeigen, dass politische Entscheidungen durch den Verweis auf Nachhaltigkeit als alternativlos dargestellt und damit entpolitisiert werden können. Verdeckt wird dadurch ihre Kontingenz, »Nachhaltigkeit« wird dann zu einem Äquivalent von »Sachzwang« – zu einer Kontingenzvermeidungsformel.[1]

Warum diese Gefahr im Nachhaltigkeitsdiskurs besonders akut ist, werde ich zu zeigen versuchen, indem ich die Unterscheidung zwischen *der Politik* und *dem Politischen* auf den Nachhaltigkeitsdiskurs anwende (7.1). Zudem möchte ich die These der Einwirkung auf mentale Infrastrukturen noch einmal kritisch wenden und nach dem *Subjekt* der Nachhaltigkeit aus einer subjektivierungstheoretischen Perspektive fragen – was naheliegt, wenn sich nicht nur eine *Nachhaltigkeitsgovernance*, sondern auch eine *Gouvernementalität der Nachhaltigkeit* beschreiben lässt. Die Analyse der Folgen für die Subjekte, die die Kritik am Neoliberalismus zur Beschreibung der Folgen einer Ökonomisierung des Selbstbezugs heranzieht, ist auch auf die *Gouvernementalität der Nachhaltigkeit* anzuwenden. Gibt es neben oder nach dem »unternehmerischen Selbst« des Neoliberalismus ein »nachhaltiges Selbst«? (7.2) Abschließend werde ich auf die

1 Im Unterschied zu einer Kontingenzformel. Auch bei Luhmann haben Kontingenzformeln immer diese beiden Funktionen der Steigerung und zugleich Einhegung von Kontingenz.

Rückwirkung des Politik*ziels* Nachhaltigkeit auf den Politik*modus* Demokratie zurückkommen und nicht nur nach der Demokratie der Nachhaltigkeit fragen, sondern auch nach der Nachhaltigkeit der Demokratie (7.3).

7.1 Nachhaltigkeitsdiskurs zwischen der Politik und dem Politischen

Im Jahr 1981 erschien ein von Philippe Lacoue-Labarthe und Jean-Luc Nancy herausgegebener Band mit dem Titel *Rejouer le politique*. Die Herausgeber rückten im Vorwort eine semantische Differenz ins Zentrum, die seitdem eine breite Diskussion entfacht hat. Im Französischen lässt sich, wie auch im Deutschen oder Englischen, zwischen *la politique* (*der* Politik) und *le politique* (*dem* Politischen) unterscheiden. Wie genau diese Differenz zu verstehen ist, bleibt indes umstritten, und es konkurrieren ganz verschiedene Begriffsverwendungen.[2] Dominant ist jedoch eine Verwendungsweise, die *die Politik* als jenen wohldefinierten Raum versteht, in dem zu gegebenen Problemen und Herausforderungen in einem von einer politischen Ordnung oder einem politischen System definierten Rahmen Antworten gesucht werden. *Das Politische* ist hingegen jener umfassendere Raum, in dem umstritten ist, was überhaupt als politisch zu verstehen ist und welche Kategorien bei der Beschreibung der Gegenwart zur Anwendung kommen sollen. In diesem zweiten Sinne politisch sind folglich diejenigen Ereignisse, die das politische Tagesgeschäft transzendieren und damit gewissermaßen die Grenzen der Politik verschieben.[3] In *der* Politik werden Alternativen zur Wahl gestellt. *Das* Politische indes besteht im Akt einer In-

2 Oliver Marchart, *Die politische Differenz. Zum Denken des Politischen bei Nancy, Lefort, Badiou, Laclau und Agamben*, Berlin 2010. Siehe auch die Beiträge in: Thomas Bedorf, Kurt Röttgers (Hg.), *Das Politische und die Politik*, Berlin 2010, sowie die zur DVPW-Sektionstagung »Das Politische (in) der Politischen Theorie«, die vom 27.-29. September 2017 an der Leibniz Universität Hannover stattfand, teilweise abgedruckt in: Oliver Flügel-Martinsen, Franziska Martinsen, Martin Saar (Hg.), *Das Politische (in) der Politischen Theorie*, Baden-Baden 2021.

3 So auch die einleitende Darstellung der eigenen Position bei Chantal Mouffe, *Über das Politische. Wider die kosmopolitische Illusion*, Frankfurt/M. 2007, S. 15-20.

fragestellung bestehender Alternativen. Die Politik ist konstituierte Macht, das Politische ist konstituierende Macht.[4] Wir können nun formulieren: Politik bewegt sich *in* Lebenswelten, das Politische thematisiert *die Gestaltung von* Lebenswelten.

Wie Thomas Bedorf in Erinnerung ruft, stellte bereits Hannah Arendt die Frage, ob sich das Politische in den Sachzwängen der (Tages-)Politik auflöse.[5] Der weitverbreitete Verdacht lautet, dass es eine Tendenz zur Überdeckung des Politischen durch die Politik gibt. Nach dieser radikaldemokratischen Lesart, die besonders wirkmächtig von Chantal Mouffe vorgetragen wird, droht eine Entpolitisierung in Form eines Verschwindens des Politischen in der Politik.[6]

Vor einer romantischen Hypostasierung dieser Unterscheidung sollte man jedoch aus guten Gründen auf der Hut sein. Ansonsten läuft nämlich die »politische Differenz« – in Analogie zur »ontologischen Differenz« Heideggers – Gefahr, zu einem *unvermittelten Gegensatz* zu werden, bei dem *das Politische* dazu dient, *die Politik* – und damit zum Beispiel die parlamentarischen Verfahren – zu delegitimieren. Das Denken der »politischen Differenz« wird gefährlich, wenn es ein eigentliches oder »ursprüngliches« Politisches gegen eine »bloße« Politik ausspielt.[7] Das alltägliche Ringen um den tragbaren Konsens, das Werben für Mehrheiten und die Mühen der Ebene, etwa in Gestalt der organisatorischen Bearbeitung des Notwendigen, werden so zum bloßen Gegenteil des »eigentlich« Politischen. Aus dieser sich selbst als »radikal« beschreibenden Kritik an einer langweilig und vermeintlich irrelevant gewordenen

4 Vgl. hierzu die Diskussion in: Robin Celikates, »Ziviler Ungehorsam und radikale Demokratie. Konstitutive vs. Konstituierte Macht?«, in: Bedorf, Röttgers (Hg.), *Das Politische und die Politik*, S. 274-300.

5 Thomas Bedorf, »Das Politische und die Politik – Konturen einer Differenz«, in: ders., Röttgers (Hg.), *Das Politische und die Politik*, S. 13-37, hier: S: 13.

6 Mouffe verteidigt damit Carl Schmitt gegen Habermas und plädiert für eine demokratische Neulektüre von Schmitts Freund-Feind-Unterscheidung: »Demokratie erfordert eine Form der Wir-Sie-Unterscheidung, die mit der Anerkennung des für die moderne Demokratie konstitutiven Pluralismus vereinbar ist.« (Mouffe, *Über das Politische*, S. 22.)

7 So mein Argument in »Die Organisation des Politischen. Pierre Rosanvallons Begriff der ›Gegen-Demokratie‹ und die Krise der Demokratie«, in: *Zeitschrift für politische Theorie* 7:1 (2016), S. 53-72. Besonders für politische Parteien ist diese Vorstellung hochgradig problematisch.

demokratischen Alltagspraxis folgt nicht selten eine Verachtung für demokratische Institutionen oder Repräsentanten insgesamt.[8]

Dennoch ist die Unterscheidung mit Blick auf das Thema dieses Buches hilfreich, weil sie die Frage aufwirft, ob und wann die Orientierung an Nachhaltigkeit zur Entpolitisierung beiträgt. Dies scheint überall dort der Fall zu sein, wo die Versöhnbarkeit von sozialer, ökonomischer und ökologischer Nachhaltigkeit einfach behauptet wird.[9] Auch der »Solutionismus«, der davon ausgeht, dass es für jedes denkbare Problem eine technische Lösung gibt, und diese auch in Aussicht stellt (langfristig natürlich auch für den Tod[10]), beschränkt sich nicht auf obskure kalifornische Sekten, sondern manifestiert sich in einer keineswegs exotischen Geisteshaltung, die jedes Problem als ein technisches konzipiert. Erkennbar ist diese Haltung an der Konzentration auf die Angebotsseite: Nachhaltigkeit soll durch nachhaltigere Angebote gesichert werden. Die Nachfrageseite bleibt dabei systematisch unthematisch. Das Ergebnis ist dann ein Nachhaltigkeitsdiskurs, der beinahe ohne Beteiligung von Soziologie, Politikwissenschaft oder Philosophie vonstattengeht und im Sinne eines technomorphen *Governance*-Begriffs eine Politik der Optimierung betreibt, die allerdings die entscheidenden Fragen umgeht.[11]

Was aber bedeutet es, durch eine Politisierung der Nachhaltigkeitsdebatte *das Politische* wieder in *der Politik* präsent zu machen? Die Herausforderung besteht darin, den Begriff des Politischen, der alles als politisierbar erscheinen lässt, der Politik als reflektierte Gestaltung von Lebenswelten begreift, einerseits zu verteidigen, ohne andererseits in eine Freund-Feind-Rhetorik zu verfallen, die bei Autoren wie Carl Schmitt mit dem weiten Begriff des Politischen verbunden wird. Mit anderen Worten: Anders als bei Schmitt

8 Zum Beispiel bei Alain Badiou, der wiederholt Wahlen als »Nicht-Ereignisse« verhöhnt hat.

9 In Kap. 5.4 habe ich zu zeigen versucht, dass dies in manchen Fällen durch die Nachhaltigkeitsbeiräte geschieht.

10 So gesehen wäre der Transhumanismus ein Sonderfall des Solutionismus.

11 Statt z. B. die Nachfrage nach Mobilität zu thematisieren, wird um die Optimierung von Verbrennungsmotoren oder den Umstieg auf die E-Mobilität gerungen. Hier stellt sich das aus dem Militärwesen bekannte Problem vom taktischen Sieg, der in eine strategische Niederlage mündet (*tactical victory leading to strategic defeat*). Kleine Erfolge verführen zu langfristigen Fehlern. Ein klassisches Beispiel hierfür ist der Krieg der USA in Vietnam.

oder bei Lacoue-Labarthe, bei Slavoj Žižek oder bei Alain Badiou führt der Bezug auf das Politische nicht notwendig zur Abwertung der Politik, die in den Bahnen des Üblichen, in Parlamenten, Ausschüssen, Anhörungen und Gesetzgebungsverfahren stattfindet. Manche Gruppen der Nachhaltigkeitsbewegung, die sich dezidiert vom Solutionismus abgrenzen und auf soziale Innovation »von unten« setzen, operieren jedoch mit dieser falschen Dichotomie.[12] Zu glauben, in der Politik finde das Politische ohnehin nicht statt, unterschätzt die Bedeutung technischer, sozialer und vor allem rechtlicher Infrastrukturen für nachhaltige Lebenswelten. Diese oft als »radikale« Position verortete Sicht konvergiert ironischerweise mit einem Liberalismus, der auf die emergenten Prozesse in der Zivilgesellschaft und auf den Markt hofft.[13] Modelle gelingender Nachhaltigkeit als »Leuchttürme« und Vorbilder, die aus Graswurzelbewegungen erwachsen, sind zweifellos hilfreich und erhellend. Viel wichtiger sind aber *skalierbare* Praktiken, die nachhaltige Lebenswelten *kollektiv bindend* durchsetzen.

Aus dieser republikanischen Perspektive geht es also darum, *das Politische* in *der Politik* aufzufinden und zu akzentuieren. Selbst kleine Gesetzesänderungen, ja selbst Modifikationen in Verordnungen können enorme kulturelle Wirkungen entfalten (man denke an die gleichgeschlechtliche Ehe oder die personenstandsrechtliche Zulassung eines dritten Geschlechts durch das Bundesverfassungsgericht[14]), was zeigt, dass das Politische keineswegs immer in Gestalt eines Ausnahmezustands oder einer kulturellen Revolution ins Werk gesetzt wird. Der Begriff der *Lebenswelt*, den ich in diesem Buch profiliert habe, erlaubt darüber hinaus eine Thematisierung

12 Ein deutliches Indiz dafür ist der Aufruf zum Wahlboykott, der bisweilen damit begründet wird, von der Politik sei nichts mehr zu erwarten.

13 Foucault hat früh auf diese Analogie hingewiesen und hierfür den Begriff der »Staatsphobie« vorgeschlagen. Dies würde z. B. auf Murray Bookchin zutreffen.

14 Im Urteil heißt es: »Personen, die sich dauerhaft weder dem männlichen noch dem weiblichen Geschlecht zuordnen lassen, werden in beiden Grundrechten verletzt, wenn das Personenstandsrecht dazu zwingt, das Geschlecht zu registrieren, aber keinen anderen positiven Geschlechtseintrag als weiblich oder männlich zulässt.« (BVerfG, Beschluss des Ersten Senats vom 10.10.2017-1 BvR 2019/16 – Rn. [1-69]) Die befreiende Wirkung, die diese so vermeintlich nüchtern daherkommende Feststellung für die Betroffenen hat, ist kaum zu überschätzen. Die rechtliche Anerkennung kann natürlich die gesellschaftliche Anerkennung nicht erzwingen; dennoch wird hier erkennbar eine neue *baseline* gesetzt.

jener Rückwirkungen, die technische Innovationen oder rechtliche Regelungen auf Gewohnheiten und Erwartungshaltungen haben können. Normen drücken nicht nur Werte aus, sondern verändern auch deren Geltung beziehungsweise Akzeptanz, indem sie die *baselines* verschieben.[15]

Das heißt aber auch: Lebenswelten können nie authentisch oder vorpolitisch sein.[16] Zu wünschen oder zu fordern, soziale oder technische Infrastrukturen müssten den »gegebenen« Lebenswelten entsprechen oder diese schonen, käme somit einer unangemessenen Verkürzung gleich. Anders gesagt: Eine nachhaltige Lebenswelt hat zwangsläufig die Form einer Gouvernementalität. Sie konfrontiert Subjekte mit Erwartungen und Imperativen, Praktiken und Diskursen und leitet sie durch diese an.

7.2 Das Subjekt in der Gouvernementalität der Nachhaltigkeit

Die Transformation hin zu einer nachhaltigen Gesellschaft bedeutet nicht nur einen technischen, sondern auch einen kulturellen Wandel. Nun sind Thesen über Epochenumbrüche aus vielerlei Gründen mit Vorsicht zu genießen, zumal wenn sie in allzu schneller Folge auf den Markt der Ideen geworfen werden. Die Sozialwissenschaften würden sich jedoch um ein wichtiges Betätigungsfeld bringen, wenn sie darauf verzichteten, beobachtbare Prozesse des Wertewandels oder der Transformation von Sozialstrukturen auf allgemeine Begriffe zu bringen. Gerade im Kontext einer technozentrischen Nachhaltigkeitsdebatte drohen die Gesellschaftswissenschaften zu einem »sozialtechnischen Anpassungsmanage-

15 Aus dieser Perspektive wäre z. B. damit zu rechnen, dass ein generelles Tempolimit auf deutschen Autobahnen nach wenigen Jahren zu einer neuen *baseline* sedimentiert. Als außergewöhnlich wird dann nicht mehr empfunden, dass nicht schneller als 130 km/h gefahren werden darf, sondern umgekehrt: dass es Zeiten gab, in denen man 240 km/h fahren durfte. Wie schnell sich derartige Referenzgrößen verschieben können, zeigen die Folgen der restriktiveren Tabakpolitik in der Bundesrepublik: Innerhalb weniger Jahre ist aus der *baseline* »in Restaurants wird geraucht« die *baseline* »in Restaurants wird nicht geraucht« geworden.

16 Womit ein diametraler Gegensatz etwa zu Habermas' Begriff der Lebenswelt markiert wäre.

ment« herabgestuft zu werden.[17] Vor diesem Hintergrund will ich abschließend noch einmal aus einer subjektivierungstheoretischen Perspektive überlegen, welche Folgen die »große Transformation« für Subjekte hat oder haben kann. Dazu muss zunächst grob umrissen werden, was mit einer subjektivierungstheoretischen Perspektive gemeint ist.

Der in Kapitel 3 vorgeschlagene Begriff der Lebenswelt hatte die Bedeutung von *Infrastrukturen* (im dreifachen Sinne) akzentuiert: In einer Lebenswelt stehen die einzelnen Subjekte nicht als souveräne, ungebundene Akteure, sondern sind ihrerseits gewissermaßen die Produkte einer Koevolution der drei Dimensionen von Lebenswelt. Mit anderen Worten: Subjekte gehen Lebenswelten nicht voraus, sondern aus Lebenswelten hervor, die sie dann mitgestalten können. Theorien der Subjektivierung beschreiben diese Prozesse der Genese von Subjekten durch und in sozialen Beziehungen, indem sie den *responsiven* Charakter von Subjektivität akzentuieren.[18]

Im Zentrum steht dabei die vor allem von Foucault betonte Doppelbedeutung des Begriffs des *Subjekts*, die im Französischen – *sujet* – besonders leicht erkennbar ist. Ein Subjekt ist einerseits – und diese Bedeutung dominiert den gewöhnlichen Sprachgebrauch – Akteur, Handelnder oder zumindest Adressat von Verantwortung. Diese erste Bedeutung kommt klar in der grammatikalischen Verwendung des Begriffs zum Ausdruck, wo das Subjekt dem Objekt gegenübergestellt wird. Ein Subjekt im Sinne von *Sub-jekt* ist aber immer auch ein Unterworfener (*sujet* heißt im Französischen auch Untertan), ein Ergebnis von Subjektivierungsprozessen, also von Schulungen, Anrufungen, Adressierungen, die die Subjektfunktion als Antwort provozieren.

In der in diesem Doppelsinn fußenden, primär aus Frankreich stammenden Debatte über Theorien der Subjektivierung spielt eine oft zitierte »Urszene« bei Louis Althusser eine Schlüsselrolle. In Althussers 1977 erstmals auf Deutsch erschienenem Buch *Ideologie und ideologische Staatsapparate* antwortet ein Passant auf den Zu-

17 Silke Beck u. a., »Aus dem Schatten der Klimamodellierung. Zur Repolitisierung des Klimawandels durch Sozialwissenschaften«, in: Stefan Böschen, Bernhard Gill, Cordula Kropp (Hg.), *Klima von unten. Regionale Governance und gesellschaftlicher Wandel*, Frankfurt/M. 2014, S. 35-53, hier: S. 43.

18 Inwiefern die Rezeption von Lévinas für Foucault von Bedeutung war, scheint mir unklar.

ruf eines Polizisten (»He Sie da! Stehenbleiben!«), indem er sich als Bürger, als »Rechts*subjekt*« angesprochen fühlt, stehenbleibt, Rede und Antwort steht. Der Imperativ »macht« das Subjekt. Die an diesem Beispiel verdeutlichte Gedankenfigur trägt weite Teile auch der späten Vorlesungen Foucaults. Sie lautet: Rollenmuster, Selbstideale und Verhaltenskodizes verdichten sich in einer Subjektivierung zu einer geschlossenen Antwort auf mehr oder weniger explizite Imperative, als deren Ergebnis Subjekte betrachtet werden können.

Die Pointe dieser Perspektive besteht nun darin, dass, anders als in den klassischen Theorien der Sozialisierung, die Eigenwahrnehmungen, der Möglichkeitshorizont, die – wenn man so will – »Subjekthaftigkeit« des Menschen als durch und durch sozial konstituiert gedacht werden. Auf Subjektivierung reagieren nicht etwa Subjekte, die es vorher schon gab und deren »eigentliches« oder »authentisches« Selbst daher der Gesellschaft gegenübergestellt werden könnte. Vielmehr werden diese als je spezifische Subjekte *konstituiert.*[19] Dieser Hintergrund macht auch verständlich, in welchem Sinne Foucault »den Menschen« (verstanden als das neuzeitlich-individualistische Subjekt) und die »Autor-Funktion« als historische Phänomene verstehen konnte, deren Zukunft ungewiss sei.[20]

Für Michel Foucault war indes entscheidend, dass Subjektivierung nicht ein einmaliger Akt ist, sondern sich vielmehr in einer beständig geübten Praxis vollzieht. In seinen späten Vorlesungen rekonstruiert er, wie solche Praktiken der Subjektivierung auch als

19 Vgl. Michel Foucault, *Hermeneutik des Subjekts. Vorlesungen am Collège de France (1981/82)*, Frankfurt/M. 2004. Zur deutschsprachigen Diskussion siehe die Beiträge in: Andreas Gelhard, Thomas Alkemeyer, Norbert Ricken (Hg.), *Techniken der Subjektivierung*, München 2013. Ein besonders hilfreicher Überblick über konkurrierende Theorien der Subjektivierung bietet: Martin Saar, »Analytik der Subjektivierung. Umrisse eines Theorieprogramms«, in: ebd., S. 17-28. Zur Frage der Subjektivierung kollektiver Subjekte vgl. die Beiträge in: Thomas Alkemeyer, Ulrich Bröckling, Tobias Peter (Hg.), *Jenseits der Person. Zur Subjektivierung von Kollektiven*, Bielefeld 2018.

20 Der Begriff der Konstituierung wurde hier bewusst gewählt, da sich an den semantischen Differenzen von Konstruktion und Konstituierung nicht selten die Debatte um den »radikalen Konstruktivismus« entzündet, dem Foucault bisweilen fälschlicherweise zugeordnet wird. Zur Polemik gegen Foucault im »Neuen Realismus« vgl. Felix Heidenreich, »Politik der Wahrheit – Wahrheit der Politik. Was ist neu am ›Neuen Realismus‹?«, in: *Philosophische Rundschau* 62:3 (2015), S. 225-242.

Selbsttechnologien beschrieben werden können, wie sie sich in den von ihm ausführlich behandelten Traditionen der antiken *Selbstsorge* finden.[21] Foucaults Neudeutung der antiken Philosophie (stark inspiriert von den Arbeiten Pierre Hadots) begreift diese nicht primär als wissenschaftliches oder theoretisches Projekt, sondern zunächst als eine Lebenskunst, bei der mittels wohldefinierter Praktiken an Selbsterkenntnis und Selbstkonstitution gearbeitet wird. Die für unseren Kontext relevante Pointe dieser vergleichenden Analysen zwischen platonischen, stoischen und christlichen »Selbsttechnologien« besteht im Aufweis der historischen und kulturellen Prägbarkeit von Subjektivität: Durch beständige Praxis (etwa die Bußpraxis im Katholizismus oder die Selbstprüfungen im Pietismus) entstehen Formen von Subjektivität mit spezifischen Denk- und Handlungsmustern.[22]

Zur Veranschaulichung dieser Perspektive ließe sich zum einen auf die umfangreichen Debatten in der Geschlechterforschung verweisen. Für den hier vorliegenden Kontext scheint aber ein Vergleich erhellender, der eine mögliche Kontrastfolie zum Paradigma des nachhaltigen Selbst darstellt: das *unternehmerische Selbst*. Unter diesem Titel hat Ulrich Bröckling jene Analysen des Neoliberalismus weitergeführt, die Foucault in seinen späten Vorlesungen am Collège de France entfaltet hatte. Mit »unternehmerisches Selbst« ist eine Subjektivierungsform gemeint, die im Zuge der neoliberalen Wende zu Beginn der 1980er Jahre Theorien zur Anwendung brachte, die vor allem der US-amerikanische Neoliberalismus um Gary S. Becker als Gesellschaftsmodell propagierte. Die Vorstellung, dass demokratische Gesellschaften am besten nach dem Vorbild von Unternehmen zu führen, dass Bürgerinnen und Bürger als Humankapital zu behandeln seien[23] und – das ist der für Bröckling entscheidende Punkt – dass sich das einzelne Subjekt idealerweise zu sich selbst, den eigenen Stärken und Schwächen, den Potenzialen und Fähigkeiten, wie ein *Unternehmer* verhalten solle, der

21 Vor allem in *Hermeneutik des Subjekts*.

22 Zur Debatte um Foucaults Antike-Rezeption vgl. Petra Gehring, Andreas Gelhard (Hg.), *Parrhesia. Foucault und der Mut zur Wahrheit*, Zürich 2020.

23 Zur Bedeutung der Humankapital-Theorien vgl. auch: Dieter Thomä, »Die Theorie des Humankapitals zwischen Kultur und Ökonomie«, in: *Zeitschrift für Wirtschafts- und Unternehmensethik* 3:7 (2006), S. 301-318.

jeden Mitteleinsatz und jede soziale Beziehung[24] auf die daraus zu erwartenden Renditen prüft.[25] Dieses unternehmerische Selbst betrachtet sich selbst als Humankapital und verhält sich analog zum Unternehmer strategisch zu seiner Umwelt.[26]

Die Diskussion darüber, ob und inwiefern diese Form der Subjektivierung für eine grassierende Epidemie von Burnout-Erkrankungen, Depressionen, Essstörungen etc. verantwortlich zu machen ist, hat weite Kreise gezogen.[27] Auch die normative Frage, ob die Subjektivierung des unternehmerischen Selbst an sich problematisch sei, ist für den hier gegebenen Kontext nicht entscheidend. Bedeutsam mit Blick auf das Thema der Nachhaltigkeit ist vielmehr, welche Konsequenzen die Subjektivierung als unternehmerisches Selbst hat. Der beispielsweise von Hartmut Rosa formulierte Verdacht lautet, dass ein unternehmerisches Selbst zwangsläufig einem Skript zur »Reichweitenvergrößerung« und Lebenssteigerung folgen muss, welches wiederum die Steigerung des Ressourcenverbrauchs geradezu unvermeidlich macht.

Wie aber sieht das Subjekt aus, das in nachhaltigen Lebenswelten entsteht und dort auf den Imperativ »Lebe nachhaltig!« antwortet? Eine Sichtweise, die auf einen liberalen Begriff von Freiheit rekurriert, würde das nachhaltige Subjekt als besonders risikoavers, kontrollorientiert und womöglich gehemmt beschreiben. Sollte

24 Dass auch Ehen aus dieser Sicht eine ausschließlich ökonomische Angelegenheit sind, wird von manchen Akteuren offen eingeräumt, ja öffentlich bekräftigt. Auf die Frage eines Studenten, ob sie Donald Trump auch lieben würde, wenn er nicht reich wäre, antwortete Melania Trump 2005: »If I weren't beautiful, do you think he'd be with me?« Vgl. *The New York Times* vom 13. 8. 2005. Auch die Ehe ist dann ein *deal.*

25 Ulrich Bröckling, *Das unternehmerische Selbst. Soziologie einer Subjektivierungsform*, Frankfurt/M. 2007; ders., »Totale Mobilmachung. Menschenführung im Qualitäts- und Selbstmanagement«, in: ders., Susanne Krasmann, Thomas Lemke (Hg.), *Gouvernementalität der Gegenwart. Studien zur Ökonomisierung des Sozialen*, Frankfurt/M. 2000, S. 131-167.

26 Die große Bewegung rund um die Themen der Selbstoptimierung und des *quantified self* wäre eine aktuelle Veranschaulichung dieser Subjektivierung. Autoren wie Tim Ferris erreichen zwar mit ihren Büchern zur Selbstoptimierung Millionenauflagen, wirken aber vor allem über die sozialen Netzwerke und über ihre Podcasts.

27 Vor allem die Arbeiten Alain Ehrenbergs haben unterschiedliche Interpretationen provoziert. Siehe z. B. Alain Ehrenberg, *Das erschöpfte Selbst. Depression und Gesellschaft in der Gegenwart*, Frankfurt/M. 2008.

Nachhaltigkeit tatsächlich nicht nur durch *Innovation*, sondern auch durch *Exnovation* umsetzbar sein, so würde sich hier tatsächlich eine Negation des unternehmerischen Selbst ergeben. Das Subjekt der Nachhaltigkeit leitet sich an, Optionen nicht wahrzunehmen und so den Ressourcenverbrauch zu minimieren. Ein Subjekt, das anlässlich der Lebensfrage, ob es Kinder in die Welt setzen will, die mit dieser Entscheidung erwartungsgemäß zusammenhängenden CO_2-Emissionen berechnet, mag befremdlich erscheinen.[28] Während für das unternehmerische Subjekt die Maximierung des Weltzugriffs (durch Konsum, Reisen, kreative Selbstentfaltung) das Ziel ist, geht es dem nachhaltigen Subjekt um die Minimierung seines ökologischen Fußabdrucks.[29] In beiden Fällen, sowohl beim unternehmerischen als auch beim nachhaltigen Subjekt, ist so etwas wie Optimierung gefragt und damit »instrumentelle Vernunft«, also der kluge Einsatz beschränkter Mittel.[30] Aber nur unter spezifischen Bedingungen kann hier von analoger Subjektivierung gesprochen werden, nämlich nur dann, wenn die Imperative der Nachhaltigkeit in gleicher Weise, das heißt von außen, gewissermaßen fremd an das Subjekt herantreten beziehungsweise herangetragen werden wie die Imperative des Marktes. Das vielfach von den Nachhaltigkeits- und Transformationswissenschaften geforderte Orientierungswissen würde dann in einem glatt negativ konnotierten Sinne orientieren, nämlich orientierte Subjekte hervorbringen, die sich nicht mehr selbst orientieren müssen, sondern orientiert *werden*. Damit würde das Ideal der Autonomie, Kernelement der europäischen Aufklärung und der »Kultur des expressiven Individualismus« (siehe Kap. 2.5), in Frage gestellt und das Nachhaltigkeitsideal zum Katalysator einer Heteronomie – mit der Konse-

28 Die Bewegung des Antinatalismus versammelt noch andere Argumente. Vgl. David Benatar, *Better Never to Have Been. The Harm of Coming into Existence*, Oxford 2006.

29 Aus dieser Perspektive wären die Raumfahrtfantasien (Besiedlung des Mars) Elon Musks kein Zufall, sondern Ausdruck eines Selbstideals, das raumgreifend-expansiv und in jedweder Dimension maximierend agiert.

30 Vgl. auch: Sarah Miriam Pritz, »Subjektivierung von Nachhaltigkeit«, in: Sighard Neckel u. a., *Die Gesellschaft der Nachhaltigkeit. Umrisse eines Forschungsprogramms*, Bielefeld 2018, S. 77-100. Pritz diskutiert auch die Frage, inwiefern neoliberale und nachhaltige Subjektivität fusionieren können. Unterscheidet man die zugrunde liegenden Freiheitsbegriffe klar, scheint eine solche Fusion allerdings schwer vorstellbar. Siehe dazu oben, Kap. 5.2.

quenz, dass die Interdependenzsensibilität nachhaltiger Subjekte bis zu einem Grad gesteigert wäre, an dem die Berücksichtigung der Fernwirkungen nicht nur die Handlungsbereitschaft, sondern auch die Handlungs*lust* einengt. Nachhaltigkeit hätte dann eine potenziell unreflektiert konservative, ja geradezu autoritäre Wirkung, und nachhaltige Subjekte erschienen als überbescheiden, ja sogar als unmündig und unterwürfig.

Eine derart pessimistische Sicht auf die Subjekte der Nachhaltigkeit ist jedoch nur dann unvermeidlich, wenn man mit einem liberalen Freiheitsverständnis operiert, das den Wegfall von Optionen grundsätzlich als Freiheitsverlust begreift, als Einschränkung der »Freiheit als Nichteinmischung« (*freedom as non-interference*). Freiheit und Nachhaltigkeit, Aufklärung und Gouvernementalität lassen sich aber zusammendenken, zumindest dann, wenn man – wie Foucault – davon ausgeht, dass es Freiheit auch *in* Gouvernementalitäten geben kann.

An den wenigen Stellen, an denen Foucault den Begriff der Freiheit nicht nur dazu verwendet, um im Rahmen einer Diskursanalyse den strategischen Gebrauch der Freiheitssemantik zu rekonstruieren, sondern auch, um *Praktiken der Freiheit* zu beschreiben, geht es ihm um mehr als bloß um eine »Ästhetik der Existenz« im Sinne einer womöglich mit neoliberalen Vorstellungen harmonisierbaren Konzeption individualistischer Lebenskunst.[31] Entscheidend sind vielmehr diejenigen Momente der Krise von Gouvernementalitäten,[32] in denen Bürgerinnen und Bürger beschließen »nicht so regiert« werden zu wollen.[33] Gouvernementale Strukturen und die Mechanismen der Subjektivierung sind keine Größen, denen die Subjekte völlig machtlos ausgeliefert sind. Foucaults Machtbegriff lässt eine solche Beschreibung nicht zu. Auch die Subjektivierung

31 Michel Foucault, *Ästhetik der Existenz. Schriften zur Lebenskunst*, hg. von Martin Saar, Frankfurt/M. 2007.

32 Jean-Claude Monod, »Die Krisen der Gouvernementalität«, in: Felix Heidenreich (Hg.), *Technologien der Macht. Zu Michel Foucaults Staatsverständnis*, Baden-Baden 2011, S. 97-109.

33 So Foucaults Formulierung in seinem Text zu Kants »Was ist Aufklärung?«. Vgl. hierzu auch: Felix Heidenreich, »Die Problematisierung von Freiheit bei Foucault und Honneth«, in: Pravu Mazumdar (Hg.), *Foucault und das Problem der Freiheit*, Stuttgart 2015, S. 77-87. Eine ausführliche Rekonstruktion der Debatte um Foucaults Freiheitsbegriff hat auch Karsten Schubert geleistet: Karsten Schubert, *Freiheit als Kritik. Sozialphilosophie nach Foucault*, Bielefeld 2018.

eröffnet ihm zufolge folglich die Möglichkeit, sich so oder auch anders subjektivieren zu lassen.[34] Genau darin würde dann eine genuin republikanische Form von politischer Freiheit bestehen: Lebenswelten nicht nur ausgesetzt zu sein, sondern sich an ihrer Gestaltung in allen drei Dimensionen beteiligen zu können, sich *in der Praxis* also als Autorin oder Autor von Gesetzen, als Mitgestalter von technischen und sozialen Infrastrukturen und als Mitschöpfer kultureller und sprachlicher Lebenswelten erfahren zu können.

Vor diesem Hintergrund lassen sich zwei mögliche Szenarien für die Entstehung nachhaltiger Lebenswelten skizzieren. Unter Bedingungen der Expertokratie und der sich fortsetzenden Distanz zwischen politischen Eliten und Bürgerinnen und Bürgern, unter Bedingungen eines politischen Konsumismus werden die Subjekte der Nachhaltigkeit die Imperative der Transformation als *heteronome* Anforderungen und Sachzwänge erleben. Um ein Beispiel zu nennen: Werden die bereits vorliegenden Pläne zur Umsiedlung von Hunderttausenden Menschen aus Küstenregionen, die nach Auskunft der Wissenschaft vom Anstieg des Meeresspiegels bis 2050 am stärksten betroffen sein werden,[35] als bloße Top-down-Politiken exekutiert, werden sie entweder bloße Passivität oder Widerstand provozieren.

Demgegenüber würde ein Republikanismus der Nachhaltigkeit an die Selbstwirksamkeit von Bürgerinnen und Bürgern appellieren,[36] subsidiäre Sphären der kollektiven Autonomie schaffen und die »große Transformation« als eine Herausforderung rahmen, die gerade die Kreativität und Eigeninitiative von Bürgerinnen und Bürgern notwendig macht.[37] Ganz andere mentale Infrastruktu-

34 Hier ergibt sich eine strukturelle Analogie zu Martins Seels Begriffs des »Sich-bestimmen-Lassens«: Martin Seel, *Sich bestimmen lassen. Studien zur theoretischen und praktischen Philosophie*, Frankfurt/M. 2002.

35 Während in Ländern wie Bangladesch diese absehbare Situation kaum politisch bearbeitet wird, arbeiten US-Bundesstaaten (z. B. Florida) an detaillierten Konzepten der Resilienzpolitik.

36 So auch Jason Lambacher, der schreibt »[...] grüne Freiheit entsteht als ein Bündel aus motivationalen Idealen und innovativen praktischen Möglichkeiten.« (Jason Lambacher, »The Limits of Freedom and the Freedom of Limits«, in: Tina Gabrielson u. a. [Hg.] *The Oxford Handbook of Environmental Political Theory*, Oxford 2016, S. 385-398, hier: S. 386.) Allerdings konkretisiert er nicht, unter welchen Bedingungen dies erwartet werden kann.

37 Ein in der Nachhaltigkeitsdebatte immer wieder als vorbildliches Paradigma

ren oder Subjektivierungen wären dann die Folge, weil die bereits jetzt beobachtbaren Praktiken einer politisch organisierten Nachhaltigkeit (vor allem auf lokaler Ebene) den Grad der (kollektiven) Autonomie von Bürgerinnen und Bürgern *erweitern* würden, und zwar selbst dann, wenn sie den Optionenhorizont im Sinne des expressiven Individualismus einschränkten. In der gemeinsamen Gestaltung von Lebenswelten verringern sie quantitative Freiheit, steigern jedoch qualitative Freiheit.

Wie eine solche Subjektivierung konkret aussehen kann, lässt sich am Beispiel des im Kontext des *Green Republicanism* beispielsweise von John Barry geforderten verpflichtenden Nachhaltigkeitsdienstes veranschaulichen.[38] Ein obligatorischer Bürgerdienst, den junge Erwachsene ableisten müssten, wäre natürlich eine klare Einschränkung negativer Freiheit. Doch Subjektivierung müsste hier nicht automatisch analog zur militärischen Subjektivierung erfolgen, die Foucault so ausführlich als Disziplinarmacht beschrieben hat. Im Gegenteil: Der *Anspruch*, mit sich die Republik an die Bürgerinnen und Bürger wendet, könnte durchaus verschiedene Reaktionen provozieren, unter anderem den Wunsch, über Form und Inhalt eines solchen Nachhaltigkeitsdienstes mitzubestimmen.

Die Subjekte einer Gouvernementalität der Nachhaltigkeit unterscheiden sich fundamental von den Subjekten einer neoliberalen Gouvernementalität. Sie stellen keineswegs geringere Ansprüche an Freiheit, sondern fordern eine andere Form von Freiheit. An die Stelle der Leitmetaphorik von Unabhängigkeit und negativer Freiheit wird schon aus Gründen des Umbaus technischer Infrastrukturen diejenige der *Interdependenz* rücken.[39] Denn wo Nach-

aufgerufenes Beispiel ist die Initiative zur Gewinnung nachhaltiger Energie in Schönau im Schwarzwald. Engagierte Bürgerinnen und Bürger haben hier die Energieautarkie für ihr Tal erreicht und verkaufen mittlerweile bundesweit nachhaltig gewonnene Energie.

38 John Barry, »Towards a Green Republicanism: Constitutionalism, Political Economy, and the Green State«, in: *The Good Society* 17:2 (2008), S. 1-12, hier: S. 7.

39 Barry betrachtet den Republikanismus insgesamt als eine Theorie der *dependency* (ebd., S. 6). Entsprechende Vorschläge betreffen einen möglichen *Interdependence Day*, der im Kontrast zum *Independence Day* an die soziale Verwobenheit aller Menschen erinnern soll. Er wird seit 2006 jährlich in London begangen. Siehe ⟨http://www.open.ac.uk/socialsciences/interdependenceday/⟩, letzter Zugriff am 14. 11. 2022.

haltigkeit thematisiert wird, rücken komplexe Wechselverhältnisse und langfristige Kausalitäten in den Fokus. Welche kulturellen Konsequenzen sich aus diesem Wandel insgesamt ergeben, lässt sich schwer abschätzen.[40] Das in Kapitel 3 beschriebene Beispiel Kopenhagens macht jedoch deutlich, dass eine konsequente Nachhaltigkeitspolitik massiv auf die Lebensstile, Präferenzen und Haltungen der Bürgerinnen und Bürger Einfluss nimmt.

7.3 Demokratie der Nachhaltigkeit, Nachhaltigkeit der Demokratie

Hauptziel dieses Buch war die Beantwortung der Frage, nicht nur ob, sondern vor allem *wie* Demokratie Nachhaltigkeit »kann«. Ich habe für einen *Republikanismus der Nachhaltigkeit* argumentiert, auch vor dem Hintergrund, dass dynamisch-republikanische Prozesse der kollektiven Selbstorganisation und Selbstbindung an vielen Orten und in verschiedenen Kontexten bereits zu beobachten sind, dass sich schon jetzt neue Formen demokratischer Selbstorganisation aus bestehenden Strukturen entwickeln, nachhaltige Lebenswelten bereits in Ansätzen gedeihen: im Bereich neuer Mobilitätspraxen (6.1), in neuen Formen der Verbraucherdemokratie (6.2) und in bestimmten Formen der Nutzung digitaler Möglichkeiten für Nachhaltigkeit (6.3).

Diese optimistisch anmutende Sicht der Dinge steht allerdings quer zu der weitverbreiteten und kontrovers diskutierten Behauptung einer Krise oder Erosion der Demokratie. Während in der Transformationsforschung lange davon ausgegangen wurde, dass die Anzahl funktionierender Demokratien über die verschiedenen

40 Eine Hypothese, für die Foucaults spekulative Formulierungen vom »Ende des Menschen« immer wieder herangezogen werden, könnte lauten, dass der Geniegedanke, der im 18. Jahrhundert von Kant und Goethe geprägt wurde, an Plausibilität einbüßen dürfte. Die Tatsache, dass heute moralische Standards auch an Künstler und Künstlerinnen angelegt werden (anders als noch an Benvenuto Cellini), könnte als Indiz dafür genommen werden, dass ein Narrativ künstlerischer Selbstbeschreibung an sein Ende kommt. Auch aus der akademischen Philosophie ist der Geniegedanke in den vergangenen 40 Jahren beinahe vollständig verschwunden. Die im Nachhaltigkeitsdiskurs implizierte Skepsis gegenüber expressivem Individualismus hat daher womöglich eher katalytische Wirkung.

Demokratisierungswellen hinweg beständig zunehme und die Entwicklung daher, wenigen Ausnahmen zum Trotz, eigentlich nur eine Richtung nehme, hat sich der Wind in den letzten zehn Jahren deutlich gedreht. In vielen Demokratien entstehen neue autoritäre Strukturen oder es verblasst, wie im Falle Russlands, der letzte Anstrich einer ohnehin nur scheinbaren Demokratisierung. In fast allen etablierten Demokratien sind starke populistische und nationalistische Bewegungen erfolgreich, und in vielen Fällen versuchen entsprechende Regierungen mit aller Macht, das institutionelle Gefüge zu verändern.[41] Der Anpassungsdruck der »großen Transformation« trifft folglich auf Demokratien, die sich in vielen Fällen in einer äußerst heiklen Lage befinden, wie zum Beispiel (aber nicht nur) die USA, die auch nach der Abwahl Trumps nicht in einen Normalmodus zurückgefunden haben.

Die überall auf der Welt zu beobachtende Rückkehr autoritären Denkens und Handelns kann auch als eine Antwort auf einen vermeintlichen – »gefühlten« – politischen Kontrollverlust gedeutet werden, als Versuch, so etwas wie politische Steuerbarkeit und Souveränität wiederherzustellen, die im Zuge der Globalisierung verlorengingen. Es steht außer Frage, dass überschießende Reparaturmaßnahmen, also Versuche, »to take back control«, Gefahr laufen, die demokratischen Errungenschaften endgültig zu verspielen.[42] Aber auch progressiv gemeinte Versuche der Demokratisierung der Demokratie können, wie Philip Manow argumentiert, in Entdemokratisierung umschlagen.[43] Aus seiner Sicht sind die aktuellen Entwicklungen Ausdruck einer vorgängigen Krise, die sich mit Begriffen wie »Postdemokratie« nur skizzenhaft umreißen lassen. Der Terminus »Postdemokratie« bringt dabei auf den Begriff, was in ganz verschiedenen Varianten als Verdacht formuliert wird: dass es nicht mehr um die Weiterentwicklung der liberalen Demokratie und des demokratischen Rechtsstaats geht, sondern vielmehr darum, ihren Verfall aufzuhalten beziehungsweise ihre Reinstitutionalisierung zu betreiben.

Diese These vom Verfall der Demokratie wird mit Verweis

41 Die bekanntesten Beispiele sind Polen, Ungarn und die Türkei.

42 Dies gilt insbesondere für die Einführung direktdemokratischer Verfahren, lange ein Herzensprojekt von Bündnis 90/DIE GRÜNEN, heute vor allem ein Projekt der AfD.

43 Siehe z. B. Philip Manow, *(Ent-)Demokratisierung der Demokratie*, Berlin 2020.

auf unterschiedliche Grundbegriffe und Denkbilder vertreten. Während die Rede von der »Krise« so etwas wie einen Kipppunkt annimmt, an dem – analog zum medizinischen Begriff der Krise – entweder Gesundung oder Tod eintritt, akzentuiert der zum Beispiel von Wolfgang Merkel favorisierte Begriff der *Erosion* den Charakter eines schleichenden, kaum merklichen Prozesses. Andere sprechen von »Niedergang«,[44] von *malaise* (Unbehagen)[45] oder gar vom Dahinsiechen beziehungsweise Sterben.[46] Ob in all diesen Fällen Krisensymptome diskutiert werden, die die demokratischen Grundlagen verschiedener Gesellschaften betreffen, oder nicht vielmehr eine Krise des »expressiven Individualismus«, lässt sich nicht immer zweifelsfrei feststellen.

Während es also bisher in diesem Buch um die Bedingungen ging, unter welchen die Idee der Nachhaltigkeit in demokratischen Verfahren zur Geltung gebracht werden kann, soll nun im Sinne eines Ausblicks gezeigt werden, inwiefern diejenigen Fortentwicklungen demokratischer Prozesse, die Nachhaltigkeit ermöglichen, auch Antworten auf gewisse krisenhafte Entwicklungen in den etablierten Demokratien darstellen, jedenfalls hinsichtlich einzelner Aspekte. Es zeigt sich insbesondere erneut, dass ein substanzieller Begriff der Nachhaltigkeit faktische politische Interessenskonflikte sichtbar macht, statt sie durch Entpolitisierung zu verdecken.

Dies betrifft besonders deutlich das Problem der extremen globalen Vermögensungleichheit, das in den vergangenen Jahren erhebliche Aufmerksamkeit auf sich gezogen hat.[47] Erwähnenswert ist in diesem Kontext der Umstand, dass empirisch solide eigentlich nur die *Einkommen*ungleichheit gemessen werden kann, während über die viel bedeutsamere *Vermögens*ungleichheit aufgrund der sehr schlechten Datenlage nur Mutmaßungen angestellt werden können. Wie bereits in Kapitel 6 erwähnt, hat Sighard Neckel vor

44 Larry Diamond, Marc F. Plattner (Hg.), *Democracy in Decline*, Baltimore 2015 (= Sonderheft des *Journal of Democracy*).

45 Pierre Rosanvallon, *Le Peuple introuvable: Histoire de la représentation démocratique en France*, Paris 1998, S. 9-22; Pierre Rosanvallon, *La contre-démocratie: La politique à l'âge de la défiance*, Paris 2006, S. 9.

46 Steven Levitzky, Daniel Ziblatt, *Wie Demokratien sterben. Und was wir dagegen tun können*, München 2018.

47 Zu nennen sind hier die bekannten und auflagenstarken Studien von David Graeber, Thomas Piketty, Branko Milanović sowie von Kate Pickett und Richard Wilkinson.

dem Hintergrund dieser Entwicklung den Begriff der Refeudalisierung vorgeschlagen,[48] der auch die Auswirkungen auf die Mentalitäten in der Gesellschaft thematisierbar macht, die mit dem Bedeutungszuwachs von privater Wohltätigkeit einhergehen. Mit Blick auf den »mimetischen Konsum« beziehungsweise den Distinktionskonsum habe ich (6.3) bereits darauf hingewiesen, dass ökonomische Ungleichheit nicht nur ein gerechtigkeits- oder anerkennungstheoretisches Problem darstellt, sondern auch Gefahren für die nachhaltige Entwicklung birgt. Zu den wichtigen Folgen einer Politisierung des Nachhaltigkeitsdiskurses gehört folglich die Thematisierung extremer Vermögensungleichheit.

Wir haben gesehen, dass ein republikanischer Begriff demokratischer Nachhaltigkeit gerade nicht entpolitisierend wirkt und die Instrumentalisierung der Nachhaltigkeitsrhetorik zum Zweck der Verschleierung von Alternativen hinter einer Sachzwanglogik verhindert. Darüber hinaus stellt das Ideal der Nachhaltigkeit aber auch gewisse Ausprägungen und Tendenzen in aktuell bestehenden demokratischen Systemen in Frage. Was die »normativen Voraussetzungen« angeht, die der demokratische Rechtsstaat nach Ernst-Wolfgang Böckenfördes berühmten Theorem nicht selbst bereitstellen kann, so ergibt sich ein anderes Bild, wenn man die Demokratie als eine Form der Ausgestaltung von Lebenswelten begreift. Ob und in welchem Maße demokratische Gesellschaften auf Kosten ihrer eigenen Zukunft operieren oder sich in Richtung Nachhaltigkeit transformieren, hängt dann nicht mehr primär an den vorhandenen normativen Ressourcen, sondern an ihren ganz konkreten Weichenstellungen in praktisch allen politischen Feldern, von der Finanz- und Wirtschaftspolitik über die Verkehrspolitik bis hin zur Bildungspolitik.

Das Thema des »Regierens auf lange Sicht« (*governing for the long term*) ist für die Politische Theorie nicht neu, und doch gewinnt man den Eindruck, dass die Demokratietheorie die Erkenntnisse und Perspektiven spezifisch aus der Nachhaltigkeitsforschung für die Analyse von demokratischer Praxis noch nicht hinreichend nutzt. Ein systematischer Dialog wäre jedenfalls wünschenswert, um Zielkonflikte und demokratietheoretische Fragen in der Nach-

48 Sighard Neckel, »Refeudalisierung der Ökonomie. Zum Strukturwandel kapitalistischer Wirtschaft«, *MPIfG Working Paper* 10/62 (2010).

haltigkeitsdebatte aufzubrechen – und um noch deutlicher zu machen, dass Demokratie ein fragiles Gemeingut ist, dessen Fortbestand es gemeinsam zu sichern gilt. Wir haben gesehen, dass der Republikanismus eine weit zurückreichende Tradition der symbolischen Repräsentation, der sozialen Praktiken und der meritokratischen Mechanismen hat. Und ich habe dafür plädiert, sie wiederzuentdecken und dadurch die demokratische Debatte um die Nachhaltigkeit mit Optionen zu bereichern, die der liberale Mainstream aus den oben dargelegten Gründen nicht zur Verfügung hat.

Die gemeinsame Gestaltung nachhaltiger Lebenswelten betrifft, so habe ich gesagt, nicht nur die mentalen, technischen, kulturellen und juristischen Infrastrukturen, sondern auch die *Möglichkeitsräume*. Die Zukunft der Demokratie hängt daher auch davon ab, ob es gelingt, kollektiv eine realistische Vorstellung von dem, was auf uns zukommt, zu generieren. Die »Zukunft der Demokratie« ist dann nicht nur eine Zukunft, die auf die Demokratie zukommt, die ihr blüht, sondern sie bezeichnet auch diejenigen Bilder und Imaginationen, die Szenarien und Entwürfe, die eine Demokratie über die Zukunft zu entwickeln vermag. Dazu gehört durchaus auch so etwas wie kollektive Zuversicht und Handlungsfreude mit Blick auf die anstehende Transformation. In Kapitel 1 habe ich mit Blick auf die Zukunft dieses Planeten zwischen den Szenarien »weiche Landung« und »Absturz« unterschieden. Klar ist: Wir wissen nicht, wie die Landezone nachhaltiger Lebenswelten genau aussehen wird, denn sie entsteht erst im Prozess des Landens. Aber wir wissen, wie sie ungefähr beschaffen sein muss, um eine »weiche Landung« wahrscheinlicher zu machen. Ziel dieses Buches war es, die demokratietheoretische Dimension dieser Landezone mit der Idee eines *Republikanismus der Nachhaltigkeit* wenigstens grob zu umreißen.

Dank

Die Basis dieses Buches stellt die mehrjährige Arbeit am Internationalen Zentrum für Kultur- und Technikforschung (IZKT) der Universität Stuttgart dar, einem interdisziplinären Forschungszentrum, das sich schwerpunktmäßig mit den Wechselwirkungen zwischen Kultur und Technik beschäftigt. Dieser Institution, ihrem Direktorium und den vielen Forscherinnen und Forschern, mit denen ich zusammenarbeiten durfte, schuldet diese Studie zahllose Inspirationen. Besonders danken möchte ich Georg Maag, Ortwin Renn, Christoph Hubig, Gerd de Bruyn, Wolfram Pyta, Helmuth Bott, Cordula Kropp, Astrid Ley, Reinhold Bauer. Vor allem der Austausch mit Kolleginnen und Kollegen aus der Fakultät für Architektur und Stadtplanung hat meinen Horizont bezüglich der politischen Gestaltung nachhaltiger Lebenswelten erheblich erweitert. Ein besonderer Dank gilt auch Elke Uhl, deren Engagement im Zentrum des IZKT steht. Außerdem war die Forschung und Lehre in der Abteilung »Politische Theorie und Empirische Demokratieforschung« des Instituts für Sozialwissenschaften der Universität Stuttgart von enormer Bedeutung für die hier entwickelte Perspektive. Sowohl Dieter Fuchs als auch André Bächtiger danke ich für ihr Vertrauen, ihre Ermunterung und ihre konstruktive Kritik.

Wichtig für die Präzisierung der hier entfalteten Argumentation war auch die Arbeit in der Arbeitsgruppe »Green Republicanism« des European Consortium for Political Research (ECPR), zuletzt während der *ECPR Joint Session* in Nikosia (Zypern) vom 10. bis zum 14. April 2018. Mein besonderer Dank gilt hier Iseult Honohan, John Barry, Marcel Wissenburg, Peter Cannavò, Sadhbh O'Neil, Luigi Pellizzoni und Jorge Pinto.

Die im Rahmen meiner Alfred-Grosser-Gastprofessur am Centre de recherches politiques de Science Po (CEVIPOF) ausgerichtete »Journée d'étude« mit dem Titel *La démocratie face au défi du développement durable*, die am 17. Mai 2018 in Paris stattfand, brachte weitere wichtige Hinweise in den intensiven Diskussionen. Mein Dank gilt hier Alexandre Escudier, Janie Pelaby, Annabelle Lever, Bernard Reber, Klaus Jacob, Myriam Merad und Anahita Grisoni.

Neben diesem institutionellen Rahmen gibt es eine Reihe von

Forschern, Forschungspartnern sowie Kolleginnen und Kollegen, die teils durch gemeinsame Projekte, durch kritische Einwände und konstruktive Kritik, bisweilen auch einfach durch intensive Gespräche wichtige Anregungen geliefert haben. Für zahlreiche Hinweise, die in manchen Fällen unmittelbar, in anderen über Umwege und eher vermittelt in diese Arbeit eingeflossen sind, möchte ich Christoph Möllers, Martin Saar, Gary S. Schaal, Alexander Stulpe, Pierre Rosanvallon, Harald Welzer, Bruno Latour, Stephan Rammler, Bernhard Waldenfels, Claus Leggewie, Paula Diehl, Thomas Bedorf und Axel Honneth danken.

Felix Heidenreich
Stuttgart, im Sommer 2022

Politische Theorie
im Suhrkamp Verlag
Eine Auswahl

Mahmoud Bassiouni. Menschenrechte zwischen Universalität und islamischer Legitimität. stw 2114. 390 Seiten

Pierre Bayle. Toleranz. Ein philosophischer Kommentar. stw 2183. 354 Seiten

Seyla Benhabib. Kosmopolitismus ohne Illusionen. Menschenrechte in unruhigen Zeiten. stw 2165. 281 Seiten

Klaus von Beyme
- Die politische Klasse im Parteienstaat. stw 1064. 224 Seiten
- Theorie der Politik im 20. Jahrhundert. Von der Moderne zur Postmoderne. Erweiterte Ausgabe. stw 969. 450 Seiten

Ernst-Wolfgang Böckenförde
- Recht, Staat, Freiheit. Studien zur Rechtsphilosophie, Staatstheorie und Verfassungsgeschichte. stw 914. 382 Seiten
- Staat, Nation, Europa. Studien zur Staatslehre, Verfassungstheorie und Rechtsphilosophie. stw 1419. 290 Seiten

Armin von Bogdandy/Ingo Venzke. In wessen Namen? Internationale Gerichte in Zeiten globalen Regierens. stw 2088. 383 Seiten

Manfred Brocker. Geschichte des politischen Denkens. Ein Handbuch. stw 1818. 826 Seiten

Manfred Brocker (Hg.). Geschichte des politischen Denkens. Das 20. Jahrhundert. stw 2210. 965 Seiten

NF 112/1/5.19

Hauke Brunkhorst. Solidarität. Von der Bürgerfreundschaft zur globalen Rechtsgenossenschaft. stw 1560. 247 Seiten

Hauke Brunkhorst (Hg.). Demokratischer Experimentalismus. Politik in der komplexen Gesellschaft. stw 1369. 397 Seiten

Hauke Brunkhorst/Wolfgang R. Köhler/Matthias Lutz-Bachmann (Hg.). Recht auf Menschenrechte. Menschenrechte, Demokratie und internationale Politik. stw 1441. 352 Seiten

Hauke Brunkhorst/Peter Niesen (Hg.). Das Recht der Republik. stw 1392. 403 Seiten

Judith Butler

- Antigones Verlangen: Verwandtschaft zwischen Leben und Tod. Übersetzt von Reiner Ansén. es 2187. 160 Seiten
- Gefährdetes Leben. Politische Essays. Übersetzt von Karin Wördemann. es 2393. 179 Seiten
- Haß spricht. Zur politischen Performation. es 2414. 263 Seiten
- Körper von Gewicht. Die diskursiven Grenzen des Geschlechts. Übersetzt von Karin Wördemann. es 1737. 400 Seiten
- Kritik der ethischen Gewalt. Übersetzt von Reiner Ansén. Adorno-Vorlesungen 2002. stw 1792. 180 Seiten
- Psyche der Macht. Das Subjekt der Unterwerfung. Übersetzt von Reiner Ansén. es 1744. 260 Seiten
- Das Unbehagen der Geschlechter. Übersetzt von Kathrina Menke. es 1722. 240 Seiten

Christine Chwaszcza/Wolfgang Kersting (Hg.). Politische Philosophie der internationalen Beziehungen. stw 1365. 604 Seiten

NF 112/2/5.19

Iris Därmann. Figuren des Politischen. stw 1911. 304 Seiten

Nicole Deitelhoff. Überzeugung in der Politik. Grundzüge einer Diskurstheorie internationalen Regierens. stw 1821. 347 Seiten

Jacques Derrida
- Das andere Kap. Die vertagte Demokratie. Zwei Essays zu Europa. Übersetzt von Alexander García Düttmann. es 1769. 97 Seiten
- Schurken. Übersetzt von Horst Brühmann. 224 Seiten. Gebunden. stw 1778. 219 Seiten

Andreas Folkers/Thomas Lemke (Hg.). Biopolitik. Ein Reader. stw 2080. 526 Seiten

Michel Foucault
- Geschichte der Gouvernementalität. Band 1: Sicherheit, Territorium, Bevölkerung. stw 1808. 600 Seiten. Band 2: Die Geburt der Biopolitik. stw 1809. 517 Seiten
- Die Regierung der Lebenden. Vorlesungen am Collège de France 1979-1980. Übersetzt von Andrea Hemminger. 496 Seiten. Gebunden

Dieter Gosewinkel. Schutz und Freiheit? Staatsbürgerschaft in Europa im 20. und 21. Jahrhundert. stw 2167. 772 Seiten

Armin Grunwald. Technik und Politikberatung. Philosophische Perspektiven. stw 1901. 403 Seiten

Marion Heinz/Sidonie Kellerer (Hg.). Martin Heideggers »Schwarze Hefte«. Eine philosophisch-politische Debatte. stw 2178. 445 Seiten

Rahel Jaeggi/Daniel Loick. Nach Marx. Philosophie, Kritik, Praxis. stw 2066. 518 Seiten

NF 112/3/5.19

Hans Joas/Martin Kohli (Hg.). Der Zusammenbruch der DDR. es 1777. 325 Seiten

Matthias Kettner (Hg.). Angewandte Ethik als Politikum. stw 1458. 416 Seiten

Ekkehart Krippendorff
- Kritik der Außenpolitik. es 2139. 240 Seiten
- Staat und Krieg. Die historische Logik politischer Unvernunft. es 1305. 436 Seiten

Thomas Khurana/Dirk Quadflieg/Francesca Raimondi/ Juliane Rebentisch/Dirk Setton (Hg.). Negativität. Kunst, Recht, Politik. stw 2267. 487 Seiten.

Skadi Siiri Krause. Eine neue Politische Wissenschaft für eine neue Welt. Alexis de Tocqueville im Spiegel seiner Zeit. stw 2227. 595 Seiten

Geoffroy de Lagasnerie. Die Kunst der Revolte. Snowden, Assange, Manning. Übersetzt von Jürgen Schröder. Gebunden. 158 Seiten

Ernst-Joachim Lampe (Hg.). Zur Entwicklung von Rechtsbewußtsein. stw 1315. 520 Seiten

Niklas Luhmann. Die Wirtschaft der Gesellschaft. stw 1152. 356 Seiten

Avishai Margalit
- Politik der Würde. Über Achtung und Verachtung. Übersetzt von Gunnar Schmidt und Anne Vonderstein. stw 2041. 277 Seiten
- Über Kompromisse – und faule Kompromisse. Übersetzt von Michael Bischoff. 251 Seiten. Gebunden

NF 112/4/5.19

Ingeborg Maus

- Justiz als gesellschaftliches Über-Ich. Zur Position der Rechtsprechnung in der Demokratie. stw 2229. 266 Seiten
- Menschenrechte, Demokratie und Frieden. Perspektiven globaler Organisation. stw 2113. 238 Seiten

Ulrich Menzel/Dieter Senghaas. Europas Entwicklung und die Dritte Welt. Eine Bestandsaufnahme. es 1393. 295 Seiten

Ulrich Menzel u. a. (Hg.). Die Neue Weltwirtschaft. Entstofflichung und Entgrenzung der Ökonomie. es 1983. 336 Seiten

Gabriele Metzler. Der Staat der Historiker. Staatsvorstellungen deutscher Historiker seit 1945. stw 2269. 371 Seiten

David Miller. Fremde in unserer Mitte. Politische Philosophie der Einwanderung. Übersetzt von Frank Lachmann. stw 2291. 330 Seiten

Jan-Werner Müller. Das demokratische Zeitalter. Eine politische Ideengeschichte Europas im 20. Jahrhundert. Übersetzt von Michael Adrian. stw 2243. 509 Seiten

Thomas Nagel. Eine Abhandlung über Gleichheit und Parteilichkeit. Übersetzt von Michael Gebauer. stw 2166. 243 Seiten

Julian Nida-Rümelin. Demokratie als Kooperation. stw 1430. 224 Seiten

Peter Niesen/Benjamin Herborth (Hg). Anarchie der kommunikativen Freiheit. Jürgen Habermas und die Theorie der internationalen Politik. stw 1820. 464 Seiten

NF 112/5/5.19

Martha C. Nussbaum. Politische Emotionen. Warum Liebe für Gerechtigkeit wichtig ist. Übersetzt von Ilse Utz. stw 2172. 623 Seiten

Claus Offe. Selbstbetrachtung aus der Ferne. Tocqueville, Weber und Adorno in den Vereinigten Staaten. Kartoniert. 144 Seiten

Bernhard Peters. Der Sinn von Öffentlichkeit. Herausgegeben von Hartmut Weßler. Mit einem Vorwort von Jürgen Habermas. stw 1836. 410 Seiten

Karl Polanyi. The Great Transformation. Politische und ökonomische Ursprünge von Gesellschaften und Wirtschaftssystemen. Übersetzt von Heinrich Jelinek. stw 260. 394 Seiten

John Rawls
- Gerechtigkeit als Fairneß. Ein Neuentwurf. stw 1804. 316 Seiten
- Geschichte der politischen Philosophie. Herausgegeben von Samuel Freeman. Übersetzt von Joachim Schulte. stw 2022. 671 Seiten

Hartmut Rosa. Beschleunigung. Die Veränderung der Zeitstrukturen in der Moderne. stw 1760. 537 Seiten

Pierre Rosanvallon. Die Gesellschaft der Gleichen. Übersetzt von Michael Halfbrodt. stw 2239. 384 Seiten

Dieter Senghaas
- Friedensprojekt Europa. es 1717. 226 Seiten
- Konfliktformationen im internationalen System. Weltpolitische Betrachtungen. es 1509. 230 Seiten
- Weltwirtschaftsordnung und Enwicklungspolitik. Plädoyer für Dissoziation. es 856. 358 Seiten

NF 112/6/5.19

Dieter Senghaas (Hg.). Frieden machen. es 2000. 592 Seiten

Quentin Skinner. Freiheit und Pflicht. Thomas Hobbes' politische Theorie. Frankfurter Adorno-Vorlesungen 2005. Institut für Sozialforschung an der Johann Wolfgang Goethe-Universität, Frankfurt am Main. Aus dem Englischen von Karin Wördemann. Broschur. 141 Seiten

Horst Steinmann/Andreas Georg Scherer (Hg.). Zwischen Universalismus und Relativismus. Philosophische Grundlagenprobleme des interkulturellen Managements. stw 1380. 424 Seiten

Wolfgang Streeck. Gekaufte Zeit. Die vertagte Krise des demokratischen Kapitalismus. 271 Seiten. Gebunden

Cass. R. Sunstein. Gesetze der Angst. Jenseits des Vorsorgeprinzips. Aus dem Amerikanischen von Robin Celikates und Eva Engels. Gebunden. 344 Seiten

Dieter Thomä. Puer robustus. Eine Philosophie des Störenfrieds. stw 2275. 783 Seiten

Helmut Willke. Dezentrierte Demokratie. Prolegomena zur Revision politischer Steuerung. stw 2182. 207 Seiten

NF 112/7/5.19

Rahel Jaeggi

- Entfremdung. Zur Aktualität eines sozialphilosophischen Problems. Mit einem neuen Nachwort. stw 2185. 337 Seiten
- (zus. mit Nancy Fraser) Kapitalismus. Ein Gespräch über kritische Theorie. Herausgegeben von Brian Milstein. Aus dem Amerikanischen von Jürgen Schröder. stw 2307. 329 Seiten
- Kritik von Lebensformen. stw 1987. 451 Seiten

Zhao Tingyang

- Alles unter dem Himmel. Vergangenheit und Zukunft der Weltordnung. stw 2282. 266 Seiten

NF 123/2/11.21

50 Jahre suhrkamp taschenbuch wissenschaft
1973-2023
Das Jubiläumsprogramm

Aleida Assmann. Im Dickicht der Zeichen. stw 2429. 360 Seiten

Judith Butler. Die Macht der Geschlechternormen und die Grenzen des Menschlichen. Übersetzt von Karin Wördemann und Martin Stempfhuber. stw 2422. 414 Seiten

Esther Duflo. Kampf gegen die Armut. Übersetzt von Andrea Hemminger. stw 2428. 182 Seiten

Philippa Foot. Die Natur des Guten. Übersetzt von Michael Reuter. stw 2421. 162 Seiten

Eva Illouz. Gefühle in Zeiten des Kapitalismus. Übersetzt von Martin Hartmann. stw 2423. 170 Seiten

Rahel Jaeggi. Kritik von Lebensformen. stw 2424. 451 Seiten

Karin Knorr Cetina. Die Fabrikation von Erkenntnis. Zur Anthropologie der Wissenschaft. Mit einem Vorwort von Rom Harré. stw 2427. 372 Seiten

Martina Löw. Raumsoziologie. stw 2425. 320 Seiten

Beate Rössler. Autonomie. Ein Versuch über das gelungene Leben. stw 2426. 443 Seiten

Lucie Varga. Zeitenwende. Mentalitätshistorische Studien 1936-1939. Herausgegeben, übersetzt und eingeleitet von Peter Schöttler. stw 2430. 247 Seiten

NF 185/1/1.23